39 | 계명한국학총서

18세기 영남의 한문학

봉화 지역을 중심으로

— 계명대학교 한국학연구원 편 —

계명대학교 출판부

머리말

계명대학교 한국학연구원은 계명대 동산도서관이 소장하고 있는 고문헌을 주요 연구 대상으로 하여 학술대회를 개최하고 그 성과를 간행하고 있다. 이 책은 그 두 번째 결과물인 바, 지난 2011년 2월에 간행한 『18세기 영남 한문학의 전개』를 이은 것이다. 첫째 책에는 18세기 영남 지역 한문학 연구의 현황과 과제를 조망한 서설과 함께, 신유한–정석유鄭錫儒–최흥벽崔興璧의 문학 세계와 이원정李元禎–성섭成涉–정위鄭煒의 학문과 저작을 다룬 8편의 글이 실렸다.

이 책은 '18세기 영남의 한문학'을 주제로 2009년 11월에 이어 2013년 10월에 개최된 두 번째 학술 대회의 성과다. 역시 연구의 주요 재료는 계명대 동산도서관 소장 고문헌 자료들이다. 18세기 영남한문학이 지닌 성과의 일단은 첫 대회에서 천명된 바 있었거니와, 두 번째 학술 대회에서는 보다 구체적이고 깊이 있는 주제를 다루었다. 즉, 현재 경상북도 봉화 지역에 살았던 입재立齋 강재항姜再恒, 해은海隱 강필효姜必孝, 병곡屛谷 권구權榘의 세 문인 학자를 대상으로 하였다.

18세기 초부터 19세기 초반에 걸쳐 활동한 강재항과 강필효는 문학과 역사 및 사상 등의 다양한 방면에서 극히 풍부하고도 중요한 저술을 남겼지만 아직 학술지에 실린 연구 논문이 한 편도 없는 인물들이다. 이 책은 두 사람의 학문과 문학 세계 및 우리 고대사 인식에 대한 태도와 분석을 담고 있다. 아울러, 같은 봉화 지역의 문인 학자인 병곡 권구의 산문 작품집인 『천유록闡幽錄』을 보는 새로운 시각을 제시한 논문이 실렸다. 이와 함께 이들 경북 북부 지역의 학자들이 18세기 당시 서울 경기 및 충청 지역의 학자들과 어떻게 소통하고 있었는지, 그것이 영남 지역의 학문 및 문학과 어떤 관련과 의미를 갖고 있는지를 해명하고자 한 두 편의 글이 함께 실렸다.

이 책이 다루고 있는 세 인물은 현재의 행정 구역으로는 봉화 사람이지만 그들 자신은 안동 사람이었다. '법전 강씨'의 세거지인 춘양 일대가 오랜 기간 안동에 속하기도 했지만, 당시 봉화 지역의 인물들조차도 안동 사람이라는 인식이 있었다. '안동 대도호부'가 영해・청송・예천・영주・풍기・의성・봉화・진보 등을 모두 포함하는 넓은 지역이었던 데서 비롯한 의식이었을 것으로 생각된다. 지금도 경북 북부 지역 사람들에게는 그런 인식이 남아 있지만, 현재의 행정 구역을 따라서 '봉화 지역을 중심으로'를 부제로 하였다. 병곡도 그러하지만 특히 강재항이나 강필효의 경우, 여러 가지로 다양한 연구 주제를 창출할 수 있는 방대한 저작을 남기고 있다. 이 책의 간행을 시발점으로 하여 이들에 대한 더욱 깊이 있는 연구가 이루어지기를 기대한다.

계명대학교 한국학연구원은 동산도서관에 속해 있던 고문헌연구소를 발전적으로 통합하여, 동산도서관이 소장하고 있는 고문헌을 대상으로 보다 체계적인 학술 활동을 전개할 기반을 갖추었다. 동산도서관 소장 고문헌 가운데 영남 지역을 대상으로 하여 영남에서 생성된 자료가 많을 것은 당연하거니와, 그 연구에 깊이와 폭을 더해가도록 노력할 것이다.

2013년 10월의 학술 대회에서 토론을 맡아주신 김남기, 김종태, 정병호, 정재훈, 김우동, 김윤수, 최종호 선생님과, 토론 사회를 맡아주신 이춘

희, 김남형 선생님께 감사드린다. 학술대회 진행과 이 책의 간행에 크게 수고하신 김보경 박사께 깊은 감사를 표한다.

2015년 2월

계명대학교 한국학연구원장

차례

18세기 영남의 한문학 :

봉화 지역을 중심으로

18세기 영남과 기호 소론가의 학문과 문학 교류: 특히 입재立齋 강재항姜再恒과 명재明齋 윤증尹拯 가문의 경우 | 김윤조

18세기 영남과 기호 소론가의 학문과 문학 교류: 특히 입재立齋 강재항姜再恒과 명재明齋 윤증尹拯 가문의 경우

김 윤 조

1. 머리말

입재立齋 강재항姜再恒(1689~1756)과 해은海隱 강필효姜必孝(1764~1848)는 18세기 전반부터 19세기 전반에 걸쳐 각각 활동한 영남의 유수한 학자이고 문인이다. 필자는 10여 년 전에 해은海隱의 경서 관계 저작을 처음 접했고, 두어 해 전에 입재立齋의 시와 산문을 읽어볼 기회가 있었다. 입재와 해은은 매우 풍부한 저술을 남겼고 그 내용은 대단히 주목을 요하는 것이었다. 한데 그 많은 저작에 대한 연구는 지금껏 전무하다시피하다. 구체적인 저작이나 활동은 개별적인 논문을 통해서 앞으로 연구가 되겠지만, 이런 자료가 아직도 묻혀 있다는 것은 기이한 일이라고 할 것이다. 그만큼 우리 한문학계의 그간의 연구가 연구 주제나 자료의 선택에서 치우쳐 있었다는 점을 다시 확인하는 계기가 되겠다.

영남 지역의 경우를 떠올려보자면 퇴계나 남명은 말할 것도 없지만 학봉이나 서애 또는 한강이나 여헌 같은 인물이나 이광정李光庭, 이만부李萬敷, 정종노鄭宗魯 같은 인물들도 그런 대로 각기 오래 전부터 활발한 연구가 이루어지고 있다. 입재와 해은 같은 인물을 지속적으로 발굴하고 연구해서 18세기 영남 문학의 전체적인 모습을 조감하고, 이를 바탕으로 우리나라 문학사의 온전한 모습을 확인하는 것은 중요한 과제라고 하겠다.

필자는 봉화 '법전 강씨' 집안의 대표적인 두 학자인 입재와 해은의 학문적 연원이 대표적인 기호 소론가인 명재明齋 윤증尹拯에 닿아 있다는 점에 주목하여, 오랜 기간에 걸친 두 집안의 교류를 살펴보고자 노력하였다. 아울러, 입재의 학문과 문학에 대한 발언들을 살펴봄으로써 그의 사유와 문학에 대한 입장을 설명하려고 하였다. 나아가, 병자호란을 피해 서울에서 이주해온 이들 집안이 영남에 어떻게 자리를 잡고 지역사회와 어떤 관계를 설정하고 영향을 주고받았는지를 밝혀보고자 하였다.

2. 尹拯-姜再恒 가문의 교류

본고가 대상으로 잡은 두 집안의 주요 인물들을 각각의 족보에서 찾아 도시圖示하면 다음과 같다. 먼저 『파평윤씨세보』를 보자.

尹倬 — 先智 — 曦 —

嗷 — 昌世 — 1子 燧 — 系 舜擧 — 哲 — 3子智敎 — 東奎 — 光紹

2子 煌 — 1子勖擧

2子舜擧 出

6子宣擧 — 拯 — 行敎 — 東源 — 光緝

忠敎 — 東濂

3子 烇 — 元擧

昱 — 弼世 — 1子 爀

2子 炡

女適 姜胤祖(後室)

윤필세尹弼世의 사위가 된 진주晉州 강윤조姜胤祖는 윤증의 조부인 윤황尹煌과 재종 처남 매부 사이가 된다. 윤순거尹舜擧의 현손인 소곡素谷 윤광소尹光紹(1708~1786)는 18세기 중, 후반의 기호 학계에서 비중 있는 학자다. 그는 입재立齋 강재항의 조부인 강각姜恪(1620~1657)의 묘지명을 썼다. 묘지명에 의하면 강각의 어머니인 파평윤씨는 윤광소의 선조인 팔송八松 윤황尹煌(1571~1639)의 재종, 곧 6촌 누이였다고 한다. 윤황은 아우인 후촌後村 윤전尹烇(1575~1636)과 함께 병자, 정묘호란 때의 척화파로 이름이 있는 인물로, 우계牛溪 성혼成渾의 사위이기도 하다. 강각은 이런 인연으로 노서魯西 윤선거尹宣擧(1610~1669) 및 그 아들 명재明齋 윤증尹拯 부자와 편지를 왕복하는 인연을 맺게 되었고, 인척으로서의 친분이 이후 오랜 기간 대를 이었다고 한다.[01]

---

01 윤광소, 「處士姜公墓誌銘 甲辰」, 『素谷先生遺稿』 권6. : 昔不佞宰福州, 與立齋姜公從遊, 詳聞其先祖處士公懿行, 後癸卯, 立齋之子宅一士敬手一狀, 以處士公隧銘來謁, 姜氏之有戚誼, 實自公始, 蓋其妣坡平尹氏, 旣我八松先祖之再從妹也, 以此魯西・明齋諸先生, 書疏往復, 婣睦之義, 至今流傳, 誼分不敢辭. 윤광소의 5대조인 尹舜擧(1596~1668, 자는 魯直, 호는 童土)

다음으로 봉화 법전의 진주강씨 쪽을 보자. 『청구씨보』의 기록을 보기로 한다.

安福 — 利行 — 澂 — 億 — 德瑞 — 祖胤 — 恰 — 鄗 — 再烈
恪 — 鄼 — 再周 — 最一
— 漷 — 植 — 必孝
鄓 — 3子再恒 — 宅一

강재항[姜再恒]의 증조부 이름이 '조윤[祖胤]'으로 잘못 표기된 것은 『청구씨보』의 필사 오류다.[02] 앞서 말한 대로, 그는 후실을 파평윤씨 집안에서 맞아왔다. 그의 손자이자 강재항의 백부인 찬[鄼]은 호를 성건재[省愆齋] 또는 성재[省齋]라고 했는데, 윤증[尹拯]의 문하에 출입하였다. 해은[海隱] 강필효[姜必孝]는 강찬[姜鄼]의 5대손이 된다.

한데 강각의 윗대는 대대로 서울 사람으로, 증조부 억[億]은 사간원 정언, 조부 덕서[德瑞]는 홍문관 응교, 부친 윤조[胤祖]는 의금부 도사를 지낸 집안이다. 대대로 벼슬이 끊이지 않은 명문이었다. 그런데 병자호란 때 윤조[胤祖]가 당시로서는 안동부에 속해 있었던 현재의 봉화군 춘양으로 피난을 와서, 난이 끝나고도 시사[時事]에 크게 마음이 상해서 서울로 돌아가지 않고 그 형과 함께 한 집안이 모두 영남 사람이 되었다고 한다.[03] 법전 강씨 집안이다. 마땅치 않았던 시사[時事]란 아마도 병자호란을 겪으면서 척화-주화[主和]의 대립을 가리키는 것으로,

---

는 尹煌의 아들로 윤선거의 형인데, 큰아버지 尹燧의 뒤를 이었다.

02 '胤祖'는 윤광소, 앞의 책에 3회, 강재항, 『立齋遺稿』의 행장과 묘도문자에 8회 보이는데, 모두 '胤祖'로 되어 있다.

03 윤광소, 앞의 글. 其行蹟曰, 世仕在京, 丙子之亂, 與伯氏奉親, 避于福州之北村, 亂定, 痛念時事, 遂絶意科宦, 兄弟幷隱于太白山下, 讀書養老, 若將終身. 같은 시기에 서울에서 봉화 쪽으로 피난을 한 사례로 전주이씨, 풍산홍씨 가문 등이 확인된다.

이 집안은 척화의 입장을 견고하게 지켰다.

윤광소는 강재항의 묘지명도 썼는데, 글을 이렇게 시작하고 있다.

> 내가 돌아가신 一庵 선생님께 배우고 있을 때 선생님께서 懷仁(충북 보은 지역)의 수령인 姜公과 편지를 주고받으시는 것을 본 적이 있었다. 선생님께서는 편지를 보여주시면서, "이 분은 영남의 巨儒로 학문이 넓고도 알찬데, 일찍이 우리 할아버지를 스승으로 모신 분이시다"하셨다. 나는 비로소 우리 학문의 餘脈이 嶺外에 전해졌다는 것을 알았다.[04]

윤증의 파평윤씨는 지금 충남 논산에 세거世居한 집안으로 소론의 중심을 이루고 있다. 기호畿湖를 넘어서 영남 지방에까지 학문이나 현실에 대처하는 자세에서 같은 입장을 견지하는 지식인들을 확인하게 된 감회를 사뭇 감동적인 언사로 말하고 있다. 윤광소는 같은 집안 사람으로 윤증의 손자인 일암一庵 윤동원尹東源의 제자인데, 강재항과 윤동원의 친교를 서술하는 것으로 묘지명을 시작하고 있다. 윤동원尹東源(1685~1741)은 윤선거의 증손이고 윤증의 손자다.

입재立齋 형제는 어려서 부모를 여의었고, 그 백부인 성재省齋 강찬姜鄼이 명재明齋 문하에 출입하여 두 집안의 교분을 이어갔다. 입재는 백부의 가르침을 따라 학업에 힘을 쏟는 한편, 자신 역시 편지를

---

04 윤광소.「입재선생묘지명 甲辰」.『素谷先生遺稿』권6. : 不佞昔在先師一庵座下, 見懷仁使君姜公書疏往復, 先生示之曰, 此嶺南巨儒, 爲學博而實, 嘗尊師我祖考矣, 不佞於是始知斯文餘脈傳在嶺外, 內欽念.

통해 멀리 명재明齋에게 집지執贄를 하고 스승의 예로 받들었다. 그러나 입재 25세에 명재明齋는 세상을 떠난다. 입재는 그 유문遺文을 받들어 독실하게 공부를 하였다. 그는 아들에게 조선 성리학의 종주는 정암 조광조와 퇴계 이황이 제일이라고 하고, 퇴계 이후로는 명재가 그 전통을 가장 바르게 얻은 분이라고 말하고 있다.[05]

3. 立齋 姜再恒의 학문과 문장의 취향

입재 강재항의 학문과 사고思考의 특성으로 먼저 들어야 할 것은 강한 실천성이다. "알기가 어려운 것이 아니라 참되게 알기가 어렵고, 행하기가 어려운 것이 아니라 참되게 실행하기가 어렵다."[06]라는 그의 발언은, 식자들의 항언恒言이 아니다. 현실에 대한 치열한 성찰과 반성 끝에 도출된 자세로, 그가 평생을 두고 견결堅潔하게 지켜낸 입장이었다. 결국 현실에 대해서 그가 지닌 입장은 이런 것이었다. "부귀와 궁달窮達은 본디 운명이 있는 것이어서 억지로 취할 수 없다.

---

05 앞의 글 : 蓋公伯父省齋公, 出入明齋先生門下, 家學甚正, 公自幼已蒙陶鎔, 弱冠, 捨科業, 專心此事, 又懼獨學孤陋, 以書遠贄於明齋先生, 叩問爲學大端, 先生答書奬勵之, 自此遂以師禮事之, 顧以親老, 未能卽就函席, 而先生遽沒, 公深以爲恨, 奉其遺文, 誦服體行, 自處以門生. 後與先生之孫一菴公相從, 講聞緖論, 嘗語子宅一曰, 吾東方正學之宗, 當以靜退爲首, 而退翁之後, 明翁取得其傳, 規模醞籍, 踐履篤實, 眞大賢也.

06 「雜識」. 『立齋遺稿』 11. : "非知之難, 眞知爲難, 非行之難, 實行爲難."

자기 몸뚱이 하나 외에는 다만 푸르디푸른 하늘에 맡겨둘 뿐이다."[07]

1) 학문의 경향

주지하듯 조선조 학문, 특히 유학儒學의 특징은 이론적이 아니라 실천적이라는 점이다. 자신의 처지와 일상에서 출발하는 반성적 사유에서 비롯된 것인 바, 입재 강재항의 경우에서도 확인할 수 있다. 한데, 입재의 학문에 대한 태도는 심상하게 보아 넘길 수 없는 점이 있다. 대단히 견결堅決하다.

> ○ 사람의 한 평생에서 질병으로 앓아누울 때가 있고 근심 걱정에 빠질 때가 있으며 사람 노릇하느라 조문하고 축하하는 자리에 나다녀야 할 때가 있으며 처자식 먹이고 키우느라 매달려야 할 때가 있다. 그러는 사이에 학문을 할 수 있는 날이 얼마나 될까? 일이 생기는 대로 자신을 돌아보고 살펴서 이익과 탐욕에 끌려가지 않는다면 그런대로 괜찮을 것이다.[08]

> ○ 사람은 다만 험난하고 곤궁한 데서 능력을 발휘하고 올바르게 자신을 지킬 수가 있다. 평안할 때 한 말이 곤궁할 때 어긋나버린다면 어찌 학문이라고 이를

07 앞의 글 : "富貴窮達自有命, 不可强取, 自家一箇身外, 只可付之蒼蒼者耳."
08 「雜識」, 『立齋遺稿』 11. : 人生百年之間, 有疾病焉憂患焉, 又有人事出入死生之故焉, 又有妻子生養之累焉, 其間爲學之日, 能幾時也? 惟隨事省察, 不爲利慾所牽去則庶矣.

수 있겠는가?[09]

○ 顔子가 누추한 곳에서 지낸 것과 曾子가 극빈하게 지내면서도 商歌를 부른 것과 原憲이 낡은 신을 신고 어렵게 지낸 것은 모두 곤궁한 처지에서 익숙해져간 것이다.[10]

지금 여기에서 '나'라는 주체의 행동이 중요하다는 말이다. 현재 목전目前에 만난 일이 중요하다. 만나는 일에 대응해서 지금 바로 행동하고 실천해야 한다는 말이다. 곤고困苦한 일상을 하루하루 살아가는 사람에게 따로 뚝 떼어서 공부에만 매달릴 수 있는 시간이란 애초에 있지도 않거니와, 기실 그럴 필요도 없는 일이다. 이익과 탐욕에 끌려가지 않는 학문이란 그렇게 이루어지는 것이 아니다. 험난하고 곤궁한 현실은 자기 수련의 훌륭한 도장道場이다. 안자, 증자와 원헌原憲의 사례는 자기 체험에서 나온 발언이라는 것, 물론이다. 증자曾子가 위衛 나라에 있을 때 사흘이나 불을 때지 못하고 십 년 동안 새 옷을 해 입지 못하는 극빈極貧의 생활 속에서도 신발을 끌고 상송을 노래하니 그 소리가 천지간에 가득 차면서 마치 금석金石에서 나오는 것과 같았다는 고사가 전해 온다.[11]

강재항은 영남에서 나고 자랐지만 기호畿湖 소론 쪽의 학맥을 이었다. 자신이 발을 딛고 있는 지역의 정치 및 학문적 풍토와의 간극

---

09 앞의 글 : 人只於阨困處, 用力持守始得, 若平時說而窮時錯了, 豈得謂學?
10 顔子陋巷, 曾氏商歌, 原憲弊屨, 皆從窮處熟也.
11 「讓王」. 『莊子』 : 曳縱而歌商頌, 聲滿天地, 若出金石.

을 그는 어떻게 해소했던가? 입재의 전략은 자기 당대의 번세繁細한 논란들을 넘어서 영남 지역 정서의 본원을 직설적으로 언급하는 것이었다. "퇴도退陶는 도탑고 신실하고 율곡栗谷은 날래고 예리하다", "퇴도退陶는 학學을 잘 말하였고 율곡栗谷은 치治를 잘 말하였다", "퇴도退陶는 정상精詳 엄밀嚴密하고 율곡栗谷은 소통疏通 개활開豁하다."[12]는 등의 발언들처럼, 율곡과 퇴계를 나란히 세움으로써 객관적 거리를 확보하고 있다. 실상 율곡을 그토록 자주, 그것도 퇴계와 병행해서 언급하는 것 자체가 아마도 당시 영남 지역의 일반적인 분위기와는 동떨어진 일이었을 터이다.

> 趙靜庵은 타고난 자질이 굳세고 밝으며 순수해서 한 나라를 다스릴만한 자질을 갖고 있었다. 만약 크게 키워서 채웠더라면 程明道와 張南軒의 뒤를 이을 수 있었을 것이다. 우리나라는 기운이 좁으니, 어찌 이런 인재를 키울 수가 있겠는가?[13]

입재는 퇴율退栗 이전에는 조정암趙靜庵과 우계牛溪를 인정하고 있는데, 조광조趙光祖 같은 인재를 키우지 못한 것은 결국 지리적으로 좁은 땅의 기운 때문이 아니라 남을 인정하고 포용하지 못하는 우리나라 사람들의 좁아터진 습속 때문이라고 한다. 지역이나 붕당에 관계없이 누구나 거부하지 못할 인물인 조정암을 높여서, 인물과 현실을

---

12 「雜識」, 『立齋遺稿』 11 : 退陶, 精詳嚴密, 栗谷, 疏通開豁.

13 앞의 글 : 趙靜庵天資剛明純粹, 有濟治之具, 若大而充之, 則可以繼程明道張南軒之後武矣. 東土氣褊, 何能養得此等人?

보는 자신의 입장에 객관적 입지를 획득하려고 하고 있다.

> ○ 우리나라 학자들은 知와 行에 있어서 어떠할까? 知에는 大小가 있고 行에는 淺深이 있다. 우리나라 학자들을 두고 知와 行에 있어서 누가 크고 누가 작으며 누가 깊고 누가 얕다 감히 말할 수는 없지만, 가장 뛰어난 분은 退陶일 것이다.[14]

> ○ 우리나라 학자들은 명종과 선조 이전 사람들은 실질에 힘을 썼지만 명종, 선조 아래로는 이름에 힘을 썼다. 時運이 그렇게 만든 것이다.[15]

퇴계를 두고 지知와 행行에서 조선조가 배출한 학자 가운데 최고라고 한 입재의 입장은 오랜 기간의 사색을 거쳐서 정립된 것이었다. 그는 나아가서 조선조 학계의 흐름을 퇴율退栗 이전과 이후로 갈라서, 선명하게 대비하여 논하였다. 명종과 선조 이후로 이름, 곧 명분에만 힘을 쓰게 만든 시운時運이란 결국 당쟁黨爭을 이른 말이 되겠다. 입재는, "옛날의 이른바 '현인賢人을 높인다.'는 말은 그 덕을 높인 것이었는데, 지금 이른바 '현인을 높인다.'는 말은 덕을 높이는 것이 아니라 당黨을 높이는 것이다."[16]라고, 직설적으로 이 문제를 언급하

---

14 앞의 글 : 東儒之於知行如何, 知有大小, 行有淺深, 東儒之於知行, 不敢謂孰大孰小, 孰淺孰深, 而其最優者, 其以退陶當之乎.

15 앞의 글 : 東儒, 明宣以上多務實, 明宣以下多務名, 時使之也.

16 앞의 글 : 古之所謂尊賢者, 尙德也, 今之所謂尊賢者, 非尙德也, 黨也.

고 있다. 소론 계통이면서도 농암 김창협 형제 등 노론계 학자들과 우호적인 관계를 맺었던 졸수재 조성기趙聖期에 대한 입재의 발언은 그의 입장을 구체적으로 보여준다.

> 졸수재 학문의 병통은 실로 말씀하신 바와 같습니다. 게다가 언변으로 이기기에만 힘을 쓰고 다만 자기주장만 알 뿐이라는 등의 말씀은 또한 근세 여러 학자들의 폐해를 콕 집어 지적하신 것입니다. (중략) '졸수집'은 아마도 벌써 다 읽으셨을 듯합니다. 이 분은 학문을 함에 있어서 事功을 너무 높였다는 金農巖의 말은 옳습니다. 그러나 사색이 到底해서 다른 사람이 미처 보지 못한 곳을 보았으니, 또한 녹녹치 않습니다.[17]

연암 박지원은 졸수재를 극히 높이 평가했지만,[18] 졸수재의 학설은 수암 권상하 같은 노론 기호학파의 정통을 이은 학자로부터 비판을 당한 적이 있었다.[19] 연암이나 입재는 각각 노론과 소론으로서 당

---

17 「與申克齋 益愰」 : 拙修齋學問之病, 誠如所諭, 且騁辯務勝, 只知有己等語, 又切中近世諸儒之弊, 欽服理到之言, 當銘之座右耳. (중략) 『拙修集』, 想已畢看矣. 此公爲學, 太尙事功, 金農巖之說得之, 然其思索得到, 見人所未見者, 亦不碌碌耳.

18 許生曰, 古來沉冥者何限, 趙聖期可使敵國, 而老死布褐, 柳馨遠足繼軍食, 而逍遙海曲, 今之謀國政者, 可知已.

19 權尙夏. 「연보」. 『한수재선생문집』 : 기해년(1719) 선생의 나이 79세. 拙修齋의 理氣說을 변론하였다. 졸수재 趙公聖期가 理氣說을 지었는데, 그가 논한 人心·道心, 四端·七情이 栗谷先生의 설과 달라, 도심·사단은 理를 주로 하여 말하고, 인심·칠정은 氣를 주로 하여 말하였다. 학자들 사이에 이 설을 전하는 이가 더러 있었는데, 이때에 이르러 선생이 비로소 그 문집을 보았다. (중략) 己亥先生七十九歲, 辨拙修齋理氣說, 拙修齋趙公聖期作理氣說, 其論人心道心四端七情, 異於栗谷先生說, 以道心四端爲主理而言, 人心七情爲主氣而言, 學者往往傳之, 至是先生始見其文集. (중략)

파적 처지는 서로 달랐지만 졸수재 같은 양심적 학자에 대해서는 동일한 관점을 소유하고 있었다. 입재는 졸수재의 문집을 구해 읽었고, 당시 봉화군수로 재직 중이던 졸수재의 아들 조정례趙正禮에게 편지를 보내서 그를 향한 흠모의 뜻을 공개적으로 진술하고 있기도 하다.[20]

> ○ 張南軒은 『中庸』의 "致中和, 天地位萬物育"을 子思의 말이 아니라 아마도 그 이전 옛 聖人의 말이라고 했다. 이것은 南軒이 推測으로 도달한 말일 것이다.[21]

> ○ 우리나라 학자들의 학문이란 대개 송나라 학자들의 나머지를 주어모아서 대략 자기 살림을 이룬 것이어서, 깊이 젖어들어 진하게 곰삭은 맛이 전혀 없다. 이는 경계할 일이지 배울 것은 못 된다.[22]

주자에 매몰되지 않고 남헌南軒의 이론異論을 특기하고 있다. 남헌의 말은 결국 『중용中庸』이 자사子思의 손에 이루어졌다는 주자朱子의 주장, 달리 말하자면 입재立齋 당시 조선의 일반적인 인식을 부인하는 것인데, 입재는 남헌의 발언을 두고 그 자신의 독창적인 학문적 역량으로 도달한 경지라고 높이 평가하고 있다.

위 두 번째 발언은 우리나라 학자들과 학계의 풍토에 대한 더할

---

20 「與趙奉化 正禮」 : 竊伏念尊先公拙修老先生, 以盛德大業, 雖不克進爲於斯世, 而當時及門之人, 必有承厥志而傳其道者也.

21 「雜識」. 『立齋遺稿』 11 : 張南軒以中庸致中和, 天地位萬物育, 爲非子思之言, 蓋古聖人語, 此南軒推測得到之語.

22 앞의 글 : 東儒之學, 大槩綴拾宋儒緒餘, 畧成家計, 全無浸深醲郁之味, 是可戒而不可學也.

수 없는 비판이 되겠다. 서여緖餘란 나머지라는 의미지만, 남의 찌꺼기를, 그것도 극히 일부만 대략 얻어듣고는 그것을 자신의 학문적 살림살이로 삼는다는 것이다. 학자로서 자기만의 향기가 생겨날 터이 없다. 입재는 또한, "주자朱子 이후로 원元에 허노재許魯齋, 명明에 설경헌薛敬軒이 있었으니, 두 분은 유학에 있어서 걸출한 분이었다."고 하고, 이어서 "허노재許魯齋는 크고, 설문청薛文淸은 높다"고 평가하고 있다. 허형許衡을 낮추어보는 조선조 지식인들의 일반적인 분위기와는 다른 인식을 갖고 있었다.

명재 윤증은 생면부지의 입재가 처음 보내온 편지를 받고 그 답장에서, "율곡의 『격몽요결』과 우계牛溪가 초록한 『위학지방爲學之方』은 배우는 자가 가장 먼저 읽어야 할 책이네. 옛날 선인先人(:윤선거尹宣擧)께서, 매번 찾아와 배우는 학생들에게 이 두 책을 먼저 읽게 하셨기에 감히 말씀드리네. 지금 보내는 작은 도圖는 내가 만들어서 집의 서당에서 배우는 후생들에게 강습하게 하는 것인데, 한 본을 보내네."[23]라고 이르고 있다. 여기서 말한 작은 그림이란 명재가 1682년(숙종9)에 만든 「초학획일도初學畫一圖」이다. 입재는 그 '획일도'를 학생들을 교육할 때 매우 중요하게 사용하고 있다. 명재의 학문 방법을 따른 것이다.[24]

---

23 「答姜再恒」〔己丑四月五日〕. 『明齋先生遺稿』 26 : 『擊蒙要訣』及牛溪先生所抄 『爲學之方』一冊, 學者最當先讀, 昔者先人, 每令來學者, 先讀此二書, 玆敢奉告, 此去小圖, 卽鄙人所爲, 使家塾後生輩講習者也, 漫呈一本.

24 『명재연보』. '55년(1682, 숙종8) 임술'의 기사.
「初學畫一圖」를 만들어 제생들에게 보였다. 이때 선생(윤증)이 노강서원의 院齋로 가서 머물렀는데 학업을 청하는 유생들이 매우 많았다. 선생이 그들의 위해 學規를 정하되, 夙興, 日用, 夜寐로 總圖를 삼고, 일용 중에서 또 持身, 독서, 應事, 接物로 각각 작은 그림〔小圖〕을 만들고 이를 「초학획일도」라고 이름하였다. 이를 제생들에게 보여 주며 이르기를, "배우는 자들이 아침부터 저녁 사이에 날마다 해야 할 일은 이 네 가지뿐이다. 만약 진정으로 그 입재 학문의 구체적인 성과물로 그 문집의 방대한 논論과 설說 작품들이 분석을 기다리고 있거니와, 우선 학문의 영역에서 『논어』에 관한 한 가지 서술을 들어보기로 한다. 『논어』 「팔일편八佾篇」에 "체禘 제사는 강신제降神祭를 지내고부터 그 다음은 내가 보고 싶지 않다."[25]는 공자의 발언이 있다. 고래古來로 많은 학자에 의해 다양한 설說이 제기되어 있는 부분이거니와, 입재는 이 장章에 대한 주자의 주석을 전면적으로 부정하고 있다. 『논어』 안의 다른 말을 들어서, 즉 이경증경以經證經의 방식으로 자기 논지를 입증하고 있다.

관灌, 즉 강신제를 지내고부터 그 이후의 절차는 보고 싶지 않다고 한 공자의 발언을 두고 입재는 왜 하필이면 강신제 이후부터일까 의문을 제기한다. 주자는 이에 대해서 체禘 제사에 참여한 노魯나라 군신들이 그 시점까지는 성의誠意가 흩어지지 않아서 그런대로 볼만했기 때문이라고 설명한 바 있다. 입재는, 성의誠意가 흩어졌는지 흩어지지 않았는지는 강신제를 지냈느냐 지내지 않았느냐와 반드시 연결되는 문제는 아니라고 하고, 또한 노魯나라 군신들이 체禘 제사를 지낼 때마다 언제나 제사를 태만하게 지냈다고 볼 근거는 없다고 한다. 입재의 설명은 다음과 같다.

같은 「팔일편」의 첫머리에 공자가 노魯의 대부 계씨季氏를 두고 "팔일八佾로 자기 사당의 뜰에서 춤을 추니, 이를 차마 하고는 무엇을 차마 하지 못하겠느냐"하고, 또 삼가三家를 두고 "'제후들 와서 제사를

이치를 알아서 실천한다면 높게는 성인이나 현인이 될 수 있고, 낮게 잡더라도 몸을 깨끗이 수양하는 吉士가 될 수 있을 것이다."하고, 또 해설을 붙여 힘쓰게 하였다. 그 도식은 규모가 상세하게 갖추어져 있고 공부하는 절차가 절실하고 치밀하여 후세 학자들의 본보기가 된다고 한다.

25 子曰, "禘自旣灌而往者, 吾不欲觀之矣."

도우니, 천자天子는 목목穆穆하시다'는 노래를 어찌자고 삼가三家의 사당에 쓰는가"라고 한 말을 인용하고, 삼가三家에서 차마 써서 안 되는 것은 노魯나라 공실公室에서도 차마 써서는 안 되는 천자의 예악이었다고 설명한다. 천자의 예악을 사용하고 있는 노나라에 대해서는 말을 은미하고 완곡하게 해서 나라의 잘못이 드러나지 않도록 하고, 노나라의 대부로서 권신權臣인 삼가三家들에 대해서는 엄정하게 문책해서 여지를 남기지 않은 말이라는 것이다. 노나라와 그 군주의 허물에 대해서 공자는 언제나 직설적으로 지적하지 않고 간접적 우회적으로 발언하고 있거니와, 체禘 제사에 대한 발언 역시 그런 사례라는 것이다. 입재는 자기 생각에 자신감이 있었던 듯, "나의 이 말은 주자의 설說에 부합하지 않지만, 되는대로 기록을 해두어서 제대로 아는 사람을 기다려보겠다."고 하였다.[26] 주자도 "노魯가 체제禘祭를 지내는 것은 예禮가 아니니 공자가 본디 보고자 하지 않은 것"이라고 설명하고 있지만, 이 장章을 「팔일편」 앞쪽의 두 개 장章과 연결하여 설명한 것은 『논어』 이 장에 대한 또 하나의 독법으로 주목할 만하다고 할 것이다. 아울러, 『논어』의 주자집주나 거기에 붙은 세주細注가 아니라 그 본문의 의문처를 『논어』의 본문으로 해명하려는 시도는 이전 시기 학자들에게서 많이 볼 수 있는 일이 아니다.

26 「論語說」. 『立齋先生遺稿』 권 16 : 子曰, '禘自旣灌而往者, 吾不欲觀之', 灌, 謂方祭之始, 用鬱鬯之酒, 灌地以降神也. 魯之郊禘, 非禮也, 固君子所不欲觀, 而必於旣灌之後者何也? 朱子曰, '魯之君臣, 當此之時, 誠意未散, 猶有可觀, 自此以後, 則浸以懈怠, 無足觀矣.' 夫誠意之散與不散, 不必以未灌旣灌而有異也. 且魯之君臣, 不必每祭而皆有懈怠之心也. 蓋魯之用天子禮樂久矣, 方其旣灌之後, 六代之樂, 八佾之舞, 競進迭奏, 僭亂無章, 亦已甚矣. 故夫子心不欲觀, 而其言微婉, 無跡可尋, 而後人遂失其旨, 惜哉! 夫子嘗有言曰, '八佾, 舞於庭, 是可忍也, 孰不可忍也?' 又曰, '相維辟公, 天子穆穆, 奚取於三家之堂? 所以不忍於三家者, 所以不忍於魯國也, 於國則微其辭婉其旨, 隱之而不彰, 於臣則責之正斥之嚴, 深惡痛懲而無所假借, 此蓋聖人立言之權度, 與春秋相爲表裏者也. 此言有未合於朱子之說, 而謾記以俟知者.

다음으로 조선의 현실에 대응하는 그의 다양한 처방을 담은 일련의 논설을 주목할 필요가 있다. 대표적으로, 『입재집』 권16에 실려 있는 「정무사의政務私議」부터 봉건封建, 정전井田, 육형肉刑, 예禮, 악樂, 사민四民, 군병軍兵, 취사取士, 관제官制, 우형虞衡, 재용財用, 반록班祿의 13개 항목에 걸친 '의議'는 그의 현실 개선에 대한 의지와 포부를 드러내고 있다.

사민四民에 대한 주장을 들어보자. 입재는 사농공상士農工商의 사민四民이 여러 가지로 분화해서 명목이 다양해진 현실을 지적하고, 그 가운데서도 공천公賤・사천私賤・창우倡優・무격巫覡・치곤緇髡・근주近住・산척山尺・해척海尺・양수척水尺 등등의 천류賤流들에 대한 대책을 강구하고 있다. 요지는, 공천公賤과 사천私賤의 경우는 모두 혁파革罷해서 양역良役으로 돌리고, 창우倡優와 무격巫覡은 무거운 세금을 부과해서 금지하고, 본디 농민인 산척山尺과 양수척楊水尺은 현실을 인정해서 존치하고, 해척海尺은 어염魚鹽이 민생에 필수적이라는 점에서 세금을 경감하고 판로를 마련해주어서 유망流亡하지 않도록 지원해야 한다고 하였다. 치곤緇髡과 근주近住의 금지를 주장한 것은 당시로서는 당연한 일이었을 것이다. 한데 입재의 주장 가운데서 가장 주목되는 것은 '사士'에 대한 견해다. 사족士族과 유품流品・한산閑散・중서中庶를 막론하고 평가를 거쳐서 우수한 자는 태학에 입학시키고, 거기다가 백성들 가운데 뛰어난 자 역시 함께 태학에 입학시키되, 선발에 들지 못하는 사류士類는 모두 '농農'으로 돌려보내야 한다는 것이다.[27]

---

27 「四民」〔七〕. 『立齋遺稿』 16 : 爲今之計, 莫若使四民各歸本業, 其爲士者無論士族流品閑散中庶之流, 擇其經明行修, 能自樹立者, 選入於學, 其凡民之俊秀, 亦皆補入, 而不能參選者, 皆歸於農.

성호星湖는 8년 선배라 같은 시기이지만, 성호星湖나 반계磻溪 같은 학자의 주장과 맥락이 닿아 있다. 결국 입재는 조선 초기 이후의 우리 학계 풍조에 대한 반성적 사유를 바탕으로, 당파적 편견을 떠나서 투철한 실천성과 독창적 견해를 지닐 것을 주장하였다.

2) 문장의 취향

> 李獻吉은 "漢에는 騷가 없고 唐에는 賦가 없고 宋에는 詩가 없다."고 하였다. 내가 보기로는 明에는 文이 없다. 그런데 어찌 賦와 詩가 없다는 것을 따질 겨를이 있겠는가? 가당찮은 흰소리라 할 것이다.[28]

한부漢賦보다는 그 앞 선진先秦 시기의 초사楚辭가, 당시唐詩보다는 한부漢賦가, 송宋에 이르러 확립된 고문古文보다는 당시唐詩를 더 높이 평가한 의고문가擬古文家 이헌길李獻吉 곧 공동자空同子 이몽양李夢陽의 주장을 반박한 견해다. 명나라 문학에서 차지하는 몫이 적지 않은 이몽양의 견해를 정면으로 반박하였다. 명明의 경우는 문文이 없다는 것이다. 입재 당시 의고擬古에 비판적이었던 문인 학자들의 주장과 궤를 같이 하는 지적이거니와, 원대元代 이후 극劇과 소설이 주도적인 위치를 점유하는 문학사의 진전을 직시하고 있는 것이다. 그는 "명나라 사람의 문장은 서애西涯(이동양李東陽)의 재사才思, 공동空同(이모양李夢陽)

---

28 앞의 글 : 李獻吉以爲漢無騷唐無賦宋無詩, 以余言之, 明無文耳, 何賦與詩之足論乎? 可謂大言無當也.

의 웅지雄鷙, 엄산弇山(왕세정王世貞)의 영리伶俐, 창명滄溟(이반용李攀龍)의 험괴險怪 등이 비록 각기 뛰어난 바로 울리었으나 오히려 구歐·소蘇의 아래에 있다."[29]고 하여, 명나라 문학의 전개를 인물 중심으로 간명하게 정리하고 있다. 당송고문의 성취에 못 미친다는 것이다. 명나라 문학에 대한 입재의 비판적 진술들은, 그가 명明의 문학을 매우 깊이 연구하였음을 보여준다. 왕세정은 양용수를 두고, "경전을 증명하는 데는 공교롭지만 경전을 풀이하는 데는 거칠며, 패사稗史에는 상세하지만 정사正史에는 소홀하며, 시에 관련된 일에는 밝지만 시의 본디 의미를 알지는 못하였으니, 우주 밖의 것을 구하면서 눈앞의 것은 놓쳤다."고 비판적으로 언급한 바 있었다. 그리고는 '학자가 깊이 경계해야 할 일'이라고 하였다.[30] 입재는 학자가 지녀야 할 자세를 언급하기 위해서 왕세정의 발언을 인용하였지만, 왕세정을 깊이 공부하였음을 알려주는 자료다.[31]

그러면 문장은 어떻게 써야 하는가? 입재는 다음과 같이 말한다.

> 문장을 지을 때는 모름지기 布置를 삼가야 한다. 法度가 서도록 하여 마음껏 풀어놓기도 하고 거두어 수습하기도 하고, 기운이 가득 차서 고갈되지 않도록 해야만 한다. 그렇지 않으면 금세 축 늘어져 어지러워져서

---

29 「雜識」, 『立齋遺稿』 11 : 明人之文, 如西涯之才思, 空同之雄鷙, 弇山之伶俐, 滄溟之險怪, 雖各以所長鳴, 猶在歐蘇之下風也.

30 「雜識」, 『立齋遺稿』 11 : 王元美謂楊用修工于證經而疎于解經, 詳于稗史而忽于正史, 詳于詩事而不得詩旨, 求之宇宙之外, 而失之耳目之前, 此亦學者之所當深戒也.

31 같은 말이 100여년 뒤 홍한주의 『智水拈筆』에도 그대로 인용되고 있다. 『지수염필-19세기 견문지식의 축적과 지식의 탄생』, 상-68면, 홍한주 저 김윤조·진재교 역, 소명출판, 2013

질서 없이 다 풀어져버린다.[32]

문장에서 중요한 것은 포치布置다. 작품의 구도라고 할 것이나. 포치布置가 제대로 되지 못하는 경우 대개 지리支離하고 요령부득인 글이 되게 마련이다. 훌륭한 작가는 작품 전체의 구도에 고심을 할 것이 물론인데, 입재는 그 구도를 지탱할 두 개의 기둥으로 법도와 기운을 들고 있다. 법도라는 용어에서 거의 같은 시기 청淸의 방포方苞(1668~1749)를 연상케 하기도 하지만, 법도와 기운이 적절하게 조화를 이룰 때 훌륭한 작품이 될 수 있다는 것이다.

명나라 문학에 비판적 안목을 지니고 있었던 입재는 당시 조선의 문학을 어떻게 인식했던가?

> ○ 우리나라 사람의 문장은 모두 질질 늘어놓기만 할 뿐 요령을 얻지 못하고, 그렇지 않으면 애매모호하게 써서 의미가 없는 내용으로 되곤 한다. 그것은 아마도 風尙과 氣習에 국한되어서일 텐데, 배울 것 없는 일이다.[33]

> ○ 우리나라 학자들은 모두 으레 주자 글을 그대로 본을 떠서, 이렇게 하지 않으면 선비 모양이 못 된다고들

32 앞의 글 : 爲文章, 須謹其布置, 令有法度, 有縱捨有收拾, 令有氣不餒始得, 不然, 小間便塌茸渙散收拾矣.

33 앞의 글 : 東人之文, 皆是支蔓說, 不然則又鶻突無意味, 盖爲風氣所局, 不足學也. 사전적인 풀이로 支蔓은 '蕪蔓囉唆, 不得要領', 鶻突은 '模糊, 混沌, 疑惑不定, 乖迕, 惊慌'으로 설명되어 있다. 囉唆는 말이 번거로운 것, 일이 자질구레하고 번쇄한 것.

> 여긴다. 懷川(송시열)에 이르면 천자를 끼고 제후를 호령하는 꼴이라 전혀 의미가 없으니, 한탄스러울 뿐이다.[34]

> ○ 문장이란 다만 한 시대의 風尙과 氣習이 드러나는 것이다. 지금 사람들은 문장을 지을 때 반드시 古人을 들먹인다. 하지만 어떻게 해볼 도리가 없는 일이다. 다만 임금이 唐虞 三代와 같은 정치를 한다면 典謨와 誥訓, 二南과 雅頌 같은 훌륭한 문장은 지으려고 하지 않아도 저절로 지어질 것이다. 어찌 문장을 잘 짓는데 애써 힘을 쏟겠는가?[35]

입재가 파악한 우리나라 문인들의 글은 대개 요령을 얻지 못하고 질질 늘어놓기만 하는 글, 애매모호하게 내용은 없는 글, 그러면서도 길이는 길기만 한 글이다. 『고문진보』나 『고문사류찬』 같은 중국 문장 선집들에 실린 작품들과 우리나라 산문 작품들을 비교해보면 일견해서 우리 쪽의 글들은 너무 길다. 고문의 가장 두드러진 특징이 '간[簡]'이거니와, 그 점에서 우리 산문 작품들은 대체로 내용에서건 길이에서건 지리[支離]하다. 입재는 그 점을 지적한 것으로 보인다. 우리나라 학자들의 문장이란 대개 주자[朱子] 흉내 내기다. 한데 송시열이야말로 문장에서 독창이나 독득[獨得]은 없이 주자[朱子]라는 이념으로 포장

---

34 앞의 글 : 東儒例皆依樣朱文, 以爲不如此, 則不成儒者模樣. 至於懷川, 則挾天子令諸侯, 全無意味, 可歎也已.

35 앞의 글 : 文章只是一代風氣之所宣洩, 今人爲文, 必曰古人, 然無可奈何. 只人君做得唐虞三代之治, 則典謨誥訓二南雅頌, 不期作而自作矣, 豈暇容人力於其間哉.

한 무의미한 글을 늘어놓는 한탄스런 존재라고 한다. 주목할 만한 발언이다. 일찍이 송시열은 윤휴尹鑴를 두고 '개 같은 윤휴〔狗尹〕'라고 이른 적이 있거니와, 노-소론의 입장 차이를 고려해서 읽어야 할 글이다. 우암의 제자인 농암 김창협 같은 경우도 우암을 두고 명나라 문학의 흐름을 제대로 알지 못했다고 말하고 있지만, 명나라 문학의 흐름에 대해서 우암이 미치지 못하는 부분이 있었다고 하는 것은 정확한 견해라고 할 것이다. 옛날 문장이 훌륭했다는 관념에 대해서도 강재항은 비판적 태도를 갖고 있다. 시대의 고금古今이 아니라 현실의 여건이 그 시대 문장의 수준을 결정한다는 지적은 입재 이전부터 있었지만 그것을 이렇게 표명해서 자기 시대의 문제로 제기한 것은 역시 그의 예민한 통찰이라고 할 것이다. 학문에 있어서 실천성, 현실성과 연결되어 있는 인식일 것이다.

입재는 논설문論說文에서 큰 성취를 이루었다. 그는 18세기 초반의 가장 중요한 '논論' 작가이다. 성호 이후로 주목되는 논論 작품을 대량으로 남긴 작가로는 입재 이외에 임상덕(1683~), 이헌경李獻慶(1719~), 정범조(1723~), 이종휘(1731~), 윤기尹愭(1741~), 그리고 다산茶山이다. 모두 남인 또는 소론 학자들이다. 문단이나 정계에서 유력한 사람들인 김석주나 김종수, 김조순, 조인영 등은 논論 작품을 남기지 않았다. 이천보(1698~)나 송문흠宋文欽 같은 예외가 없지 않았지만, 이것은 18세기 논論 양식의 한 특징이기도 하다.[36]

입재가 문학에서 이처럼 예민한 의식을 소유한 배경으로는 역시

---

36 이 문제에 대해서는 김윤조, 「科論의 형식과 문체적 특징」, 대동한문학회 2013년 추계전국학술발표대회 발표문을 참고.

명재 쪽과의 소통을 들어야 할 듯하다. 서울의 동향에 밝을 수 있었던 것이다. 명재 뿐 아니라 입재 스스로 서울을 왕래하면서 이종성李宗城, 박문수朴文秀, 정휘량鄭翬良 등 당시 최고의 소론 지식인들과 긴밀한 교유를 가진 것 또한 중요한 이유로 들 수 있겠다. 큰 규모의 서양 그림을 접하고 청淸의 지배하에 들어간 중국의 현실과 연결하여 고민을 토로하고 있는 것은 서울의 소식에 통해서 가능한 일이었을 것이다.[37]

4. 立齋 이후의 상황

입재立齋는 당시 영남의 저명인사로 손꼽혔다. 권봉장權鳳章이 쓴 권재운權載運(1701~1778)의 행장行狀에 당시 영남의 '석덕군자碩德君子'가 나열되어 있는데, 강재항과 함께 이산두李山斗, 유정원柳正源, 이중광李重光, 권정침權正忱, 권정댁權正宅의 이름이 보인다. 모두 학문과 함께 과거를 통해서 관료로 활동을 한 인물들이다.[38] 이계 홍양호 역시 권재운權載運의 묘갈명에서 조윤대曹允大가 영남의 명사名士인 대산大山

37 『立齋遺稿』 2. 「西洋國丹青引」을 참고.

38 「附錄」. 『麗澤齋遺稿』 권 5 : 當時一鄉之碩德君子若懶拙齋李公山斗・姜懷仁再恒・柳大諫正源・李參奉重光・權說書正忱・權連山正宅, 莫不與之相從, 而蓋於九思堂・大山兩先生, 尤爲尊信焉.

이상정李象靖, 구사당九思堂 금악행金樂行, 강재항姜再恒, 유정원柳正源과 함께 자리를 한 일을 기록하고 있다.

입새의 아들인 댁일宅一은 윤광소의 제자다. 역시 윤증 가문과의 학연을 이어간 것이다.

정조는 만년에 영남 감사에게 명해서 영남에 거주하는 고가의 후예를 찾아 보고하도록 하고, 그들에게 관직을 주도록 했다. 관찰사 이의강李義綱이 9인을 천거했는데, 남명 조식과 한강 정구鄭逑, 매계 조위曺偉, 장현광, 김우굉의 후손과 함께 강덕서姜德瑞의 6세손인 강영姜泳이 천거되고 있다. 또 순조 때에는 입재의 조부인 강각姜恪이 이조참의를 추증받았다. 근 2세기 가까이 지난 뒤인 순조 18년에 영남 유생들이 상소를 해서 강각姜恪이 이조 참의에 추증된 것은 영남 지역에서 이 집안의 비중을 단적으로 보여주는 일이다.[39]

강필효 역시 19세기 전반 영남 지식인 사회에서 확고한 위상을 차지하고 있다. 즉, 퇴계 이후 영남 지역의 전통이 되어 내린 향음주례鄕飮酒禮가 낙육재樂育齋 중건重建을 기념하여 1807년 10월에 열렸는데, 전체 천여 명이 운집한 행사에서 소임을 띤 81인 가운데 강필효는 주인主人으로서 영남감사이던 윤광안尹光顔과 빈賓인 정종로鄭宗魯 다음으로 세 번째 직임인 개介에 이름이 올라 있다.[40]

---

39 『실록』. 순조 18년 무인(1818,가경 23) 12월 19일 (임오) : 吏曹因嶺南儒生上言啓言: "故處士姜恪, 尊周之義, 與洪宇定等無異, 宜有竝褒之擧", 從之, 贈吏曹參議.

40 李楨輔. 『寒松齋先生文集』(목활자본, 1927). 卷3. 8頁. 「達城觀德堂行鄕飮酒禮序」(張仁鎭, 「경상감영 樂育齋의 교육 문화와 齋生」, 계명대학교 고문헌연구소 제17차 인문교양강좌 강연 원고〈2013. 10. 10〉에서 재인용)

18세기 영남의 한문학 :

봉화 지역을 중심으로

18세기 봉화지역 학자들의 학문경향:
전주이씨가를 중심으로 | 권진호

18세기 봉화지역 학자들의 학문경향: 전주이씨가를 중심으로

—

권 진 호

1. 머리말-봉화지역의 인문지리적 배경

봉화와 그 인근지역은 태백산과 소백산이 감싸고 있는 경북 북부에 위치한 산간 내륙지방이다. 겹겹이 산맥이 둘러쳐져 있는 가운데 낙동강이 그 산맥을 분수령으로 발원하고 있어, 어디를 가든 경관이 뛰어나고 인심도 비교적 순후한 편이다. 이런 산세의 지리적 여건으로 인해 일찌감치 이 지역은 선비가 은둔하기에 적합한 곳으로 여겨졌고, 또 나라에 큰 변란이 일어날 때는 변란을 피할 수 있는 최적의 '피세避世'의 땅으로 주목받아 왔다. 이중환李重煥(1690~1752)의 『택리지擇里志』에는 남사고南師古의 말을 인용하여 '태백산과 소백산은 병란을 피하기에 첫째가는 땅[避兵第一地]'이라고 했다. 그래서 소백산에 안긴 풍기는 십승지지十勝之地 가운데 첫째로 꼽히게 된 것도 우연히 아님을 알 수 있다.

고려 때 홍건적의 난을 피해 이곳으로 피신했던 공민왕과 관련한 유적과 설화들이 아직까지 전해오고 있으며, 조선의 인조 임금이 청나라에 항복하는 치욕을 당하자, 나라의 치욕을 참지 못해 세상을 등진 일군의 선비들이 태백산 깊은 산골짜기로 피신하여 은둔의 삶을 살았다. 이를테면, 예조참판 강징姜澂(1466~1536)의 현손인 잠은潛隱 강흡姜恰(1602~1671), 청양군靑陽君 심의겸沈義謙(1535~1587)의 손자인 각금당覺今堂 심장세沈長世(1594~1660), 송강松江 정철鄭澈(1536~1593)의 손자인 포옹抱翁 정양鄭瀁(1600~1668), 영의정 인재忍齋 홍섬洪暹(1504~1585)의 증손인 손우당遜愚堂 홍석洪錫(1604~1680), 만전당晩全堂 홍가신洪可臣(1541~1615)의 손자인 두곡杜谷 홍우정洪宇定(1595~1654)이다. 강흡과 심장세는 봉화 법전〔버쟁이, 모래골〕에, 정양과 홍석은 춘양〔도심촌, 소로리〕에, 홍우정은 봉성〔띠띠물〕에 은거했는데, 이들은 서로 지근거리에 살면서 울분을 달래며 우의를 다졌던 것이다. 우리는 이들을 '태백오현太白五賢'[01]이라 부른다. 뿐만 아니라 임진왜란 이후 실록의 보관을 위해 춘양면 석현리에 태백산 사고史庫를 지은 것도 이 지역의 지리적 특색과 무관하지 않다고 볼 수 있다.[02]

한편, 이 지역의 지성사적 측면에서 한 가지 특기할 점은 절의정

---

01 '태백오현'은 병자호란이라는 국난으로 인해 경상도 봉화지역에 은거한 사람들을 가리킨다. 이들은 애초에 출신지역과 학문배경이 영남지역과는 다를 뿐 아니라 그들이 추구한 학문경향도 영남의 퇴계학풍과는 다를 수밖에 없다. 그렇기 때문에 봉화지역은 영남의 다른 지역과 달리 영남의 퇴계학만을 추구한 것이 아니라 다양한 학문이 들어올 수 있는 정치 사회적·지역적 배경을 가지고 있다고 할 수 있다.

02 溪巖 金坽이 쓴 『溪巖日錄』 1606년(선조 39) 5월 26일자에 다음과 같은 기록이 있다. "처음 조정에서 國史를 서울과 지방 모두 5군데 보관했는데, 임진년 난리 후 전주본만 온전했다. 사태가 안정되자 史局을 설치하여 등사한 뒤 각 도로 하여금 산골짜기 험한 곳을 선택하여 보관하게 했다. 승지 黃是가 봉화 수령으로 있을 때 覺華寺가 국사를 보관하기에 지세가 이보다 더 나은 곳이 없다고 하였다."

신을 들 수 있다. 이와 관련하여 주목되는 사건이 바로 금성대군의 단종 복위 운동이다. 1457년(세조 3) 순흥에 귀양 온 금성대군(1426~1457)이 당시 순흥 부사 이보흠李甫欽(1397~1457)과 단종의 복위를 도모하려다 사전에 발각되어, 금성대군과 이보흠을 위시한 많은 이들이 죽임을 당하였다. 그래서 순흥부가 역적의 고을〔逆鄕〕로 낙인찍혀 하루아침에 부府가 폐지되어 현縣으로 강등되는 수모를 겪게 되었다. 그 뒤 이 고을 주민들이 각고의 노력 끝에 220여 년이 지난 1683년(숙종 9)에 한맺힌 숙원인 순흥도호부를 되찾게 된다.[03]

그 뿐 아니라 둔암遯菴 서한정徐翰廷(1407~1490)은 세종 때 진사에 올라 성균관에서 독서하던 중, 세조에 의해 단종이 손위하자 벼슬을 단념하고 가솔을 이끌고 대구 화원에서 소백산 아래 이곳 순흥 땅(현 단산면 사천리)으로 은거하였다. 회봉檜峰 권득평權得平(1407~?)은 그의 고절을 노중련魯仲連과 백이숙제伯夷叔齊에 비겨 찬양하였다.[04] 그리고 봉화 도촌(옛 순흥부의 동쪽 사제沙堤)의 이수형李秀亨(1435~1528)은 평소 세조와 깊은 인연을 맺고 있었는데도, 평시서령平市署令이 되었을 때 세조가 단종의 왕위를 빼앗자 비분강개하여 벼슬을 버리고 처가가 있는 이곳으로 내려와 숨어살았다.[05] 특히 그는 집을 공북헌拱北軒이라 하고, 3면의 벽을 막고 북쪽 한 면에만 작은 창문을 두어, 장릉莊陵이 있는 영월을 바라보며 원통하게 죽은 단종에 대한

---

03 순흥도호부를 되찾게 된 경과에 대해서는 安廷球, 『梓鄕誌』「順興志·復設事蹟」 부분 참조.

04 徐翰廷. 『遯庵先生逸集』 권2. 「呈遯菴新居」·「雨後呈遯菴」 참조.

05 도촌 이수형에 대한 기록은 李光庭. 『訥隱集』 권13. 「李桃村墓碣陰記」와 安廷球. 『梓鄕誌』「順興志·忠節(李秀亨)」 부분 참조.

충절을 지켰다. 1610년(광해 2년) 도계서원道溪書院을 건립하여 정민공貞愍公 이유李瑜(금성대군), 충장공忠壯公 이보흠李甫欽, 서령署令 이수형李秀亨, 취사炊沙 이여빈李汝馪 등을 제향하였다.

이렇듯 봉화와 그 인근지역은 단종에 대한 절의 정신, 다시 말해 불의不義에 굽히지 않고 사악邪惡을 용납하지 않는 곧고도 굳센 선비의 기질이 맥맥히 이어내려 오고 있으며, 이 절의정신이 사족은 물론 일반 주민들의 일상의 삶의 내면에 깊게 관류하고 있음을 확인할 수 있다.[06]

또한 봉화 지역은 고려 후기 이래 이곳을 본관으로 하는 금씨琴氏와 정씨鄭氏가 중앙정계에서 큰 활약을 하면서 많은 인재가 배출되었고, 조선 중기부터는 안동지역의 사족들이 이곳으로 이동해 왔다. 그 대표적인 인물이 유곡酉谷〔닭실〕으로 이주해온 충재冲齋 권벌權橃(1478~1548)이다. 그리고 앞에서 언급했듯이, 병자호란을 전후하여 법전으로 은거한 진주 강씨 집안(강흡), 춘양과 봉성에 터를 잡은 남양 홍씨 집안(홍석, 홍우정), 법전면 풍정리에 낙남한 전주 이씨 집안(이영기) 등이 동성부락을 이루어 모듬살이를 해 오고 있다. 특히 이들 집안들은 한양과 경기지역에서 기반을 이루고 있다

---

06 『한국민족문화대백과사전』 봉화군 설화·민요 부분에 다음과 같은 전설이 전해온다. "석포면 대현리의 태백산에는 태백산신이 된 단종의 전설이 전해 온다. 수양대군에게 왕위를 찬탈당하고 영월 땅으로 유배된 단종에 대해 이 곳 주민들은 많은 동정을 해오던 터였다. 세조 3년 가을, 이 마을에 사는 주민들은 저녁 때 영월의 관아에 볼일을 보러 가는 길에 누각 앞에서 흰 말을 타고 오는 단종을 만나게 되었다. 주민들이 길가에 엎드려 인사를 하고 어디로 가시는지 물어보았더니, 단종은 말에 탄 채 태백산에 놀러간다고 대답하였다. 영월에 도착한 마을사람들은 그날 낮에 이미 단종이 시해당했다는 사실을 듣고는 단종의 영혼이 태백산에 입산한 것으로 믿게 되었다. 그 뒤부터 태백산에 단종의 영혼이 있다는 사실이 전해 오게 되었다. 지금도 무속신앙을 신봉하는 사람들은 태백산 꼭대기 부근과 태백산 아래 춘양면 서벽리 등지에 단종의 비각 또는 화폭을 걸어놓고 단종의 신령을 섬기고 있다."

가 역사적 사건을 계기로 봉화 지역에 내려와 터를 잡은 경우이다. 그래서 이들 집안의 가문배경과 학문경향이 영남지방의 일반적인 경향과는 다소 차이를 보이기도 한다.

본고에서는 이 같은 점에 유의하면서 안동문화권에서 퇴계학의 숭상이라는 문제와는 별도로, 퇴계학이 지역적으로 어떠한 변화양상을 보이고 있는지에 대해 구체적으로 검토할 필요가 있다고 생각한다. 이에 16세기 말 17세기 초반에 봉화 법전 풍정리〔시드물〕로 낙향한 전주 이씨 집안의 가학 연원과 학문경향의 특색을 조명하여, 시대와 지역에 따른 퇴계학의 미세한 변모양상을 파악하고자 한다.

2. 전주 이씨의 家學的 傳統

경기지역에서 삶의 터전을 가꾸어오던 전주 이씨가 낙남落南한 주인공은 바로 추만秋巒 이영기李榮基(1583~1661)이다. 그는 태종대왕太宗大王의 별자別子(第三庶子, 信嬪辛氏所生)인 온녕군溫寧君 정裎의 후손이다. 온녕군은 아들이 없어서 아우인 근녕군謹寧君 농襛의 아들인 우산군牛山君 종踵을 입후하여 여섯 아들을 두게 된다. 그런데 이때 세조가 어린 단종을 폐위시킨 사건이 일어난다. 세조는 자신의 뜻을 구하기 위해 왕자王子 종실宗室들에게 토지와 식록食祿을 하사하고 철권鐵券

에 서명을 하게 했는데, 근녕군 만은 처음부터 병을 핑계하며 서명을 하지 않았다. 같은 왕족이지만 불의不義에 동참하지 않는 모습을 쉽게 떠올려 볼 수 있다.

우산군의 여섯 아들은 모두가 당대의 명류들이었다. 이들은 점필재佔畢齋 김종직金宗直(1431~1492)의 문하를 종유하며 사문斯文의 성명盛名이 있었다. 그 가운데 셋째 아들 한산정韓山正 정挺은 음률에 밝고 기개가 뛰어나 당시 사람들이 그 기개를 사모하였고, 둘째인 무풍정茂豊正 총摠 역시 도량이 넓고 특별한 기상氣象이 있었으며, 또한 거문고와 글에 뛰어났다.[07] 이처럼 풍류와 문예에 뛰어나 주위의 많은 사람들로부터 명망을 받았지만 연산군 때 뜻밖의 화를 당하게 된다.

> 당시 우산군 부자가 斯文의 盛名을 독차지하여 안팎에서 모두 중망을 받았다. 그런데 어떤 자가 연산군에게 무풍정을 헐뜯어 무오사화(1498) 때 온 집안이 적몰당하였고, 갑자사화(1504) 때 우산군과 여섯 아들이 모두 멀리 떨어진 외딴섬으로 귀양 보내졌다가, 1506년(연산 12) 같은 날 모두 사사를 당하였다.[08]

우산군 부자가 겪었던 저간의 상황을 확인할 수 있다. '종친불사

07 李時善.『松月齋集』권3.「家乘」. "號西湖主人. (중략) 英乂挾氣, 豪出千人, 且解悟音律, 襟期疏朗. (중략) 一時人, 慕氣槩焉."

08 이시선.『송월재집』권3.「가승」. "當時, 牛山君父子, 擅斯文盛名, 中外褒重. 人有惡茂豊於燕山者, 擧家見籍於弘治戊午黨, 甲子, 牛山曁六子, 遠謫絶島, 正德丙寅六月二十四日, 同日賜死."

宗親不仕'라 했던가? 정치와는 무관하게 풍류와 문예에 몰두한 그들이지만, 연산군 때 재산이 몰수당하고 결국에는 7부자가 같은 날 죽음을 맞게 된다. 그 뒤 중종 때 그들에게 작위를 추증하여 억울함을 풀어주고 몰수당한 가산家産을 다시 돌려주었다. 우산군의 7부자를 세칭 '칠공자七公子'라고 하는데, 눌은訥隱 이광정李光庭(1674~1756)은 「칠공자전七公子傳」[09]을 지어 세조의 왕위찬탈의 부당성과 연산의 사화 때 억울하게 죽은 그들의 비극적 생애를 기술하였다.

한 집안의 비극적 삶은 이후 후손들에게 일정한 영향을 끼치게 된다. 이회李淮(1490~1560, 자는 子澄, 信陽守)와 이민李敏(1510~1562), 그리고 이성립李成立(1528~1594)대에는 크게 현달하지 못하였다. 특히 이성립은 글짓기와 글씨(서법)에도 뛰어나 가문을 빛낼 수 있을 것으로 기대하였다. 그러나 과거 초시에 19번이나 합격했으나 끝내 급제하지 못하였다. 뒤에 태학의 공천으로 참판·용궁현감 등을 역임하였다.[10]

경기에 터를 잡고 생활하던 온녕군 후손의 낙남落南은 추만 이영기(1583~1661)에게서 비롯되었다. 그는 유년시절 정승인 유영경柳永慶(1550~1608)과 지봉 이수광(1563~1628)에게 대성할 그릇이라고 인정을 받았다.[11] 그러나 어린 나이에 임진왜란을 만나 부모를 여의고 백공伯公과 함께 이모 황씨(鄭彧의 아내)에게 길러졌다. 이모

---

09 李光庭. 『訥隱集』 권20. 「七公子傳」 참조. '七公子'는 李踵·李扞·李摠·李挺·李抃·李揀·李捷을 가리킨다. 이들은 한결같이 재주와 능력이 뛰어남에도 당시 정치 현실에 쓰이지 못하여, 스스로 詩酒와 山水間을 방랑하며 울울한 회포를 풀었다. 이 작품에서는 그들의 삶의 특징적인 면모를 간략하고 서술하고 있다.

10 이시선. 『송월재집』 권3. 「가승」. "孝友之行, 著於人, 能光世德. 善屬文, 兼精楷法, 發解十九選而竟不第. 用太學公薦, 拜厚陵參奉, 轉監察, 調龍宮縣監."

11 이시선. 『송월재집』 권3. 「가승」. "自在髫年, 已端醇, 外族柳相永慶李芝峯睟光, 見而器之."

황씨는 이들이 외롭고 힘든 것을 안타깝게 여겨 굳이 공부를 시키려고 하지 않았다. 그런데 이영기는 공부에 대한 향심이 남달라 어려운 가운데서도 노력하여 마침내 문사가 박달博達하게 되었다.[12]

이영기는 그 뒤 이모(황씨)가 풍기의 친정으로 근친을 가게 되자, 이때 이모와 함께 남행南行을 하여 외가에 의탁하다가 마침내 안동 권씨에게 장가를 들었다. 당시 안동 권씨는 그 지역의 유수의 가문으로 충재 권벌의 증손인 권래權來(1562~1617, 軍資監正)의 따님이다. 봉화지역에 세거하고 있던 충재 권벌 집안과의 혼인은 낯설고 물 설은 타향에서 전주 이씨 집안의 정착에 일정한 역할을 한 것으로 여겨진다.[13] 특히 이영기는 선영이 있는 고향을 떠나온 처지지만 선대의 묘소 수호와 제사에 지극한 정성을 기울였다. 어려서부터 그의 심지를 알아본 재상 유영경이 음직으로 천거하자 달갑게 여기지 않았다. 유영경이

> 작록에 대한 사양은 오직 그대에게서만 본다.[14]

고 탄식하며 그만두었다. 벼슬에 뜻을 두지 않은 채 도를 즐기며 처사적 길을 택한 '은거불사隱居不仕'의 삶의 방식은 이후 자식들에게 직접적인 영향을 미치게 된다.

뿐만 아니라 이영기는 문장에 대한 소양도 예사롭지 않았다. 그

12 이시선. 『송월재집』 권3. 「가승」. "黃氏愍其孤苦, 不欲勸于學, 公見人受學, 從傍潛心暗記, 以至成誦. 及其就師, 有如建瓴, 卒乃文辭博達."

13 이영기의 처조부는 權東輔(군수) · 權東美(현감)이고, 처증조부는 충재 권벌(충정공)이며, 이조참판 백암 김륵이 그 외조가 된다.

14 이시선. 『송월재집』 권3. 「가승」. "柳公, 歎曰: '爵祿之辭, 惟子之見.' 乃止."

는 병자호란을 전후하여 태백산에 은거한 두곡 홍우정과 자주 만나 시를 지어 화답하곤 하였다. 하루는 그가 홍우정이 지은 「초당국화草堂菊花」란 시운에 화답을 하자, 홍우정이 그의 시를 보고 "종유한 지 오래지만 그 사조詞藻가 이와 같은 줄은 미처 몰랐다."[15]고 하였다.

요컨대, 전주 이씨는 나라의 변고를 당해 불의와 타협하지 않은 정신과 출사보다는 은거하여 학문에 종사하는 처사의 길을 걸어갔다.

3. 전주 이씨의 학문적 특색

전주 이씨 인물 중에 우리가 주의깊게 살펴보아야 할 인물로 송월재松月齋 이시선李時善(1625~1715)과 계촌溪村 이도현李道顯(1726~1776)을 들 수 있다. 그 이유는 이들이 추구한 학문경향이 17~18세기 안동문화권이나 당시 중앙 사대부들과 비교해 보아도 남다른 면이 있기 때문이다. 그래서 여기서는 '고학古學의 학풍'과 '박학博學의 추구'라는 두 관점에서 이들의 학문경향을 간략하게 파악해 보고자 한다.

경기에서 낙남한 추만 이영기는 다섯 아들을 두었는데, 그 넷째가 바로 송월재 이시선이다. 이시선은 태어날 때 호방한 기질을 타고나 한 평생 시류時流를 따르지 않고 특별한 스승없이 독학으로 섭

15 이시선, 『송월재집』 권3, 「가승」, "公嘗和洪公草堂菊花詩韻, 洪公曰: '從遊久, 不知詞藻如此.'"

렵하여 자신만의 학문세계를 열어나갔다. 그가 배운 것은 고작 8세 때 자형인 김훈金熏(1608~1667)에게 『사략史略』 4권이었고, 이어서 봉성의 금순고琴純古(1587~1644)를 찾아가 『사략』 공부를 끝내고, 집으로 돌아와 부친으로부터 한퇴지의 글을 익힌 것이 그의 학적과정의 전부였다. 그 뒤로는 스승을 따라 공부한 일이 없었다. 그 후 육경과 제자백가를 취해 그 뜻을 끝까지 궁구하였고, 심지어 글자의 음을 모르는 경우에는 『광운廣韻』을 상고해가면서 자세히 알아내어 자득자락自得自樂하였다.[16] 다음 일화는 그의 학문자세의 일면을 보여주고 있다.

> 중형(時咸)이 경당 장흥효에게 『논어』를 배웠는데, 공(송월재)이 『논어』를 읽으면서 스승이 없음을 의아하게 여겨, 그 중에서 어려운 부분을 끄집어내어 질문을 하였더니, 그 은미한 말과 심오한 뜻에 대해 공이 변석함에 어긋나거나 흐릿한 바가 없어서 중형이 경탄을 하였다.[17]

그의 독실한 자득공부는 평생에 걸쳐 실천되었거니와 그 치열성은 바가지를 갖다 놓고 한번 읽을 때마다 콩알을 하나씩 던져 바가

---

16 松月齋先生文集發刊推進委員會(李廣載). 2013.『荷華編』(下).「보유편・松月齋府君行蹟」. "八世, 始受學於姊兄金公某, 讀『史略』四卷而歸, 又從鳳城琴上舍純古, 必受『史略』.(중략) 自鳳城歸庭, 受韓文於先公, 自後, 不復從師受業, 取六經諸子書, 窮究其義, 必盡融會而後已. 或有字音未曉處, 則考諸『廣韻』以審之, 自得自樂."

17 이시선.『송월재집』권7.「행장」. "仲兄, 受『論語』於張敬堂先生, 疑公讀『論語』, 無師資, 拈出問難, 其微言奧義, 公辨析無錯晦, 仲兄爲之驚歎."

지가 가득 차는 것을 그 한도로 하였는데, 가끔씩 그 읽는 회수가 만 번을 넘기기도 하였다.[18] 또한 '세상이 나를 알아주지 못한다고 하더라도 일찍이 남에게 알아줌을 구하지 않겠노라'[19]고 단호하게 선언을 할 정도로 자신의 확고한 자득정신을 견지해 나갔다.[20] 그 결과

> 제자백가의 책은 익숙하게 반복하여 읽지 않음이 없었지만 육경의 글에 대해 더욱 힘을 썼으며, 『주역』·『서경』·『중용』·『대학』·『맹자』 등의 大文은 항상 다 외우곤 하였다. 『장자』·『노자』·『춘추좌씨전』과 사마천의 『사기』와 『초사』도 다 베껴가며 읽기를 천만번이나 하였고, 심지어 염락관민(염계의 주돈이, 낙양의 정호와 정이, 관중의 장재, 민중의 주희) 이하 모든 유자의 글에 대해서도 넓게 상고하고 연구하여 통달하기를 기약했으며, 병가와 복술에 관한 책들도 다 섭렵하였다.[21]

그의 학문은 육경과 제자백가를 비롯하여 성리학은 물론, 『장자』

---

18 이시선. 『송월재집』 권7. 「행장」. "其讀書, 置匏投豆, 以滿爲度, 往往讀過萬遍."

19 이시선. 『송월재집』 권7. 「행장」. "以爲世莫我知, 亦未嘗求知於人."

20 이종호. 1999. 「송월재집 해제」. 『퇴계학자료총서 37』. 안동대 퇴계학연구소. 아세아문화사. 해제부분 참조.

21 松月齋先生文集發刊推進委員會(李廣載). 2013. 『荷華編』 (下). 「보유편·松月齋府君行蹟」. "諸子百家之書, 無不熟複, 而尤用力於六經之文, 易書庸學孟子等大文, 皆所恒誦. 如莊老左馬楚辭, 亦皆抄讀, 至千萬遍, 至於濂洛關閩以下諸儒之書, 博攷參究, 期於淹貫, 兵家卜術之書, 亦多涉獵."

와 『노자』로 대표되는 도가의 학문과 『사기』와 『초사』, 그리고 병가와 복술에 이르기까지 굉박할 뿐만 아니라, 당시 퇴계학파 학자들의 학문성향과 비교해 봐도 분명 차이가 있음을 확인할 수 있다. 이들은 사서와 삼경을 비롯하여 『소학』과 『주자가례』, 『심경』, 『근사록』, 정자·주자의 학문을 정통으로 추구하지만, 이시선은 고학古學인 육경과 제자백가는 물론 이단시했던 도가의 학문과 병가와 복술에 이르기까지 자신의 학문 체계 안으로 받아 들였다.

한편, 이 같은 자득정신에 의한 학문태도는 그의 문장에 그대로 반영되어, 당시 유행하던 당송고문唐宋古文을 지양하고 선진양한先秦兩漢의 고문을 추구하였다. 그 결과 기발한 발상을 담아낸 그의 글은 장구章句가 간험艱險하여 일반사람들이 무슨 말을 하는지를 알지 못하였다.[22] 심지어 젊었을 때 과거시험에 써낸 문체가 당시의 문체와 맞지 않아 여러 번 실패하기도 하였다.

실제 그의 문집에는 육경에 대해 언급하고 있다. 「주역전의변지발周易傳義騈枝跋」에서는 이시선이 가장 심혈을 기울여 『주역』에 관한 이해를 보여주고 있다. 그는 복희 이후, 문왕, 주공, 공자, 그리고 정자와 주자의 해석이 다소 본의와 배치되는 점이 있음을 지적하고, 선현의 여러 학설 중에 좋은 점을 취하고 자신의 자득한 부분을 보태어 『주역전의변지周易傳義騈枝』를 지었다는 것이다. 「서전참평서書傳參評序」는 『서전』이야말로 도를 밝히는 창이고 도를 향하는 연원이라고 하였다. 그러나 거기에 담긴 의리가 은미하여 쉽게 이해할 수 없어 송대 채침이 제설을 절충하여 나름의 해설을 가했지만 맥락을 제대로

---

22 이시선, 『송월재집』 권7, 「행장」. "其爲文章, 直欲追秦肩漢, 不肯學世之文. 所論著, 章艱句險, 錯出奇思, 讀者, 或不省其爲何等語."

살피지 못하였다고 보았다. 그래서 고훈古訓에 근거하여 본의를 밝히고 자신의 논평을 더해 『서전참평書傳參評』을 짓는다고 하였다. 「시전남도발詩傳濫涂跋」에서는 『시경』의 본지를 궁구하기 위해 『시전남도詩傳濫涂』를 지었고, 「독춘추讀春秋」, 「독삼례讀三禮」, 「독논어讀論語」, 「독맹자讀孟子」, 「독중용讀中庸」, 「독대학讀大學」, 「독심경讀心經」은 유가의 기본 경전들에 대해 자신이 자득한 견해를 발휘해 놓은 글이다.

아울러 육경에 대한 취향은 그의 문집체제와 문집명에서도 드러난다. 이시선의 문집은 일반적인 것과 달리 『하화편荷華編』으로 되어 있다. 이는 근기 남인의 영수인 미수 허목이 그의 문집을 『기언記言』이라고 한 것과 같은 맥락이다. '하荷'는 연꽃을 말하는데, 더러움에 물들지 않고 알아주기를 추구하지 않는 연꽃의 상징성을 본받고자 하는 의미가 내포되어 있다. 그리고 문집체제도 일반 사대부들의 문집편제와 다른데, 여기서도 그의 상고취향의 단면을 볼 수 있다.[23]

한편, 계촌 이도현에게 있어 송월재 이시선은 종고왕부가 된다. 이도현은 종고왕부 이시선, 귀애龜厓 이완李琓(1650~1732)으로 내려오는 가학家學과 눌은訥隱 이광정李光庭(1674~1756), 강좌江左 권만權萬(1688~1749)으로 이어지는 사승연원을 통해 젊은 시절 봉화지역의 고학적 분위기 속에서 배움의 과정을 거치게 된다. 그 결과 그가 추구한 학문은 상고적 학문경향이었다. 다음의 언표를 통해 확인해 보기로 한다.

① 계촌은 재주가 높고 뜻이 넓기 때문에 外史의 僻書

23 권진호. 2000. 「眉叟 許穆의 尙古精神과 散文世界」. 성균관대 한문학과 박사학위논문. 7~11쪽 참조.

> 에까지 널리 보지 않은 적이 없지만 그 기본은 六經이고 필경에는 洛閩이다.[24]

> ② 성현은 洙泗를 희망한 연후에 濂閩을 엿볼 수 있고, 문장은 詩書를 기약한 연후에 한유·두보를 따를 수 있고, 致君엔 堯舜을 생각한 연후에 漢宋을 지을 수 있으니, 스스로 기약함을 높게 하지 않을 수 없다.[25]

계촌은 학문의 근본을 육경에 두고 있으며, 이 같은 학문 관점은 영남학파 성리학자들의 학문경향과는 다름을 알 수 있다. 그 뿐 아니라 육경을 중시하는 상고적 경향은 '당송고문唐宋古文' 보다 '선진양한先秦兩漢'의 고문을 문장의 전범으로 택하게 된다.

> 옛날 우리 王父 松月公께서 문을 닫고 古人의 글을 읽은 지 80년 만에 遺文인 『荷華編』을 남겼는데, 50篇 팔만 일 천 육백여 언이다. 대체로 뜻이 예스럽고 말이 순박하여, 세상의 老學士들은 대부분 글이 '聱牙'하여 구두를 떼지 못하였다. 오직 선생(이광정) 만이 읽고 맛을 음미하여, 그것을 秦漢의 문장이라 단정하였다.[26]

---

24 이도현. 『계촌집』 권8. 「家狀」. "由其才高而志闊. 故外史僻書, 靡不博覽, 而乃其基本六經也, 究竟洛閩也."

25 이도현. 『계촌집』 권4. 「讀書隨錄」. "聖賢希洙泗然後, 可窺濂閩, 文章期詩書然後, 可踵韓杜, 致君思堯舜然後, 可做漢宋, 自期不可不高也."

26 이도현. 『계촌집』 권7. 「又代作」. "昔我王父松月公, 杜門讀古人書八十年, 遺文有 『荷華編』, 五十篇八萬一千六百餘言. 率意古而語樸, 世之老學士, 多聱牙不能句讀. 惟先生讀而味之, 斷之爲秦漢上文章."

이시선의 문장이 '길굴오아佶屈聱牙'하여 남들이 구두를 떼기 어렵다는 것이다. 이 같은 난삽難澁한 문체에 대해 눌은 이광정은 그의 문장을 한마디로 '진한秦漢'의 문장으로 단정하였다. 또한 이도현의 속손族孫인 이면주李冕宙(1827~1910)는 『가장家狀』에서 그의 문체적 특징을 다음과 같이 말하였다.

> ① 때로 佶屈聱牙하여 사람들이 구두를 떼지 못했는데, 선생은 이를 大怪·小怪라고 명명하였다. 비록 살아있는 용과 호랑이라도 얽어맬 수 없었다.[27]

> ② 간간이 棘句를 써서 生割하여 大怪·小怪 文字가 되었으며, 古文의 新隷를 인용하여 押韻하고 協音하며, 正韻이 佶屈하여 사람들은 읽지 못했는데, 當世의 한두 鉅公 만이 깊이 이를 기뻐하고, 단정하기를 先秦의 문장이라 하였다.[28]

이도현의 문체 역시 '길굴오아'하여 사람들이 구두를 떼지 못할 정도였으며, 간간이 극구棘句를 써서 생할生割하여 읽기가 쉽지 않다는 것이다. 이도현은 이런 자신의 문체를 대괴·소괴라고 명명하였다. 대괴·소괴는 그야말로 문투가 '기괴奇怪하다'는 것이다. '기괴하다'는 것은 기이하고 괴이하여 평이하거나 순탄하지 않음을 말한다. 정통

27 이도현. 『계촌집』 권8. 「行狀」. "時或聱牙佶倔, 人不能句讀, 先生亦名之爲大怪小怪. 雖生龍活虎, 不可羈絆."

28 이도현. 『계촌집』 권8. 「行狀」. "間用棘句生割, 作大怪小怪文字, 引古文新隷, 韻押叶音, 正音佶屈, 人不能讀, 而當世一二鉅公, 深喜之, 斷之爲先秦也."

성리학자들의 글쓰기 관점에서 보았을 때, 이같은 문체를 선진先秦의 문장이라 단정하였으며, 이 같은 문장을 이해하는 사람은 한두 명에 지나지 않는다고 하였다.

그런데 '선진고문'의 문리가 껄끄러운 것은 인위적인 수식이 가미된 것이 아니라 당시의 문법이 그랬던 것이다. 수많은 시간의 간격 속에 지금의 언어관습으로 그 시대의 문체를 접한 사람들로서는 쉽게 접근할 수 없는 것이 사실이다. 그래서 그 문체적 특징은 순박함과 단순 간결함, 그리고 난해함을 그 이면에 지니고 있다.[29] 이도현은 어려서부터 고학적 학풍에 젖어들어 한평생 고문만을 탐구하였다. 그런 과정에서 자신의 문장 속에 자연스럽게 선진의 문체가 스며든 것이라고 할 수 있다. 나아가 눌은 이광정은 송월재의 글맛을 다음과 같이 표현하고 있다.

> 매양 사람들에게 말하기를 '다른 사람들의 문장을 읽으매 익숙하게 되면 염증이 따르는데, 오직 송월 선생의 문장은 서너 번 읽어야 비로소 좋음을 깨닫게 되고, 여덟 아홉 번을 읽어야 나도 모르게 무릎이 꿇어지고 책상다리하여 반듯하게 앉게 되며, 읽음이 익숙함에 이를수록 손과 손바닥이 자주 절로 부딪히게 된다.[30]

일반사람들의 문장은 깊은 맛이 없어 한두 번 읽으면 싫증이 뒤따르지만 이시선의 문장은 난해하여 서너 번 읽어야 비로소 문장이

---

29 권진호. 2000. 「眉叟 許穆의 尙古精神과 散文世界」. 성균관대 한문학과 박사학위논문. 89~98쪽 참조.

30 이도현. 『계촌집』 권7. 「又代作」. "每於人曰; '他人文讀, 至熟厭隨之, 惟松月先生文, 三四讀, 始覺好, 八九讀, 不覺膝之跪而趺之危, 讀至於熟, 手掌頻自擊.'"

좋음을 깨닫게 되고, 여덟 아홉 번을 읽어야 자신도 모르게 몸가짐이 반듯하게 되어, 읽으면 읽을수록 문장의 깊은 맛을 음미할 수 있다는 것이다. 이도현은 '왕부王父가 죽은 지 40년이 채 못되어 선생(눌은)을 만나 뒤의 양자운揚子雲(양웅)으로 삼았으니, 어찌 다행스럽지 않겠는가?'[31]라고 하여, 이시선이 이광정을 만난 것이 양웅이 자신의 문장에 대해 뒷날 반드시 알아줄 사람이 있을 것이라는 비유를 들어, 이시선의 문장을 온전히 이해한 이광정의 안목에 경의를 표하였다. 그것은 다름 아닌 이시선의 문장이 난삽하고 간엄簡嚴한 문체에다 깊은 함축의 의미를 담고 있어, 다른 사람들은 이해하기 어렵다는 것이다. 이도현은 이시선의 학풍에 가학연원家學淵源을 두고 있기 때문에 그 영향을 입었음은 두말할 나위가 없다. 그렇다면 왜 이런 문체를 구사할까? 이것은 결국 이도현이 추구한 학문경향과 밀접한 관련이 있다고 하겠다.

전주 이씨 집안의 학문에 있어서 또 다른 특징의 하나는 학문의 관심영역이 넓다는 점이다. 이는 정통 성리학자들의 학풍과 비교해 보면 더욱 분명하게 드러난다. 그들은 주로 성리설과 경학에 관한 저술이 대부분인데 비해, 이시선과 이도현은 이외에도 다양한 분야를 두루 섭렵하고 있다. 이시선은 육경과 제자백가는 물론 역사서로 『사선史選』과 『칠원구의漆園口義』가 있다. 『사선』은 삼황오제三皇五帝에서 명대明代에 이르기까지 중국사를 증선지曾先之의 『십팔사략十八史略』과 강지江贄의 『통감절요』에서 초록하여 편술한 것이며(필사본 35권 35책), 아울러 주周나라까지의 중국 고대사를 편년체로 개관한 『사략보

31 이도현. 『계촌집』 권7. 「又代作」. "嗚乎! 王父歿未四十年, 遇先生爲後子雲, 抑何幸也?"

史補略』(9권 3책, 목판본)도 전한다.

이도현 역시 역사에 대해서도 관심이 커서 『사총史總』을 남겼다. 『사총』은 이시선의 『사선』을 잇는 전통의 연장선에서, 『항우본기項羽本紀』의 예에 따라 역사를 기록한 것으로 단군조선, 기자조선, 삼국시대, 고려, 조선의 경종까지 약 4천 년의 역사를 중요한 사건과 특색이 있다고 인정하는 사실을 정리하여 사가史家의 대전大全이 되게 하였다. 음악과 관련해서는 「칠음청탁삼십육모차서七音淸濁三十六母次序」[32]를, 병법과 관련해서는 「육도설六韜說」·「악기설握機說」·「고정악기考正握機」·「팔진도설八陣圖說」·「군병거마설軍兵車馬說」을, 그리고 천문역법에 관해서는 「역세도설曆歲圖說」·「기수도朞數圖」를 지었다.

이처럼 계촌 이도현은 역사·음악·병법·천문역법에 이르기까지 학문의 관심영역이 넓었으며, 이 같은 학풍은 미수 허목으로 내려오는 근기 남인의 박학풍과 관련이 있는 것으로 생각된다. 박학적 학문경향은 그만큼 현실의 쓰임에 대비하는 실용적 성격을 갖는 것이기도 하다.

---

32 음계를 궁상각치우와 반치, 반상 등 일곱 개로 구분하고, 그것을 순음·설음·아음·치음·후음·반설음·반치음으로 분류한 뒤, 청탁에 따라 36개 모음으로 구분해야만 바른 음색을 낼 수 있다고 설명한 것이다.

4. 맺음말-18세기 영남학파에서의 의미

이상에서 봉화지역 전주이씨가의 가학 전통과 학문적 특색을 살펴보았다. 그 결과 송월재 이시선과 계촌 이도현은 18세기 퇴계 학풍의 영양권 아래에서 한평생 처사적 삶으로 일관한 영남 남인의 한 사람이었다. 그러나 그들은 조정의 부당한 의리에 대해서는 목숨을 돌보지 않고 자신의 뜻을 적극적으로 개진했던 지조가 강개한 선비였다.[33]

그들이 추구했던 학문은 육경과 제자백가를 비롯하여 역사, 노장, 병법, 음악, 천문역법 등 다양한 분야에 결쳐 학문의 관심영역이 넓었다. 이처럼 상고적 학풍과 박학적 경향은 문예방면에 있어서도 동궤에 있음을 알 수 있다. 서파西坡 류필영柳必永(1842~1924)은 이도현의 행장에서 그의 문학에 대해 종합적으로 평가를 가하였다.

> 문장을 지을 때는 독실히 先秦을 좋아하여, 渾厚蒼健함은 마치 建章宮의 門戶에 間架가 歷落한 듯하며, 페르시아 상선에 貨寶를 가득 실은 것 같았다. 때로 佶屈聱牙하여 사람들이 구두를 떼지 못했는데, 선생은 이를 大怪·小怪라고 명명하였다. 비록 살아있는 용과 호랑이라도 얽어맬 수 없었지만, 의리를 주제로 삼고 六經

---

33 특히 계촌 이도현은 정조가 즉위하자, 죽음을 무릅쓰고 사도세자의 원통함을 씻어줄 것을 청한「請思悼世子伸雪疏」를 올리기도 하였다.(『溪村集』권3.「請思悼世子伸雪疏」참조)

> 을 材具로 삼았다. 그러므로 淳古하면서 軌範이 있고, 莊重하면서도 진부함이 없었다. 이로부터 문장은 古鼎이며 追蠡인 것이다.[34]

류필영은 이도현의 문장의 특성을 두 가지로 지적하였다. 우선은 '혼후창건渾厚蒼健' 한 '선진고문先秦古文'을 문장의 전범으로 삼고 있다는 점과 그에 따른 '대괴大怪·소괴小怪'로 명명되는 '길굴오아' 한 문체를 구사하고 있다는 것이다. 내용과 형식의 통일이라는 관점에서 선진고문의 '길굴오아' 한 문체를 지향해야 할 문장의 전범으로 설정한 것이다.

상고적 문풍은 이도현의 독특한 면모가 아니라 종고왕부 이시선으로부터 내려오는 가풍과 동향의 스승 선배인 눌은 이광정, 강좌 권만의 가르침에 힘입은 결과이다. 이처럼 고학적 문예인식은 분명 퇴계학파의 정통 학자들의 문예인식과는 차별성을 지니는 것이며, 미수 허목으로 대표되는 근기의 문풍과 맥락이 닿아 있다고 할 수 있다. 퇴계 이후, 어느 누구도 퇴계학풍에 자유로울 수 없는 것이 영남 남인의 현실적 입장이었다. 그러나 위에서 언급한 학자들은 문예적 취향이 강한 사람들로서, 적어도 미수 허목의 상고적 학풍과 어느 정도 관련이 있다고 할 수 있다.

그러나 이들의 문집에는 미수 허목에 대해 직접적으로 언급한 글이 실려 있지 않다. 다만 이도현이 관동지역을 유람하는 길에 삼척

---

34 이도현. 『계촌집』 권8. 「行狀」. "爲文章, 篤好先秦, 渾厚蒼健. 如建章門戶, 間架歷落, 波斯市舶, 貨寶磊砢. 時或聱牙佶倔, 人不能句讀, 先生亦名之爲大怪小怪. 雖生龍活虎, 不可羈絆, 而義理爲主宰, 六經爲材具. 故淳古而有軌範, 莊重而無陳腐. 自是, 古鼎也. 追蠡也."

에 들렀는데, 그때 삼척 부사 허목이 세운 '척주퇴조비陟州退潮碑'를 돌아보고 느낀 정회를 한 편의 시로 남기고 있을 뿐이다.

> 푸른 바다 功利는 하도 커서 짝할 것 없고　滄溟功利大無妃
> 相國의 문장은 이 세상에서 보기 드무네　相國文章曠世稀
> 신필은 살아 움직이듯 四絶을 겸하여　神筆淋漓兼四絶
> 茫茫大海에 길이 해 별과 함께 빛나네　茫茫長與日星輝[35]

계촌은 이 시의 짤막한 서문序文에서

> 척주의 府內 津竹島 위에 東海碑가 있는데, 眉叟 許文正公의 文[문장]과 篆[篆書]이다. 공의 사람됨[人]은 文과 筆에다 海[바다]를 얻어 그 우뚝함을 함께 했으니, '四絶'이라고 이를만하다.[36]

라고 하였다. 이도현은 동해 바닷가에 비를 세워 해수의 피해를 잠재웠던 척주비의 공리功利와 세상에 보기 드문 '선진고문先秦古文'의 문장, 그리고 '미전眉篆'으로 불리어진 신필神筆이 망망대해茫茫大海를 만나 해, 달처럼 영원히 빛날 것이라고 하였다. 나아가 이도현은 미수의 인품〔人〕, 문장〔文〕, 전서篆書〔眉篆〕가 바다〔海〕와 함께 '사절四絶'로 명명하여, 미수에 대한 끝없는 존경심을 드러내었다. 이도현의 허목

35 이도현, 『계촌집』 권1, 「東海碑」 참조.
36 이도현, 『계촌집』 권1, 「東海碑 · 詩序」, "陟州之府內津竹島上, 有東海碑. 眉叟許文正公文與篆也. 公之人與文與筆, 得海而并其雄, 可謂四絶矣."

에 대한 이 같은 언급에서 우리는 허목의 상고적 취향이 그의 학문과 문장에 영향을 끼쳤음을 짐작할 수 있다.

한편, 정통 성리학자들은 성리학이 지니고 있는 도의 절대적 추구, 도의 내재적 편향성 등으로 인해, 18세기 변화된 현실에 능동적으로 대처하지 못한 결과를 초래하기도 하였다. 때문에 이들이 추구한 상고적 학문경향은 그 속에 내재된 육경고문의 다양한 학문세계를 탐구하여, 당시 퇴계학풍의 침체된 문풍을 진작시키려는 의도가 내재되어 있다고 할 수 있다.

요컨대, 송월재 이시선과 계촌 이도현은 숙종대의 당쟁 및 환국으로 점철된 시대적 조건과 안동의 월경지였던 봉화지역이라는 지역적 배경, 그리고 그 선대의 비극적인 가문의 역사가 어우러져, 영남학파의 보편적인 학문을 지양하고 근기의 상고적 학문을 지향하였다. 이는 18세기라는 시대 현실에서 퇴계 학풍을 묵수하는 방향으로 가기보다 새로운 학문의 모색을 가져왔다고 생각한다. 안동문화권에서 퇴계학풍의 변모양상을 밝히는 것은 퇴계학을 추숭하는 관점과는 별도로, 시대에 따른 학문의 상호발전과 다양성의 측면에서 볼 때 의미있는 일이라고 할 수 있다.

18세기 영남의 한문학 :

봉화 지역을 중심으로

병곡屛谷 권구權榘의 산문연구散文研究 : 『천유록闡幽錄』의 저술의식著述意識과 성격性格에 대하여 | 임완혁

병곡屛谷 권구權榘의 산문연구散文硏究: 『천유록闡幽錄』의 저술의식著述意識과 성격性格에 대하여

—

임 완 혁

1. 緖言

병곡屛谷 권구權榘(1672~1749)는 이현일李玄逸(1627~1704)의 문인이며 안동 지역을 중심으로 형성된 퇴계학맥을 이은 남인南人계열의 정통학자이다. 권구는 이현일의 학통을 계승한 김성탁金聖鐸(1684~1747), 이광정李光庭(1674~1756), 이재李栽(1657~1730) 등과 교류하였고, 벼슬에 나설 뜻을 단념하고 두문불출하며 독실히 학문에만 정진한 인물이다. 그는 서책에 대해서 연구하지 않은 책이 없었으나, 특히 『주역』, 『중용』, 『대학』에 더욱 힘을 쏟았고, 이치가 통하고 말이 자연스러운 문장만 취하였으며, 시 또한 평이하고 담박하면서도 그 뜻은 고원하였다고 평가[01]된다.

권구의 문집은 시와 철학적인 글이 대부분인데, 『천유록闡幽錄』이란 제목으로 엮인 몇 편의 글은 그 성격과 내용이 매우 독특하다.

---

01 장윤수. 2013.『경북 북부지역의 성리학 : 퇴계에서 대산까지』. 심산. 565~566쪽

우선 천유는 역易·계사하繫辭下의 미현천유微顯闡幽에서 사용된 말로 '숨은 것', '알려지지 않은 이치'를 밝힌다는 의미이다. 이 의미만을 생각한다면 기왕에 소외되었거나 관심의 영역에 들지 않았던 사실 또는 인물 등을 밝히는 기록이라 할 수 있다. 이러한 의미에 맞게 『천유록』에는 신분이 낮은 효자, 의부, 승려, 의원 등의 행적과 권구가 집에서 기르던 가견家犬에 대한 글까지 총 13편의 이야기가 실려 있다.

『천유록』은 서사의 관점에서 검토되었다. 김균태 교수가 편찬한 『문집소재전자료집文集所載傳資料集』02에 11편의 작품이 수록되면서 주목되었고, 이동근 교수가 『조선후기 전 문학 연구』에서 『천유록』에 실린 「임효자林孝子」 등 11 작품의 특징을 간략히 보고하였다. 이동근 교수는 『천유록』에 실린 작품의 형식에 대하여, '형식은 모두가 BC〈서두부, 전개부-인용자〉형으로 되어 있다시피, 문제시되는 행적만 간단히 제시하고 있어 구조와 내용면에서 야담과의 구분이 애매한 점이 있다.'라고 정리하고, 전傳의 관점에서 서두부와 간략한 전개부만으로 이루어진 단일한 사건을 다룬 일화적 전이라는 점, 하층민을 주로 입전한 점, 제목에 '전傳'이라는 접미사가 생략된 점 등을 특징으로 잡았다.03

박희병 교수는 『조선후기 전의 소설적 성향 연구』에서 권구의 「청풍의부淸風義婦」와 「청풍의부」를 바탕으로 약간의 수정을 한 번암樊巖 채제공蔡濟恭(1720~1799)의 「청풍의부전淸風義婦傳」에 대해 논하였는데, 여기서는 전과 소설의 관계, 전의 소설적 경향성의 관점에서 「청풍의부전」을 다루었다. 때문에 작품에 대한 구체적인 논의보다는 소

02 김균태. 1986. 『문집소재전자료집』. 계명문화사.
03 이동근. 1991. 『조선후기 전 문학 연구』. 태학사. 35~36쪽

설사의 관점에서 「청풍의부전」의 위상을 '전의 성향이 우세하고 소설의 성향은 상대적으로 열세인, 약간의 소설적 경사를 보여주는 사례'[04]로 규정하였다.

『천유록』에 대한 종합적인 검토는 이종호 교수에 의해 이루어졌다. 이종호 교수는 「병곡 권구의 『천유록』을 통해 본 18세기 안동의 민중형상」[05]에서 권구의 현실 인식과 『천유록』의 저술 동기, 『천유록』을 통해 본 민중형상 등에 대해 자세하게 검토하였다. 이를 통해 『천유록』에 대한 종합적인 이해가 가능해졌다. 한편 이종호 교수는, 전의 관점에서 『천유록』을 논하여 '구조와 내용면에서 야담과의 구분이 애매한 점이 있다.'라고 주장한 이동근 교수의 견해에 대하여 '전' 편향적 인식이 낳은 자기모순이다. 따라서 나는 『천유록』을 사대부들의 야승이나 잡록으로 보고, 그 속에 조선 후기의 야담적 요소와 전기적 요소가 혼효된 특정화되지 않은 '열록식列錄式' 단형 서사구조로 이해하고자 한다.'[06]는 견해를 밝혔다.

필자는 조선 후기 서서산문의 상호 관계 및 야담의 특성에 대하여 논의하며 『천유록』에 실린 「임효자전」과 「청풍의부」를 비교 검토하였다.[07] 이 논의에서는 「임효자전」과 「청풍의부」를 야담류로 파악하

---

04 「청풍의부전」은 서사의 폭이 좁기는 하나, 도적과 의부의 대립과정이 비교적 자세하면서도 구체적으로 서술되고 있다는 점에서 설화보다 진전된 면모가 인정되며, 또 허구적 재현이 확장되고 있다는 점에서 전과도 다르다. 그러나 소설적 경사의 정도가 그리 심한 것은 아니며, 단지 약간의 소설적 경사를 보여주는 사례라고 해야 할 것이다.(박희병. 1991. 『조선후기 전의 소설적 성향 연구』. 성균관대학교 대동문화연구원. 155쪽.)

05 이종호. 1992. 「병곡 권구의 『천유록』을 통해 본 18세기 안동의 민중형상」. 『안동문화』 13. 141~176쪽의 내용이 수정되어, 1995년에 「병곡 권구의 『천유록』과 18세기 안동의 민중형상」. 『한국고전연구』 제5집. 1~51쪽에 게재되었으며, 이 내용은 이후 『조선의 문인이 걸어온 길』(한길사. 2004. 267~312쪽)에 재수록 되었다. 본고에서는 『조선의 문인이 걸어온 길』을 인용서지로 사용하였다.

06 이종호. 같은 책. 679쪽.

고 전과의 관계 및 야담의 서사적 발전 양상 등에 대하여 논하였다.

한편 『천유록』에 실린 작품 가운데 서사적으로 주목된 작품은 「청풍의부」[08]와 「임효자」이다. 채제공은 권구의 작품을 수용하여 「임효자전」과 「청풍의부전」을 입전하였으며, 채제공의 이 두 작품은 조희룡趙熙龍(1789~1866)의 『이향견문록里鄕見聞錄』에 문면 그대로 전재轉載되었다. 정종로鄭宗魯(1738~1816)는 잡저에 임효자의 기사를 싣고 있다. 그리고 임효자 이야기는 조선 후기의 야담집인 『기관奇觀』에 서사적으로 확대[09]되어 실려 있다. 임효자의 효행은 이만부李萬敷(1664~1732)가 지은 「임효자전」과 이광정의 「임효자정려비명林孝子旌閭碑銘병서幷序」에 하나의 일화로 삽입[10]되어 있다.

현재 『천유록』은 '아주 특별한 글'로 인식되는 바, '당시 천인·민중 가운데 특이한 행적과 삶의 모습을 지닌 인물과 심지어는 동물까지를 발굴하여 13개의 일화로 소개한 것'[11]으로 '주로 선행을 권하며 욕심을 경계하는 의미를 지닌 것이지만 떳떳한 행실과 바른 삶의 태도를 일반 백성 가운데서 찾았다는 데 큰 의미가 있는 것'[12]으로 높

---

07 임완혁. 2002. 「『청구야담』을 통해 본 이조후기 서사산문의 역동성」. 『한문교육연구』 18호. 한국한문교육학회. 318~319쪽; 임완혁. 2003. 「『기관』 연구」. 『동방한문학』 제24집. 동방한문학회. 222~226쪽.

08 김균태 외. 2012. 『한국 고전소설의 이해』. 박이정. 177쪽에서 '사람과 사물의 일대기: 전계소설(傳系小說)'로 다루어졌다.

09 임완혁. 2003. 앞의 논문. 참조. 『기관』에서는 효자의 성명이 경주사람 김인택金仁澤으로 부인이 밀양박씨密陽朴氏로 되어 있다.

10 이 두 작품에는 『천유록』에서 이름이 밝혀지지 않았던 임효자의 이름이 임성무林盛茂로 되어 있다. 물론 두 작품이 전혀 상관없을 수도 있으나 일화의 기본적인 정조, 지역의 일치 등 여러 면에서 동일한 인물에 대한 이야기로 판단된다.

11 이해영. 2006. 「가일 마을의 중흥조 병곡 권구」. 『안동 가일 마을』. 안동대학교 안동문화연구소 지음. 예문서원. 136쪽.

12 이해영. 2007. 「병곡 권구의 학문과 가문의 중흥」. 『천혜의 땅 의연한 삶, 가일마을』. 민속원. 116쪽.

이 평가되고 있다.

기왕에 천민의 삶이 패설稗說의 관점에서 주로 다루어졌던 점을 고려할 때 개인의 문집에 『천유록』이란 제목으로 천민의 모습을 집중적으로 조명한 점, 천민의 모습이 긍정적으로 서술된 점, 특정 지역에 거주하는 천민의 삶이 집중적으로 기록된 점, 천민의 삶을 성찰의 수단으로 주목한 점 등은 이전의 문학사에서 보이지 않는 현상이다.

필자는 『천유록』에 대한 종합적인 검토를 한 이종호 교수의 연구 성과 및 『천유록』에 대한 기존의 논의에 대체로 동의한다. 그러므로 일부 내용을 보충함으로써 『천유록』에 대한 이해를 돕고자 한다. 우선 『천유록』에 실린 13편을 총체적이며 유기적으로 파악할 경우 병곡의 저술의도를 좀 더 구체적으로 이해할 수 있으며, 조선조 글쓰기의 전통에 대한 이해를 바탕으로 『천유록』의 특성을 따진다면 그 위상이 좀 더 온전하게 파악할 수 있을 것으로 생각된다. 사대부들의 야승이나 잡록의 전통에서 『천유록』이 존재한다는 점은 인정하지만, 일반적인 야승 또는 잡록에 비하여 『천유록』은 어떤 특성을 지니는지, 나아가 『천유록』의 서술 방식에는 어떤 특징이 있는지에 대해서도 좀 더 논의해 보고자 한다.[13]

13 『천유록』에 실린 작품의 내용에 대한 정리나 분석은, 이종호 교수의 논문에서 충분히 이루어졌다. 그러므로 꼭 필요한 경우가 아니면 작품에 대한 설명은 하지 않는다.

2. 『천유록』의 구성과 저술의도

『천유록』은 하나의 독자적인 저술이라 할 수 있다. 각각의 이야기를 개별적으로 살펴봄과 동시에 『천유록』이라는 틀에서 종합적이고 통괄적으로 파악하는 시각이 필요한 이유이다. 이를 위해 도표로서 『천유록』의 전체적인 상을 살펴보고자 한다.

연번	제목〈이름〉	신분	배경	주제/형상방법	의론여부(비율), 본문 字數	비고
1	曹勝發	賤人	阿谷	孝行 /일화 소개	의론(62%), 332자	간접 傳聞
2	林孝子	有一常漢	尙州丹密縣	孝行 /일화 소개	없음, 160자	
3	張漢命	村民 屬禁旅	佳谷	孝行 /일화 소개	없음, 78자	
4	齋僧〈慧輝〉	僧	陵洞	謹行 /일화 소개	없음, 92자	직접 관련
5	權運箕	府內貢生	陵洞	謹行 /일화 소개	없음, 69자	직접 관련
6	淸風義婦	村女	淸風	烈行 /일화 소개	없음, 324자	간접 傳聞
7	李命福	賤隷 家奴	佳谷	友愛 /일화 소개	없음, 182자	직접 관련
8	韓貴同	下賤也	安心里	義行 /일화 소개	없음, 83자	
9	全驗占	官吏也	龍宮〈醴泉〉	義行 /일화 소개	없음, 48자	
10	無名公	順州官屬	順天, 安東	義行 /행적 소개	의론(21%), 282자	직접 관련
11	應立	張家隷也	醴邑	醫術 /행적 소개	없음, 598자	간접 傳聞
12	東谷山尺	村漢	花山東谷	專一 /행적 소개	의논(32%), 255자	사냥 방법
13	雙犬說	家畜二雄狗	安東	觀感 /행적 소개	의논(56%), 382자	직접 관련 개의 順性

위의 정리를 통해 알 수 있듯이 『천유록』은 천민을 비롯한 일반 백성의 모습을 집중적으로 기록한 것이다. 『천유록』은 천인인 조승발曹勝發에 대한 기록에서부터 집에서 키우던 개에 대한 기록인 「쌍견설雙犬說」까지 13화의 간단한 기사[14]로 구성되어 있다. 개에 대한 기록인 「쌍견설」을 제외한 12편 가운데 8편에 실명의 주인공이 등장한다. 이들은 일반 백성이거나 상천으로 권구가 살던 당대의 주변인물이라는 특징을 지닌다. 대부분의 내용은 효행, 의행, 근행 등 심성의 차원에서 긍정적인 행실을 소개하는 방식으로 구성되어 있고, 작자가 직접 경험하거나 견문한 이야기이다. 각각의 이야기는 적게는 48자에서 많게는 598자까지 편폭에 차이가 크다. 의론은 4편에 삽입되어 있는데 각각의 작품에서 차지하는 비중이 21%에서 62%까지 큰 차이를 보인다. 이런 것을 고려할 때, 『천유록』은 매우 자유로운 태도에서 이루어진 것이라 할 수 있다.

권구는 사대부보다 신분이 낮은 인물들의 행적을 기록하면서 『천유록』이라는 제목을 달았다. 이는 제목을 통해 '은미한 이야기를 드러내겠다.'는 의도를 분명하게 밝힌 것이라 할 수 있으며, 13편의 이야기를 하나의 범주로 묶어서 파악하려 한 것이라 할 수 있다. 13편의 기사 각각에 제목을 붙여놓았는데, 실명의 경우 이름을 그대로 제목으로 사용하였다. 정보가 부족한 경우 인물의 특징을 부각하여 효자, 의부, 무명공, 동곡산척 등으로 표현하였다. 그러나 「재승」의 경우 의도적으로 주인공의 이름을 맨 마지막에 노출하기도 하였다.

14 여기에서의 기사記事란 記○○○事와 같은 문체의 개념이 아니라, '사실을 기록함'이라는 일반적인 의미로 사용하였다. 이는 인물과 동물의 행적을 독특한 방식으로 기록한 『천유록』의 성격을 통섭하기 위하여 잠정적으로 사용한 것이다.

누군가의 이름을 부른다는 것은, 그 존재를 인정하는 것이다. 관심이 없거나 실체를 인정하지 않으면 이름을 부를 이유가 없다. 더구나 신분이 하천인 인물은 이름 자체가 별다른 의미를 지니지 않음을 고려할 때, 각각의 이야기에 이름으로 제목을 삼은 것은 '인물의 실재'를 인정하려는 태도라 할 수 있다. 이런 방식은 일반적인 전에서 입전 대상의 이름을 제시하고 전의 내용을 기술하는 태도와 일치한다. 전이라는 장르가 실존 인물에게서 일어난 기릴만한 행적을 후대에 전하고자 하는 것임을 생각할 때, 『천유록』의 작자는 기본적으로 '전의 정신'을 토대로 『천유록』의 저술에 임하였다[15]고 보아야 할 것이다.

입전인물이 양반 사대부인 경우 이름을 곧바로 드러내지 않는데 비하여, 입전인물의 신분이 낮은 경우 또는 열전에서는 이름을 직접 드러내는 경향이 있다. 그러나 신분이 낮은 사람들을 기록하거나 공식적인 문체를 사용하지 않는 경우에 제목으로 사람의 이름을 드러내는 예는 드물다. 일반적인 잡록류의 인물기사에서도 인명으로 제목을 붙이는 경우가 별로 없다. 물론 제목을 붙이는 예가 있지만, 대부분의 잡록류에서는 줄을 바꾸어 이야기를 구별하는 정도이다. 조선 후기의 야담집에서도 제목을 붙인 경우는 그리 많지 않다. 이런 점을 고려할 때, 『천유록』에는 글쓰기의 대상인 미천한 백성들을 개별 인물로 존중하고 각각의 인물을 '실재적 존재'로 인정하려는 인식이 반영되었다고 할 수 있다.

『천유록』에는 천인인 조승발의 효에 대한 기사로부터 13편이 나

---

15 그렇다고 『천유록』이 傳이라는 의미는 아니다. 이에 대해서는 후술한다.

열되어 있을 뿐, 저술에 대한 소개나 서문이 별도로 존재하지 않는다. 그런데 처음으로 소개된 「조승발」은 내용이 매우 간략한데 비하여 의론은 상당히 길어서 전체 자품의 62%나 된다. 천민의 행적을 기록하면서 이렇게 의론의 비중이 높은 것은 무엇 때문인가? 우선 「조승발」의 내용을 요약해본다. 조승발은 아버지가 돌아가시던 해에 짜놓으신 돗자리를 수십 년이 지나도록 감히 가까이하지 못하고 고이 간직하고 있다. 아버지에 대한 애틋한 정 때문이다. 그런데 권구는 조승발의 효심에 대한 이야기를 전해 듣고 다음과 같이 장문의 의론을 붙였다.

> 내가 듣고서 감탄하였다. 傳에 이르길 "아버지가 돌아가시면 차마 아버지의 책을 읽지 못하니 손때가 묻어 있기 때문이다."라고 하였으니, 부모를 사랑하는 것은 배우지 않아도 알 수 있는 타고난 능력이니 하물며 사람의 자식 된 이가 누가 이런 마음이 없겠는가? 다만 욕심으로 마음이 흐려지고 이익에 빠진다면 하늘로부터 주어진 天性을 온전히 할 수 없는 경우가 생긴다. 그러므로 사대부 집안의 자제들 가운데 책을 읽고 의를 실천할 줄 아는 사람들도 살아계실 때 예로 섬기고 돌아가셨을 때 예로 섬기는 것에 대해 분수에 맞는 자식의 도리를 제대로 하지 못하는 경우가 많이 있다.
> 저 승발은 본래 시골에 사는 천한 사람으로, 부형의 가르침과 남의 좋은 행실을 보고 감발된 보탬이 있는 것

> 도 아닌데 매우 슬퍼하는 진실한 마음이 저절로 내면에서 우러나왔다. 비록 지극히 미천한 물건이지만 그럼에도 불구하고 또한 잘 챙겨서 보물처럼 간직하여, 시간이 한참 흘렀는데도 차마 꺼내놓지 않았다.
>
> 사람 마음은 같은 것이어서 대개 속일 수 없는 것이 있으니, 타고난 품성의 훌륭함은 역시 알 수 있다. 또 들으니 승발은 마을 사람들에게 순종하여 분수를 넘는 버릇이 없다고 한다. 그래서 비록 지나가는 길손이라도 오히려 공경하고 조심하는 태도로 대한다고 한다. 그러니 어찌 有子가 이른 바, '윗사람을 범하는 것을 좋아하지 않는 자이며, 효는 모든 행실의 근원'이 아니겠는가? 선행이 신분에 상관하지 않은 것은 오래되었다. 듣는 이들은 귀천의 분별심 때문에 소홀하게 여기는 바가 있어서는 안 될 것이다.[16]

우선, 사람은 누구나 본래부터 부모를 사랑하는 마음을 지니고 있다고 하였다. 그런데 사람들은 삶을 살아가면서 배우지 않아도 알 수 있는 효행을 실천하지 못한다. 그 이유는 욕심과 이익 때문이다. 독서를 통한 배움, 의를 실현해야 한다는 것을 아는 것만으로는 효

---

16 權榘. 『屛谷集』 卷7. 「闡幽錄」. 「조승발」. "余聞而嗟異焉, 傳曰; '父死不忍讀其書, 以其手澤存焉', 愛親良能, 人所自有, 兄爲人子, 孰無此心? 但其慾昏利汩, 天賦之性, 有不能全. 故雖士大夫子弟知讀書爲義者, 其於事生事亡, 多有不盡分處. 彼勝發, 本村里賤人, 非有父兄之敎觀感之益, 而惻怛誠心, 自發於中, 雖其爲物至微, 而亦且收拾寶藏, 愈久而不忍發, 人心所同, 蓋有不可誣者, 而姿稟之美, 亦可知也. 又聞勝發順於隣里, 亦無犯分之習, 雖過客, 猶加敬謹云, 豈非有子所謂不好犯上者而孝爲百行之源歟? 善行之不係於世類, 尙矣, 聞者其不以貴賤之別而有所忽也哉!"

를 실천할 수 없다. 지금의 사대부 자제들이 성현의 글을 배우고도 부모를 온전히 섬기지 못하는 까닭이다.

사대부의 자제가 부모를 온전히 모시지 못하는 상황에서 만난 조승발이란 인물은 신분적으로 효행을 배울 처지가 아니다. 그런데 조승발은 내면에서부터 진실하게 아버지를 그리워하는 마음을 지니고 있는 존재이다. 문자 그대로 '배우지 않아도 할 수 있는 타고난 능력〔양능良能〕'이 있기 때문이다. 그의 행실은 타고난 아름다운 품성의 발현이다. 조승발은 아름다운 품성을 지닌 인물이기 때문에 단지 효를 실현하는데 국한된 삶을 살지 않는다. 과객에게도 공경하고 조심하는 태도를 지닌다. 이런 태도는 모든 행실에서 근후하고 진실한 삶을 살아가고 있다는 것으로 확대되어 이해된다. 즉 조승발은 독서를 통하지 않고도, 양능을 지녀, 효제를 실현하는 사람이다. 하늘이 부여한 좋은 품성을 잘 보존했기에 가능하였던 것이다. 사대부들이 욕심과 이익에 의해 타고난 성품을 잃고 있는 상황과 대비되어 조승발이 더욱 빛나는 이유이다. 유자는 '사람이 효성스럽고 공경하면서 윗사람을 범하기를 좋아하는 사람은 드물다'고 하면서, 효제는 인을 하는 근본이다[17]고 하였던 바, 결국 조승발은 인을 실행하는 인물이다.

그런데 그 인물은 사대부가 아닌 미천한 인물이었기에 사대부인 권구에게 조승발은 객관적 실체로 존재하지 않았었다. 권구는 조승발에 대해 소개하면서 다음과 같이 이야기를 시작하였다.

---

17 孔子. 『論語』. 「學而」. "有子曰: "其爲人也孝弟, 而好犯上者, 鮮矣. 不好犯上, 而好作亂者, 未之有也. 君子務本, 本立而道生, 孝弟也者, 其爲仁之本與!""

> 조승발은 아곡리 사람이다. 내가 병산에 우거했었는데 아곡리는 가까운 마을이다. 또 여러 차례 그곳에 간 적이 있었지만 승발이 있는 줄은 알지 못했으니 그 사람의 지위가 천하기 때문이다.[18]

권구 자신, 병산에 우거하면서 가까운 아곡리에 여러 번 간 적이 있었지만, 아곡리의 효자인 조승발을 알지 못하였다. 권구는 그 이유를 조승발의 지위가 미천한 데서 찾고 있다. 이는 미천한 사람의 행적에 관심을 갖지 않았던 자신의 태도에 대한 반성이라 할 수 있다. 그러므로 조승발에 대한 이야기를 들은 후에 천민을 대하는 태도가 바뀌었다고 볼 수 있다. 사람이 선행을 실현하는 것은 신분의 고귀함이나 미천함과 관련 없다. 오래 전부터 신분에 상관없이 타고난 천품을 잘 지키는 사람이 있다는 것을 깨달은 것이다. 이제는 마음의 눈과 귀를 열고, 신분을 떠나 천품을 지키며 인을 실현하는 사람들, 사람답게 살아가는 사람들에게 관심을 기울여야 함을 자신의 경험을 통해 밝히고 있는 것이다. 그리고 신분을 넘어 사람이 사람답게 살아가는 그 모습 자체에 의미를 부여한 것이다.

사람이 선행을 행하는 것은 타고난 천품에 따른 것이라는 논리는 개별 인물의 성품을 주목한 결과이다. 이러한 시각은 '신분적인 사유'를 벗어나는 데까지 발전할 가능성을 지닌다. 권구는 이러한 관점에서 신분의 차별로 인해 감추어져 있는 미천한 사람들의 행적을 드러내었다. 그것이 『천유록』이다. 『천유록』을 시작하면서 자신의 견해

---

18 權榘. 『屛谷集』 卷7. 「闡幽錄」. 「조승발」. "曹勝發, 阿谷里人也. 余寓屛山, 阿爲近村, 亦嘗累到其處, 不知有勝發, 以其人地賤也."

를 강력히 밝히고자 장편의 의론을 펼친 것이다. 이와 같은 방식은 사마천이 「사기열전」을 지으면서 첫 작품인 「백이전」에 백이숙제의 행적을 간략하게 기술하고 장황한 의론을 펼침으로써 열전을 지은 의도를 드러낸 것과 같다. 그러므로 「조승발」에서 제기된 의론은 이후 제공된 십여 명의 신분이 낮은 인물에 대한 기사를 제공하는 근거가 된다. 이 의론은 『천유록』을 관통하는 하나의 관점이라 할 수 있는데, 뒤로 가면서 덕행을 실천하는 미천한 사람과 그렇지 못한 사대부를 비교하는 데까지 나아간다.

> 우리나라의 풍속은 가문을 숭상하므로 비록 기이한 행적이 있더라도 천한 족속에 처해 있으면 卑賤하고 寒微한 사람들과 나란히 두고 끼워주지 않는다. 그러니 또 어찌 알겠는가? 이와 같은 사람들은 천품이 본래 청결하고 더럽지 않아, 부귀를 좋아하여 더럽고 지저분한 곳에 거처하면서도 부끄러워하지 않는 사람들을 비교해보면 마치 땅벌레처럼 보잘 것 없는 존재와 같을 뿐만이 아님을 이는 소홀히 할 수 없다.[19]

「무명자」의 평결이다. 풍속을 이끄는 주체는 사대부들이다. 사대부들은 가문을 중시한다. 그러므로 개인의 행적이 남다르거나 뛰어나더라도 가문이라는 것을 앞세우고 개인의 능력과 인품은 무시한

19 權榘. 『屛谷集』 卷7. 「무명자」. 「조승발」. "東俗尙世類, 雖有奇行異跡, 在賤族則例卑微而不備數之, 又安知此等人天稟自潔淸不汚, 其視沈酣富貴處汙穢而不羞者, 不啻如壤蟲哉? 是不可忽也."

다. 그런데 문제는 타고난 천품을 잘 지켜서 청결하고 고귀한 삶을 살아가는 천민들에 비해, 물질과 명예를 추구하면서 그릇된 행위를 하는 사대부의 추락한 위상이다. 권구는 부끄러움을 모르고 이익을 추구하는 사대부들의 존재는, 천한 신분으로 천품이 청결한 사람과 비교할 때, 땅벌레보다도 못하다고 일갈하고 있다. 그만큼 사대부의 그릇된 행실에 대하여 심각하게 문제를 제기하고 있는 것이다.

권구는 이른 바 가문, 출신에 따른 인간의 판단을 유보하고 맑은 천성을 온전히 유지하는가의 여부를 매우 중요시하고 있다. 그 시각이 전통적인 관점을 유지하는 것이기는 하지만 계급, 출신에 의해 인간을 판단하는 천부적 관점을 벗어나고 있는 것이다. 고착화된 계급적 사유로부터 벗어나 개인의 내재적 가치를 주목한 것은 큰 의미[20]를 지닌다.

『천유록』은 미천한 사람의 긍정적인 행위를 드러내어 사대부들에게 반성을 촉구하고자 한 것이다. 그렇다고 작위적으로 조작한 것이 아니다. 자신의 삶 공간에서 견문한 천한 사람들의 삶을 활용하고 있다. 자신이 직접 만난 인물들의 선행은 물론 주변의 미천한 인물 가운데 포장褒奬할 수 있는 인물들을 담백하게 형상화하였으며 나아가 집에서 기르던 개에 대해서까지 시선이 미칠 수 있었던 것이다.

마지막에 실린 「쌍견설」에서는 한층 심중한 의론이 개진된다. 「쌍견설」은 자신의 집에서 키우는 두 마리의 개에 대한 이야기이다. 간략히 요약하면 다음과 같다. 흰둥이와 검둥이인 두 마리의 개는 성

20 다만 개인의 발견을 위한 기준이 전통적인 가치관, 추상적인 천품에 집중되고 있다는 점에서 한계를 지닌다고 하겠다.

질이 매우 온순하여 먹을 것을 다투는 일도 없고, 으르렁대는 일도 없으며 함부로 행동하는 경우도 없어 매우 특이하게 여겼다. 주인인 권구는 순성을 지닌 개들을 매우 아꼈다. 얼마 후 흰둥이가 죽자 이웃집에서 검은색 강아지를 데려왔다. 그런데 검은색 강아지는 성질이 사나워 툭하면 으르렁거렸으나 점차 순해져서 원래 있던 검둥이와 같아졌다. 새로 온 강아지가 큰 개의 행동에 감화되어서 그런가 여겨질 정도로 기이하다는 것이다.

권구는 이러한 개에 대한 소개를 마치고 장황한 의론을 전개한다. 첫 작품에서와 마찬가지로 『천유록』의 마지막을 장황한 의론으로 마무리하고 있는 것이다. '개는 사람이 기르는 동물로서 주인을 그리워하거나 사람의 말을 이해하는 놈도 있지만, 본성은 사납고 성질부리기를 좋아하며, 먹는 것만을 탐내어 다른 것은 모르는 동물'이다. 이것이 일반적인 동물의 습성이라고 보았다. 그런데 집에서 키운 두 마리의 개는 무리와 잘 어울리고 먹는 것을 앞에 두고도 양보하며 다투지 않는다. 게다가 먹지 않아야 할 것에는 얽매이지도 않으니 은연히 군자의 행실과 비슷한 점이 있다고 생각하게 된다. 그렇다면 모든 사물에 균등하게 부여되는 이理는 비록 지극히 탁하고 지극히 막힌 짐승의 마음에서도 오히려 다 사라지지 않고 보존된 것이 있는가? 이런 의구심과 함께 권구는 두 마리 개의 모습을 보고, 군자를 떠올렸다. 그리고 미천한 짐승인 개에게도 우주 만물의 이치인 리理가 남아있는 것인가 하는 생각을 하게 된 것[21]이다.

21 權榘. 『屛谷集』 卷7. 「闡幽錄」. 「쌍견설」. "夫狗, 人畜也, 能戀主, 又間有解人意者, 如黃耳義犬, 自古有之. 然其爲性, 本悍戾善鬥怒, 所欲惟食, 不知其他. 今是狗也, 能順於類, 臨食輒退讓不爭, 又不苟於其所不當食, 隱然有類於君子之行, 理之均賦者, 雖於至濁至塞之中, 而猶有未盡泯者存耶?"

그리고 새로운 질문을 하게 된다. 만물의 영장인 사람, 특히 가장 우수한 존재인 사대부는 의리를 배우면서도 개보다 못한 행위를 하는 이유가 무엇인가. 통절한 질문을 던지고 있는 것이다.

> 나는 남몰래 괴이한 생각이 들었다. 대저 빼어난 정수를 얻어서 가장 영험한 것이 사람이니 참으로 본래부터 짐승과는 차이가 있다. 그리고 사대부와 같은 경우는 사람 중에서도 가장 우수한 자이다. 게다가 의리에 대하여 講學하기를 평소에 하지 않는 것이 아닌데 곧 이해득실에 의해 마음이 움직여서 남을 공격하길 바라되, 염치가 무엇인지도 알지 못하고 시기하고 질투하며 남보다 앞서기만을 다투고 서로 간에 으르렁댄다. 심한 경우에는 해치고 죽이기도 하며 하나같이 욕심을 이루는 것을 마음에 담아두고서 이 개들도 차마 하지 않는 짓을 능히 하면서도 바야흐로 스스로 계획을 이루었다고 생각하는 사람들이 즐비하게 있으니 어째서인가. 아마도 맹자가 이른 바, '본심을 잃은 자'인가보다.[22]

『천유록』을 열면서 권구는 사대부 자제들이 효를 실천하지 못하는 이유를 '욕심으로 마음이 흐려지고 이익에 빠짐'으로 파악하였다. 욕심과 이익 때문에 타고난 양능이 훼손되었다고 본 것이다. 「조승

22 權榘, 『屛谷集』 卷7. 「闡幽錄」. 「쌍견설」. "余竊怪大得其秀而最靈者人, 則固自與物有間, 而若其士大夫者, 則尤其秀者也, 且於義理, 講之非不素, 乃爲得失利害所感動, 希冀攻鑽, 不知廉恥爲何事, 妒爭競進, 互相傾軋, 甚者或相賊殺, 一以濟其所欲爲心, 能忍是狗之所不忍, 而方且自以爲得計者比有之, 何也? 殆孟子所謂失其本心者歟!"

발」은 반면교사이며 타산지석이다. 그리고 천민을 비롯한 일반 백성들의 행적을 소개하면서 그 예화를 추가하였다. 그런데 「쌍견설」에서 권구는 사대부들이 이해득실에 빠져 서로를 해치는 행위에 대해 통탄한다. 앞서 「조승발」에서 던졌던 것에 비해 훨씬 구체적이고 심중한 문제를 제기하고 있는 것이다. 그리고 자기가 키우던 개도 하늘이 부여한 이理가 남아 있듯이 군자와 같은 행실을 하는데, 어찌하여 사람 중에서도 가장 우수한 존재인 사대부가 개만도 못한 짓을 하며 서로 으르렁거리느냐고 한탄하는 것이다.

천민인 조승발의 효행으로 문을 열었다면, 한갓 미물인 개의 덕행을 통해, 보다 진지하고 강하게 스스로를 반성할 것을 촉구하며 『천유록』의 문을 닫은 것이다. 「조승발」과 「쌍견설」은 어그러져 가는 세태를 깨우치고 자신의 주장을 개진하기 위해 의도적으로 서두와 말미에 배치한 것이다. 결국 『천유록』의 「조승발」과 「쌍견설」에 삽입된 의론은 서두와 마무리의 기능을 한다고 할 수 있으며, 11편의 이야기는 이를 위한 예화로서 배치되었다고 할 수 있다. 특히 마무리를 동물의 모습으로 설정한 것은 '개만도 못한 사대부'에 대하여 통렬한 반성을 촉구하기 위한 의도라 할 수 있다. 「쌍견설」을 바탕으로 한 마지막 의론을 통해 개조차도 덕행에 감화를 받아 본성을 회복하는데, 인간은 어떠해야하는가를 간접적으로 묻고 있는 것이다. 이런 질문을 고려할 때 「쌍견설」의 앞에 제시된 12편의 기록은 사나운 개가 덕스러운 개에게 감화되듯이, 탐욕에 물든 사대부들을 감화시키기 위한 방편, 관감의 도구로서의 기능을 한다. 결국 권구는 당대의 사대부들에게 강한 자기반성을 촉구하고, 스스로의 본성을 지키기 위한 노력을 경주하도록 하기 위해 『천유록』을 지은 것이다.

미천한 사람의 행위에 대한 인식과 수용으로부터 짐승의 행위에게서까지 배워야 할 점이 있음을 천명한 점도 주목해야 한다. 이러한 글쓰기는 매우 새로운 시도라 할 수 있다. 그런데 여기서 주목해야 할 것은 반성해야할 세태와 반성의 주체, 반성의 방법 사이의 관계이다. 반성해야할 세태는 욕심에 눈이 멀고 이익의 추구에 빠져, 서로를 헐뜯고 심지어 해치거나 죽이면서도 그러한 행위가 옳다고 여기는 '도가 무너진' 사대부의 세상이다. 반성의 주체는 인간 중에서도 가장 우수하며 책을 읽고 의를 실행해야 한다는 것을 알며 늘 성현의 말씀을 배우는 사대부이다. 이들이 반성해야 하는 이유는 하늘로부터 부여받은 품성을 보존하지 못하고 인간에 내재되어 있는 이를 구현하지 못하기 때문이다. 그러므로 이제는 새로운 대상을 통해 반성의 계기를 마련할 필요가 대두된 것이다. 타산지석, 내가 아닌 타자로부터 지혜를 얻을 필요가 제기된 것이다. 그 타자는 사대부가 아닌 상천常賤의 부류이며, 심지어 집에서 기르던 개까지 포함된다. 권구는 본연의 성품을 지니고 있는 타자, 자신보다 못한 상천과 금수의 선행을 드러내며 사대부들에게 스스로 분발하고 각성할 것을 촉구한 것이다. 즉 반성을 위한 새로운 방법으로 타자를 주목한 것이다. 그만큼 상황을 절박하게 파악한 것이다. 이러한 목적의식적인 글쓰기 태도는 제자인 권혜權蕙(1693~?)의 기억을 통해서도 그대로 확인된다.

> 일찍이 선생을 모시고 앉았는데 선생께서 말씀하시길, "나의 『천유록』을 보았는가?" 하시기에 "아직 보지 못했습니다." 하자 곧바로 찾아서 보여주셨다. —중략— 「조승발」 이하의 열록을 보시며 말씀하시길 "자네도 이러한 기록을 만들어보게. 세상을 교화하는 데에 보탬이 안 되지는 않을 것이네."라고 하셨다.[23]

여기서 주목하고자 하는 것은 문인인 권혜에게 『천유록』을 보이며, 그러한 글쓰기를 권유하는 적극적인 태도이다. 또한 전장류傳狀類가 아닌 열록列錄에 해당하는 글을 지으라는 언술에서 『천유록』을 새로운 글쓰기로 인지하며 적극적인 의미를 부여한 권구의 마음을 알 수 있다. 결국 권구는 「조승발」, 「쌍견설」에서 제기하였던 사대부의 잘못된 삶에 대한 반성의 도구로서 상천常賤의 삶을 바라본 것이며, 궁극적으로 사대부의 삶을 반성케 하기 위한 전략적인 방법으로 『천유록』이라는 독특한 형태의 글쓰기를 실천하고, 제자에게도 이러한 글쓰기를 권유[24]한 것이다.

---

23 權蕙. 『慕山遺稿』 卷4. 「〔雜著〕, 瑣錄」. "嘗侍坐, 先生曰; "見吾闡幽錄乎?" 曰; "未也." 卽覓示之. —중략—看曹勝發以下列錄曰; "子亦爲此記錄, 於世敎不爲無助."

24 아들 권보權補가 『기문記聞』을 통해 『천유록』의 정신을 이은 것도 같은 이유라 할 수 있다. 권진호. 2006. 「수곡 권보의 학문경향과 사인정신」. 『안동 가일 마을』. 안동대학교 안동문화연구소. 예문서원. 117쪽.

3. 『천유록』의 성격 – 傳·稗說·野譚·筆記와의 관계

『천유록』은 전의 영역에서 다루어지기도 하고, 별전이라고 표현하기도 하며, 전이 아니라는 주장이 제기되기도 한다. 이는 『천유록』이 지니는 '내용과 형식의 독특한 결합' 때문에 나타나는 현상으로, 『천유록』이 그만큼 복합적이고 중층적인 성격을 지녔다는 것을 의미한다고 할 수 있다. 이 장에서는 『천유록』이 지니는 중층적 성격에 대한 효율적인 이해를 위해 전·패설·야담·필기와의 관계를 상호 대비해서 살펴보고자 한다.[25]

우선 『천유록』에 실린 대부분의 내용은 전의 가치지향과 일치한다. 그러나 그 형식을 전이라고 규정하기에는 조심스러운 면이 있다. 앞서 『천유록』에 실린 인물의 행적이 대부분 효와 열, 의 등 전통적인 가치관의 실현과 관련됨을 알 수 있었다. 특히 「쌍견설」 조차 금수의 내면에 구현된 이에 대한 관심의 결과임을 고려한다면 권구는 13편의 이야기를 통해 전통적 가치관, 이른바 유교적 가치관의 구현을 위한 방편으로 『천유록』을 작성하였다고 할 수 있다. 이런 의도는 각 인물이 지니고 있는 '규범적 행실'을 드러내고자 하였던 것으로, 『천유록』은 철저하게 규범의식을 구현[26]하기 위해 일정한 범주

25 차이에 대한 논의는 상호 유사성을 전제로 한 것으로, 『천유록』의 중층적 성격을 반증한다. 때문에 이 논의는 『천유록』의 성격을 이해하는 데 순기능을 할 것으로 생각된다.

26 '규범적 행실'의 선양에 가장 부합하는 산문 방식은 전이다. '전처럼 규범의식 자체가 작품의 출발점이자 귀결점을 이루면서 작품의 창작 동기는 물론, 자료 선별, 구성, 주제구현 등 작품의 全미학적 원리에 속속들이 관철되고 있는 장르는 달리 찾기 어렵다'(박희병, 전게서, 33쪽)

를 설정하고 이야기를 모아놓은 결과라 할 수 있다. 그러나 권구는 전이라는 양식을 공식적으로 표방하지 않았으며, 그 서술방식도 일반적인 전의 양식과 구별된다. 우선 『천유록』은 그 표제에서 '록'이라는 표현을 사용하였다. 주지하다시피 전은 ○○○전이라는 기본적인 제목을 사용한다. 그것은 신분의 고하, 시대의 고금을 떠난 하나의 약속이다. 문집에 한 편의 전이 들어있거나 여러 편이 들어있거나 이 틀은 유지된다. 인물을 포폄하기 위해 전을 지었다는 하나의 표식인 것이다. 예를 들어 열전의 경우, 열전임을 표시하고 ○○○라고 표현할 수는 있지만, 이미 열전이라는 묶음에서 전의 장르임을 제시한 것이다. 이에 비해 『천유록』은 13편의 작품을 록錄으로 묶어 하나로 제시한 바, 전과 구별의식을 지니고 있었던 것[27]이다.

이동근 교수의 〈전 형식 분석〉을 참조[28]해보면, 『천유록』의 형식은 분석 대상인 228편의 작품 가운데 가장 단순한 구조를 지니는 바, 인정기술과 행적으로만 구성되어 있다. 또한 228편의 대상 작품 가운데 203편에 포폄을 담은 논찬부가 있으나, 『천유록』에는 이와 같은 내용이 전혀 없다. 채제공은 모두 14편의 전을 지었는데 모든 작품에는 D(결말부)와 E(논찬부)가 전부 또는 일부 포함되어 있다. 이에 비해 『천유록』을 수정한 「임효자전」과 「청풍의부전」만 B(서두부)C(전개부)형으로 그 형식이 가장 단순하다. 이는 채제공이 전을 입전하면서 일반적인 전의 양식을 준수하며 입전하였으면서도, 「임효자전」과 「청풍의부전」만은 권구가 지은 틀을 그대로 수용하였

27 하나로 묶으면서 어떤 장르 인식을 지녔는가에 대해서는 『천유록』의 성격과 관련하여 따져야 할 것이다. 이에 대해서는 후술한다.
28 이동근, 전게서, 54~55쪽.

기 때문이다. 이처럼 『천유록』은 전의 일반적인 양식에 비해 그 형식이 간결하며, 제목의 변환과 논찬부의 삭제를 의도적으로 실행한 것이다.

한편 채제공은 「임효자전」과 「청풍의부」을 입전하면서 원래의 문장에 최소한의 수정을 가하여 설화적 면모를 윤색하였다고 할 수 있다. 번암은 권구가 독실하게 학문을 하는 군자이기에 허투루 글을 쓰지 않았을 것이라 판단한다. 즉 그 내용을 신뢰할 수 있으며 반드시 후대에 전해야 한다고 생각한 것이다. 하여 일부 손질을 하고 '전'을 지었다.[29]

> 가) 상주의 단밀현에 어떤 상놈이 있었는데 성은 임가이나 이름은 전하지 않는다. 어미를 섬김에 효성을 다하니 아내도 이를 본받았다.[30]

> 나) 임효자는 상주의 단밀현 사람이다. 지체는 비록 천하지만 타고나기를 효자로 타고나 지성으로 어머니를 모시니 아내도 이를 본받았다.[31]

가)는 『천유록』의 문면이다. 제목으로 임효자라 하였으나, 전형

---

29 蔡濟恭. 『樊巖集』. 「청풍의부전」. "右兩條, 載屛谷權公榘遺集, 權公嶺南之篤學君子, 其言可信, 其事不可不傳, 就其文刪潤, 作淸風義婦林孝子傳."

30 權榘. 『屛谷集』 卷7. 「闡幽錄」. 「임효자」. "尙州丹密縣, 有一常漢, 林姓名不傳, 事母孝, 家人化之."

31 蔡濟恭. 『樊巖集』 卷55. 「임효자전」. "林孝子, 尙州之丹密縣人也, 地雖賤, 性孝至誠事母, 家人化之."

적인 이야기투식이다. 나)는 번암의 「임효자전」의 일부이다. 가)와 동일한 내용이지만 문투는 사뭇 다르다. 격식이 갖추어지고 공식적인 느낌을 불러일으킨다. 빈임은 임효자를 입진하기 위하여 서두 부분의 표현에 변화를 꾀함으로써 전의 형식을 갖추고자 하였다. 이런 형식의 변화는 기실 장르적 특성을 수반한다. 주지하다시피 전은 '가치 확인'의 장르이다. 서두 부분에서 인물의 특성을 밝히고, 이어지는 사건의 소개는 이 특성, 가치를 확인하는 과정이다. 『천유록』에 기부其夫로 되어 있는 표현을 효자孝子로 번번이 바꾼 것도 이러한 이유 때문이다. 이는 미세한 것이지만 전의 장르적 규범에 충실하고자 한 결과라 할 수 있다.

물론 구연되던 이야기를 그대로 수용한 경우, 즉 '한 편의 설화가 한 편의 전을 이루는 경우'에는 설화의 서술구조가 거의 그대로 전의 서술구조로 옮겨진다. 특히 사건 자체의 기이함과 흥미에 초점이 맞추어진 설화를 수용한 전들의 경우 부연과 윤색이 확대되는 현상이 현저해질 수밖에 없다. 이런 종류의 전은 야담이나 전기와 구별되지 않으며, 서로 접근하는 현상이 야기되는 바, 채제공의 「청풍의부전」도 그런 예라 할 수 있다.[32] 때문에 이런 경우에는 전과 야담의 형식적 차이 또는 미적 특질을 변별하기에는 한계가 있어 보인다. 번암의 경우 후대에 전하기 위해 전을 지은 점과 일부 문장을 손 본 사실을 고려할 때, 보다 '공식적인 격식'을 갖추어 후대에 전하고자 한 것으로 이해되지만 그 미적 특질을 세심하게 논하기는 어렵다. 그럼에도 불구하고 『천유록』에 한 '이야기의 주인공'으로 머물렀던

32 박희병, 전게서, 90~91쪽. 이하 전의 특징에 대한 설명은 특별한 설명이 없는 한, 박희병 교수의 견해를 인용하였음을 밝혀둔다.

임효자와 청풍의부가 번암에 의해 포상의 대상으로 입전되어 엄연한 '공식적 인물'이 된 것은 분명한 사실이다. 전을 통해 공식적 인물로 입전하기 위해 미세하더라도 격식에 맞는 형식적인 변화가 필요했던 것[33]이다.

『천유록』은 특정 인물의 행적을 드러내지만 애초에 '전의 형식'을 준수하려는 의식을 지니고 기록한 것은 아니다. 그러므로 그 서술방식 역시 전과 차이가 있다.

> 나는 능동 齋任의 소임 때문에 會奠할 때에 그곳에 가서 하루를 묵었다. 밤에 측간에 가려했으나 깜깜한 게 꺼려져서 중 하나를 대동하고 문을 나섰다.[34]

위의 인용문은 「재승」의 서두인데 권구 자신이 겪은 일을 소개하는 방식으로 시작되고 있다. 말 그대로 '이야기 투'의 도입부라 할 수 있다. 전과 비교한다면, 입전하고자 하는 대상에 대한 정보나 입전하는 이유가 제시되지 않고 있다. 전은 특정 인물의 가치표창에 주력하기에, 입전인물의 이름이 무엇인가가 초미의 관심거리이다. 그러나 「재승」에서는 이런 특징이 무시되고 있다. 사적인 경험을 소개하는 방식으로 시작하여, 개인의 특이한 경험과 그 속에서 확인된 특정 인물의 품성을 소개하고 있을 뿐이다.

인용문에 이어 지은이가 재승과 나눈 대화가 소개되고 이 대화를

33 『천유록』과 『번암집』에서 나타나는 문면의 차이에 대해서는 임완혁. 2002. 앞의 논문에서 검토한 바 있다.

34 權榘. 『屛谷集』 卷7. 「闡幽錄」. 「齋僧」. "余以陵洞齋舍之任, 會奠時往留一日, 夜欲登溷, 嫌暗黑, 攜一髡出門."

통해 재승이 남다른 인물임이 드러난다. 그런데 이야기는 재승의 답변으로 끝나고 말미에 겨우 '중의 이름은 혜휘慧輝이다.'라는 미주를 붙여놓았다.[35] 말미에 중의 이름을 소개한 것은 그 실명을 후대에 소개하고자 한 것이라 할 수 있지만, 입전 인물의 존재를 이렇게 처리하는 경우는 전에서 찾기 어렵다. 또한 혜휘의 언사 이후에 표현함직한 당사자 권구의 감회도 감추어졌다. 재승의 행적만을 압축적으로 제시하였을 뿐이다.

이러한 문면의 특징 등을 고려할 때, 권구의 『천유록』은 말 그대로 드러내야 할 사실을 나란히 기록하여 두고자 하는 것이라 할 수 있다. 즉 글쓰기에 임하면서 규범의식을 바탕으로 천민들의 삶을 기록하였지만, 천민들의 삶에 대한 평가에 나서는 것을 자제하였다. 천민들의 아름다운 행적은 사대부의 반성적 삶을 위한 도구로 활용되었던 바, 천민들의 행적에 대한 평가를 독자에게 맡긴 것이다. 그러므로 권구는 특정 인물의 행적을 포폄하는 전보다 인물의 행적을 사실대로 기록하여 제시하는 방식을 선택한 것이다.

『천유록』의 글쓰기 방식은 아들인 권보를 통해서 계승된 바, 간단한 예를 들어본다.

> 상주 의곡에 사는 貴必이란 자는 나의 재종형님 집의 家奴이다. 관아로 들어가다 길가에서 가죽 주머니 하나를 습득한 적이 있었다. 그 안에는 오백 냥의 돈과 문서 여러 軸이 들어 있었는데 자리를 지키고 주인을 기

35 權榘. 『屛谷集』 卷7. 「闡幽錄」. 「재승」. "且曰, 汝能知此, 不易, 僧曰: "小髡雖無知, 平生不向日月便旋, 入山或道間, 雖古墓, 必避之."云, 僧名慧輝."

> 다렸다. 한참이 지나 물건의 주인이 나타나서는 매우 기뻐하며 말했다. "지금 이 주머니 안에 있는 것은 모두 매우 긴요하고 중요한 문서라네. 자네 덕분에 잃어버리지 않을 수 있었으니, 돈은 내가 따지지 않을 바이네."하고서 드디어 주머니의 돈을 다 털어서 주고자 하였다. 귀필이 사양하며 말하길, "한 때의 우연한 일입니다. 어찌 대가를 취하겠습니까?"하고 끝내 받지 않았다.[36]

권보의 『기문』에는 양반사대부, 여성과 천민 등에 대한 행적이 기록되어 있다. 위의 인용문은 『기문』의 마지막 작품의 전문으로, 지은이의 재종형님 집 가노인 귀필의 사람됨을 보여주는 이야기이다. 귀필이 겪은 일을 간이하면서도 요긴하게 소개함으로써 그 인물됨을 온전히 드러내었다고 할 수 있다. 귀필의 언사에 대한 담담한 소개는 독자에게 큰 울림을 준다. 이처럼 간이한 문투를 바탕으로 사건의 진행을 따라 인물의 반듯한 행실이 자연히 드러나게 하는 서술방식은 『천유록』과 일치한다.

결국 『천유록』은 인물의 행적을 드러내고자 하는 측면에서는 전의 입전의식과 상통하지만 작품의 서술방식과 구성 등에서 전과는 다른 글쓰기 방식을 구현하였다.

한편 『천유록』은 민간의 형상을 집중적으로 기록하였다는 점에서 패설의 영역에서 논의될 수 있다. 그러나 일반적인 패설의 특성과

36 권보, 『樹谷先生文集』, 「記聞」, 『한국역대문집총서』 1722, 246쪽. "尙州蟻谷貴必者, 吾再從兄家奴也. 嘗入府路旁得一革囊, 中有錢五百及文書數軸, 守以待之. 良久, 其主至, 喜甚曰; "今此藏中, 皆緊重文書也. 由汝而得無失, 錢兩吾所不計." 遂傾囊以給之, 貴必辭曰; "一時偶然之事, 豈可取直耶?"卒不受."

『천유록』의 성격을 비교해보면 패설과는 본질적으로 구별된다. 주지하다시피 패설은 민간의 비리한 이야기를 중심으로 한다. 민간의 정서를 토대로 하기 때문에 예교에서 벗어나는 바, 선인들은 이를 비리하다고 하였다. 물론 세교에 도움이 될 것이라 표명하지만 기본적으로는 웃음의 소재이며, 파한의 자료로 사용된다. 민간의 삶에 대한 시각은 저술의 제목을 통해 쉽게 짐작할 수 있다. 촌중비어村中鄙語(시골에서 떠도는 비리한 말), 『촌담해이村談解頤』(촌노들과 나눈 우스운 이야기), 『어면순禦眠楯』(잠을 막아내는 방패), 『교수잡사攪睡襍史』(잠을 깨우는 잡스러운 이야기), 『성수패설醒睡稗說』(잠을 깨우는 잡스러운 이야기) 등은 민간의 삶을 기록한 대표적인 패설집이다. 촌담村談, 잡사襍史, 패설稗說 등의 표현에서 알 수 있듯이 이런 기록은 하찮은 것으로 취급된다. 패설에 등장하는 상한常漢, 천민 등은 웃음을 유발하거나 육담을 구성하는 인물에 지나지 않는다. 이런 이유로 인하여 민의 모습을 담아낸 패설에는 몇 가지 고유의 특징이 나타난다. 우선 실명이 등장하는 경우가 드물다. 사대부 공간을 대상으로 한 필기가 가능한 실명을 지향하고 있다면 패설은 인물의 실재성을 담보할 정보가 미약할 뿐 아니라, 사실 여부에 대한 관심도 크지 않다. 또한 사건의 공간이나 시간 배경도 명확하지 않은 경우가 많다. 물론 『어면순』의 예처럼 특정 지역에 거처하며 그 지역에서 전해지는 이야기를 기록한 경우가 있지만, 민간의 이야기를 기록하는 과정에서 나타나는 '공간'은 사실성과 현실성으로서의 의미를 크게 지니지 않는다. 한편 등장인물은 예교에 얽매이지 않고 성정性情에 충실하며, 질박한 생활상을 드러낸다. 그 파격에서 발생하는 발랄함과 엉뚱함에서 웃음을 자아내는 것이다. 예속을 벗어나 정욕을 구현하고자 하는 과정에서 지혜담과 치우담 등이 형성되는 것도 이러한 이유 때문이다. 패설은 오락성을 지향하는 이야기라 할 수 있으며 파한과 희담의 자료로 사용되고 있다.

이를 정리하면 패설은 '예교에 얽매이지 않는 백성들 사이에서 벌어진 재미있는 사건을 기록하여 웃음의 자료로 삼은 것'이라 할 수 있다. 그러므로 등장인물인 민民은 민중성을 담지한 인물이지만 구체적인 개성을 지닌 개별의 인간으로 취급되지 않는다. 웃음을 유발한 사건과 관련 있는 '어떤 사람'일 뿐이다. 또한 민의 행위는 웃음의 소재이거나 반면교사反面教師의 대상이다. 가장 중요한 것은 패설에 등장하는 민의 행동이나 사유를 모범의 대상으로 설정하는 경우는 극히 드물다.

이러한 점을 고려할 때, 『천유록』에 등장하는 인물은 패설 속의 인물과 전혀 다르다. 또한 신분이 낮은 인물을 다룬 권구의 의식도 패설작가와는 천양지차라 할 수 있다. 특히 민간의 삶을 집중적으로 기록하였으면서도, 민간인의 행적을 통해 배움을 추구하려 했다는 점은 조선 후기 산문사散文史에서도 매우 독특한 사례라 할 수 있다.

조선 후기 이야기의 모음이라는 점에서 『천유록』을 야담의 시각에서 파악할 수도 있다. 그런데 『천유록』의 대부분의 작품들은 작품의 분량, 서사적 완성도 등에서 일반적인 야담과 구별된다. 일부 작품에서 조선 후기 상품 화폐 경제의 발달에 따른 새로운 인간형이 포착되지만, 『천유록』의 형상은 철저히 결과의 제시에 그칠 뿐이어서 서사의 구체성이 결여되어 있다. 야담은 조선 후기라는 사회·경제적 배경을 바탕으로 형성된 근원사실이 일정한 구연 과정을 겪으면서 '서사화' 된 결과물이다. 그런데 『천유록』의 작품 가운데, 「청풍의부」를 제외한 작품에서 '서사화'의 면모를 확인하기는 쉽지 않다. 이런 양상은 『천유록』이 구연의 성과를 반영하였다기보다 근원 사실에 가까운 내용을 단순하게 기록하였다는 것을 의미한다. 즉 충분한 구연화와 이를 통한 서사화의 과정으로 나아가지 않았다는 점에서 야담과는 본질적으로 구별된다. 『천유록』 소재 작품들이 구연화와 서사화가 충분히 이루어지지 않은 이유는 안동을 중심으로 한 인근의 지역에서 벌어진 당대의 사건이나 이야기를 중심으로 구성되었기 때문이다. 권구는 '현재의 이야기', '당대의 인물'을 기록하여 '가까운 곳'에서 모범을 찾으려 하였던 것이다. 권구는 자신이 직접 경험하였거나 단순한 전문을 기록하면서, 간이하고 담백한 글쓰기, 사실을 보여주기 위한 글쓰기를 지향하면서, 애초 서사화에 대한 관심을 기울이지 않았던 것이다. 결국 『천유록』 소재 작품은 부분적으로 야담적인 면모를 지니는 경우가 있지만, 조선 후기 현실을 반영한 서사물인 야담과는 구별[37]된다고 하겠다.

필기는 사대부의 삶을 토대로 하기 때문에, 국가 전장제도典章制度에서부터 공경대부公卿大夫의 언행과 문장이 대부분을 차지한다. 부분적으로 민간의 이야기가 혼재될 수도 있지만 서술의 초점은 기본적으로 사대부의 생활공간이다. 민간에서 벌어진 일, 사대부의 생활공간을 벗어난 여항의 삶은 전혀 성격이 다른 패설이다. 『천유록』은 등장인물이 대부분 종, 노비, 공장工匠, 의원 등의 천민임에도 불구하고

37 이러한 점이 『천유록』의 문학성을 평가하는 기준이 되는 것은 아니다.

이들의 존재 - 그 행위와 사유, 삶 -에 분명한 의미를 부여하고 이를 기록으로 남겼다는 점에서 의미를 지니는 바, 그 존재의 본질은 사대부의 세계관과 일치한다. 또한 등장인물의 행동 규범과 세계관도 사대부의 그것과 일치한다. 대상만 천민으로 바뀌었을 뿐 『천유록』의 저술의식의 기저에는 사대부의 세계관이 그대로 유지되고 있는 것이다. 결국 『천유록』은 필기의 저술의식 및 세계관을 그대로 구현하며 천민의 행실에 주목하고 행실이 올바른 인물 등을 기록한 것이다.

이상의 논의를 정리해보면 『천유록』은 사대부의 세계관을 바탕으로, 사대부가 아닌 타자의 존재를 인정하고, 타자가 지니고 있는 도덕적 우월성을, 입전의식을 지니고, 필기라는 양식으로 기록한 결과라 할 수 있다.

그렇다면 권구가 천민의 삶에 주목하며 독특한 기록을 구현할 수 있었던 배경[38]은 무엇인가? 임·병 양란을 겪은 이후, 새로운 역사적 추이[39]가 진행되면서, 문학에서도 다양한 변화가 초래되었다. 전쟁 체험에 의한 실기문학 등장, 연행록의 출현, 소품문의 창작, 여항문학閭巷文學의 출현, 새로운 문체의 시도, 야담의 발생, 장편소설의 창작, 전의 소설화, 한시의 서사화 등을 거칠게나마 언급할 수 있다. 이러한 변화는 새로운 사회적 환경과 관계, 새로운 인간형을 구체적으로 담아내고자 하는 욕구에 의한 필연적인 결과이다. 특히 두 차

---

38 사회, 경제적 배경, 권구의 현실인식 등에 대해서는 이종호 교수의 논문에서 자세히 다루어졌다. 그러므로 여기서는 민간인을 집중적으로 기록한 현상에 대해서만 논한다.

39 임·병 양란 이후의 정세 변화, 민중의 역량 강화, 계층의 교통 활발, 새로운 사회적 관계의 형성, 새로운 인간형의 등장 등 복합적인 요인에 의하여 '민간의 삶'이 부각되었음은 주지의 사실이다.

례의 전쟁을 통해 사대부 중심의 세계관에 균열이 가면서 일반 백성의 존재가 뚜렷이 부각된 바, 조선 후기의 전에 상인, 서민의 모습이 전기에 비해 빈번하게 등장하는 것[40]도 이러한 배경에서 원인을 찾을 수 있다.

『천유록』을 지은 권구와 동시대에 살았던 이광정, 이만부 등의 전을 살펴보면 이러한 현상을 분명하게 알 수 있다. 17세기의 인물 가운데 허균(1569~1618)을 제외하면 유몽인(1559~1623), 송시열(1607~1689), 박세채(1629~1703), 김기홍(1635~1701) 등의 전작가라 할 수 있는 인물들은 대체로 사인을 입전하였다. 그러나 18세기 작가인 이만부는 서인, 초부樵夫, 무인, 천인, 승려, 농군, 노비 등을 입전하였고, 이광정은 민간의 여자를 입전한 「임열부향랑전林烈婦香朗傳」을 비롯하여, 천비의 삶을 그린 「이승전二勝傳」 등을 창작하였다. 이러한 현상은 이후 더욱 분명해진다. 이동근 교수의 〈입전인물 분석〉에 의하면, 전체 247명의 입전 인물 가운데 상층인물은 157명(남자 139명, 여자 18명), 하층인물은 90명(남자 64명, 여자 24명)이다. '조선 후기도 후반으로 오면서 예술인·중인·천민 등 하층민의 입전이 점점 증가하는 추세를 보이고 있다. 이는 서민의 자아각성과 더불어 전 작가들도 하층민의 삶에 더 많은 관심을 가졌기 때문이라 할 수 있다.'[41] 이러한 자장에서 권구도 자연스럽게 영향을 받았던 것[42]이다.

40 이동근, 전게서, 50쪽
41 이동근, 전게서, 51쪽
42 그러나 이러한 여건과 역사적 흐름에도 불구하고 『천유록』의 저술의식은 조선 후기의 서사체와 일정한 차별성을 지닌다.

4. 『천유록』의 서술방식과 특징

『천유록』은 권구 자신이 살던 시대의 천한 사람들에게서 나타나는 아름다운 행실과 짐승의 특이한 행적에 대한 기록이다.[43] 앞서 논의하였듯이 「쌍견설」을 비롯한 대부분의 작품은 하늘로부터 부여받은 순수한 성품 또는 이理를 내면에 잘 간직하고 발현한 인물이라는 공통점을 지니고 있다. 당시 사대부 사회의 병폐와 날로 흉흉해지는 세태에 대한 경계의 마음을 담아낸 것이다. 그런데 이미 살펴보았듯이 『천유록』은 일정한 격식이나 틀에 얽매이지 않고 붓 가는 데로 필요한 것을 적어두는 방식[44]을 택하였기 때문에 견문한 내용을 '사실대로' 기록하는 데에 초점이 맞추어져 있다.

『천유록』을 전의 관점에서 분석한 이동근 교수의 작업을 보면, 전으로 파악된 11편에 대하여 '이들은 서두부와 간략한 전개부만으로 이루어진 단일한 사건을 다룬 일화적 전傳이라는 점'[45]을 특징의 하나로 제시하였다. 여타의 전 작품에 비하여 『천유록』의 각 편은 매우 간략한 구조를 띠는 것이다. 이동근 교수는 전을 도입부・서두부・전개부・결말부・논찬부로 나누었는데 『천유록』은 「임효자」와

43 이종호 교수는 『천유록』의 인물을, 『천유록』을 통해 본 민중형상이라는 주제로 1)효자 효부의 형상 - 건강하고 합리적인 효의 실천 2)의부・의인의 형상 - 기지와 의협의 민중상 3)기인・술인의 형상 - 전문성과 실용성의 지향 4)그 밖의 인물형상 - 순수한 인간성의 발견으로 나누어 자세하게 분석하였으며 「쌍견설」은 항을 나누어 별도로 논하였다. 이종호, 앞의 책, 277~310쪽.

44 李象靖, 『大山先生文集』 卷50, 「屛谷先生權公行狀」. "又著闡幽錄, 凡當世賤流懿行, 畜物異蹟, 隨手箚記, 以寓勸戒之意."

45 이동근, 전게서, 35쪽

「재승」을 제외하고는 모두 서두부 · 전개부의 구조를 지니는 것으로 파악되었으며, 「임효자」는 서두부 · 전개부 · 결말부로, 「재승」은 전개부만 존재하는 것으로 파악되었다. 검토 대상인 228편과 비교[46] 할 때, 『천유록』의 이런 구조는 매우 간략한 형태를 지향한 결과임을 의미한다. 이러한 양상은 『천유록』을 전으로 파악한 것과 별도로, 그 이야기의 구조가 매우 간단함을 보여주는 바 각각의 이야기가 서사적 전개보다는 간단한 일화의 제시, 내용의 전달에 초점이 맞추어져 있음을 의미하는 것이다.

권구는 '사실의 보여주기'에 초점을 맞추고, 독자가 스스로 판단하고 성찰할 수 있도록 배려하기 위해 가능한 간이하고 평범하게 내용을 소개하고 있다. 「전험점全驗占」은 제목을 제외하면 48자로 된 짧은 글이다. 험점은 관아의 아전이다. 빈손으로 집안을 일으켜 자못 재산을 모았다. 신임년申壬年[47]의 기근을 당해 재산을 내놓고 가난하여 굶주리는 사람들을 구휼하였다.[48] 이러한 행위는 매우 이례적인 것이라 할 수 있다. 더구나 관아의 아전 신분으로, 어렵게 모은 재산을 흉년이 들었다고 내놓는 것은 쉬운 일이 아니다. 그런데 작자는 담담히 구휼한 사실을 기록했을 뿐이다. 전험점의 사람됨이나 재산을 모은 방법과 과정, 구휼을 받은 사람들의 반응, 재산을 내놓은 이유, 당대인의 평가 등에 대해서 아무런 정보도 제공하지 않는다. 더구나 권구 자신 어떤 반응도 보이지 않는다. 오로지 사실의 간략한

---

46 이동근. 전게서. 54쪽

47 이종호. 전게서. 289쪽. "'신임'은 아마도 신축년(1721)과 임인년(1722) 두 해에 걸쳐 밀어닥친 극심한 흉년을 말하는 것으로 보인다."

48 權榘. 『屛谷集』 卷7. 「闡幽錄」. 「全驗占」. "驗占, 龍宮官吏也. 白手起家, 頗有資財, 當辛壬饑荒, 出錢糴穀, 分賑其族類之貧餒者, 計其家口而分俵, 月料別藏而繼給之."

소개에 초점이 맞추어져 있는 바, 전험점의 '마음'을 드러내고자 한 것이다. '사실의 소개'를 벗어난 기타의 서사에 관심을 기울이지 않는 양상은 『천유록』의 보편적 특징이다. 「권운기權運箕」는 작자가 겪은 짧은 일화를 소개한 글이다.

> 능동고임 권운기는 府內 貢生이다. 관직을 떠난 지도 여러 해가 지났지만 자못 몸가짐이 방정하여 남을 업신여기거나 속이지 않았다. 나도 齋舍의 소임을 맡았기 때문에 會奠할 때에 가서 머물렀다. 소를 잡을 때에 그에게 소를 죽이는 자리에 가보게 하였다. 제사를 모시고 나자 구운 고기가 그득하였는데, 나는 그가 끝내 수저를 들지 않는 것을 보고 이유를 물었다. 대답하기를 "소가 죽는 것을 보니 그 고기를 먹을 수가 없습니다."[49] 라고 하였다.

모두 69자를 사용하여 자신이 만난 권운기라는 인물의 심성을 드러냈다. 화려한 문식도 장황한 설명도 없다. 객관적인 사실만을 나열하였다. 심지어 글쓴이의 감정도 없다. 다만 자신이 목도한 사실을 소박하게 묘사할 뿐이다. 권운기의 말을 들은 뒤에 있을 법한 작자의 반응도, 칭탄도 없지만 권운기의 인품은 묵직한 울림을 준다. 이러한 간이한 서술은 오히려 독자로 하여금 담백한 감동과 여운을 주

---

49 權榘. 『屛谷集』 卷7. 「闡幽錄」. 「權運箕」. "陵洞庫任權運箕, 府內貢生也. 去官亦累世, 頗方正不欺謾. 余亦以齋舍之任, 會奠時往留. 及椎牛, 使之莅殺, 奠後炰炙狼藉, 余見其終不下箸, 問之, 曰; "旣見其殺, 自不忍食其肉云.""

면서 깊은 사유를 하도록 한다.[50] 그러므로 장황한 상황묘사나 번잡한 대화, 권운기의 모습 등은 배제된 것이다. '기견기살既見其殺, 자불인식기육유自不忍食其肉云'으로 작품을 마무리함으로써 권운기의 인품을 적실하게 드러내고 있을 뿐이다.

> 貴同은 안심리의 下賤으로 자못 재산을 모았다. 신임년 대흉년을 당하여 전택과 노비에 대한 값이 떨어지고 가치가 낮아지자, 이익을 챙기려는 무리들이 그 困迫한 형편을 이용하여 매우 심하게 농간을 부리며 교묘하게 값을 내렸다 올렸다 하였다. 귀동이 성을 내며 말하길, "어찌 사람이 다 사라지게 될 판에 시세를 타서 이익을 가로챌 계책을 꾸밀 수 있는가!" 하고 자기 식구들이 사용할 것을 계산하고 그 나머지를 나누어서 온 마을의 가난한 사람들을 구제하였다. 두 해 동안 끝내 한 자의 땅도 늘리지 않았다.[51]

「한귀동韓貴同」의 전문이다. 흉년에 가족을 위한 최소한의 식량을

50 주지하다시피 '既見其殺, 自不忍食其肉'은 맹자의 君子之於禽獸也, 見其生, 不忍食其肉과 같은 의미로서, 측달惻怛한 성품을 지닌 인애지심仁愛之心과 관련된다. 성현의 글을 읽고 불인지심不忍之心을 입에 달고 사는 선비인 권구 자신, 하찮은 신분인 권운기가 불인지심을 지녔으리라고는 상상도 못하였던 것으로 보인다. 권운기를 그곳에 가도록 해 놓고서도, 귀한 소고기를 앞에 놓고 입에도 대지 않는 권운기의 모습을 이해하지 못하였기에 그 이유를 물어본 것이다. 그리고 전혀 뜻밖의 답을 들었으니, 이미 알고 있으나 미처 생각하지 못한 '실천적 행위'를 타자를 통해 경험한 것이다. 권운기의 답으로 글을 마친 것에는, 작자 자신의 부끄러움과 권운기에 대한 존경의 염念이 진하게 담겨 있다고 하겠다.

51 權榘. 『屛谷集』 卷7. 「闡幽錄」. 「韓貴同」. "貴同, 安心里下賤也. 頗有產業, 當辛壬大歉, 田宅奴婢, 價爲減賤, 射利之徒, 乘其困迫之勢, 操切益甚, 巧爲低昂. 貴同憤曰: "豈可人類將盡而爲乘時賭利之計!" 計其家口而分其餘, 以賑一村之飢, 兩年終無尺土之益."

남기고 가난한 마을 사람들을 구제한다는 것은 쉬운 일이 아니다. 더구나 천한 신분에서 재산을 모았다면 그 과정에서의 피나는 노력을 짐작할 수 있다. 그런데 재산을 축적하는 태도가 남다르다. 무조건 이익을 좇지 않는 것이다. 흉년이 들어 경제가 혼란한 틈을 타서 이익을 취하는 행동에 대하여 분노한다는 것은 성실함과 노력으로 재산을 축적하였음을 의미한다. 또한 귀동의 언사에서 사람을 우선으로 하는 태도를 알 수 있다. 이 작품의 초점은 이익을 추구하며 사람을 뒤로하는 부자들의 행태에 대한 분노와 귀동의 바른 행실, 마음씀씀이에 모여 있다.

이상에서 검토한 각 작품은 전형적인 필기의 서술방식을 구현하고 있다. 그러나 『천유록』의 서술방식은, 일반적인 필기가 사적인 글쓰기의 성격을 지니면서 가까운 붕료朋僚나 선후배, 가족의 모습을 기록하면서 개인적인 정회를 담아내거나 짧은 소회를 붙이는 방식과는 다르다. 대상화된 천민이나 상민을 기록하면서 사적 정회를 개입시키지 않고 있는 것이다. 공적이고 도덕적인 관점에서 논평을 붙인 경우가 있지만 그것마저도 자제하고, 객관적인 대상화를 구현하였을 뿐이다. 이는 각각의 이야기에 공식성과 진실성을 담아내고자 한 것으로 파악된다.

권구는 기본적으로 인물의 행적에 관심을 지녔을 뿐, 이야기를 토대로 한 흥미성이나 오락성에는 관심이 없었다. 서사적 흥미에 관심이 없기 때문에 등장인물 사이의 대화도 매우 압축적으로 소개하거나 주제를 제시하는 선에서 그친다. 전체 13편을 살펴보면, 서사를 가능케 하는 복수複數의 인물 등장과 인물간의 상호 대화 및 행위가 제시된 경우는 많지 않다. 대부분은 인물의 행적 제시에 그치는 바, 등장인물 사이의 갈등이 구체적으로 드러난 경우는 「청풍의부」가 유일하다.[52]

권구는 부득이한 경우에만 인물을 등장시켰으며, 등장인물의 육성肉聲을 제시하는 방법을 사용하였다. 그리고 주제를 드러내기 위한 경우에 한하여 대화를 제시하였다. 「장한명張漢命」에서는 주인공이 번을 서러 가면서 늙은 아버지를 친구들에게 부탁하는 내용이 소개[53] 되어 있다. 이 작품에는 장한명이 돈을 나누어주는 이유가 제시되었을 뿐, 아버지나 친구들의 모습은 보이지 않는다. 장한명의 언술에 이어 바로 떠나갔다(내거乃去)는 말로 작품은 끝이 난다. 장한명의 언술로서 그 아비를 아끼는 자식의 마음을 충분히 드러낼 수 있다고 판단한 것이다. 이처럼 대화를 사용하는 경우에 비해, 당사자의 일방적인 언술만을 제시하는 작품에서는 주변인이 의미 있는 존재로서 등장하지 않는다.

일방적인 언술 뿐 아니라 대화과정에서 나타나는 주인공의 언술도 대부분 '가치'를 담아내는데 초점이 맞추어져 있다. 그 가치 있는 언술은 대부분 이야기의 주제로 연결된다. 때문에 『천유록』에서는 등장인물의 언술을 끝으로 작품이 마무리되는 경우가 많다. 등장인물의 언술이 일종의 '가치 선언'의 기능을 하고 있는 것이다. 즉 그 언술의 의미가 당대인의 세속적 태도와 인식을 뛰어넘으므로 주인공

52 삼인 이상의 인물이 등장하고, 그들이 각각 의미 있는 행위를 한 예는 「임효자전」뿐이다. 그러나 「임효자전」의 내용은 심각한 갈등을 수반하지 않는다.

53 權榘. 『屛谷集』 卷7. 「闡幽錄」. 「張漢命」. "張漢命, 佳谷村民也. 名屬禁旅, 有老父奉養不怠, 及上番, 漢命分錢於其隣比同輩曰; "父老矣, 不可久素食. 余旣遠去, 家又貧, 雖有錢, 若藏於家則必爲他用, 諸君幸相念, 各以此錢貿魚肉, 相次問遺." 乃去."

또는 주인공의 가치관은 절대적인 선으로 작용한다. 설령 대화의 대상이 권구 자신이던 주변의 사람이던 그 언술의 의미와 기능은 동일하다. 권구는 자신이 접한 사람의 언술에 대하여 아무런 논평도 하지 않고 이야기를 끝내는 경우가 있는데, 「권운기」나 「이명복李命福」 등의 작품에서 이런 면모가 특히 잘 나타난다. 작자 자신 권운기나 이명복의 가치 선언을 수용한 것이다. 이는 『천유록』에 등장하는 언술이 지니는 하나의 특징으로 천민의 삶을 주목하는 과정에서 형성된 고유의 서술방식이라 할 수 있다.

이상에서 살펴본 『천유록』의 서술방식은, 필기류 양식 및 서사산문 등이 조선 후기라는 시대적 특징과 하층민의 삶에 대한 관심 등에 의하여 서사성이 강화되는 흐름과 구별된다. 이런 특성이 나타나는 이유는 앞서 언급한 내용[54]과 아울러, 권구 자신이 『천유록』에 임하는 태도, 하층민을 바라보는 시각, 나아가 세상을 바라보는 시각에서 전통적인 관점과 도덕적인 관점을 고수한 점도 하나의 원인이 될 수 있다.[55] 전통적인 필기의 방식을 통해, 조선 후기 천민의 모습을 담아낸 이유도 동일한 선상에 있다. 도학자의 세상사에 대한 글쓰기가 지닌 하나의 양상이라 할 수 있다.

---

54 3장 후반부 참조.

55 권구는 조선 후기 사회의 변화와 새로운 인간형의 등장이라는 역사적 추이를 인지하기보다는 '인간성의 회복', '도와 예의 구현', '이理의 발현' 등의 관점에서 사회적인 문제를 해결하려는 경향을 지녔던 것이다. 그러므로 당쟁의 폐해, 이익을 추구하는 세태 등을 '도덕성의 회복'이라는 개인적인 차원에서 해결하려 하는 경향이 있다. 이러한 시각은 새로운 사회적 관계에서 형성된 새로운 인간형의 의미를 파악하지 못하는 결과를 낳는 바, 그러한 인물들의 이야기를 충분히 서사화하려는 데까지 발전하지 못하였다. 천한 신분에서 부를 추구한 사람들의 모습이나 전문인으로 위상을 지닌 사람들의 특징 등을 구체적으로 서사화, 흥미화하지 못하고 평면적으로 소개한 이유이다. 권구가 지닌 전통주의적 세계관은 글쓰기의 방식에도 일정한 영향을 주었다고 할 수 있는 바, 새로운 인간형을 필기의 범주에 담아내면서 이야기에 내재된 서사의 가능성이 충분히 발현되지 못하였다고 평가할 수 있다.

5. 결어

『천유록』은 남인 계열의 도학자인 권구가 안동 지방에 머무르면서 보고 들은 천민의 삶 등에 대하여 기록한 것이다. 『천유록』은 첫 번째 작품인 「조승발」에서 제법 많은 분량의 의론을 제시하여 전체적인 서술 의도를 피력하고, 마지막 작품인 「쌍견설」에서도 장편의 의론을 통해 분명하고 구체적으로 작자의 생각을 제시하는 방식으로 구성되어 있다. 총 13편으로 구성된 『천유록』의 각 편은 천민의 삶 또는 동물의 품성에 대한 기록으로서, 사대부의 삶을 성찰케 하기 위한 도구적 성격을 지닌다. 각 편의 이야기는 '관감觀感의 방편'으로 사용하길 바라는 마음에서 저술된 것이라 할 수 있다. 이욕에 눈이 멀어 타고난 천품을 잃어가는 사대부들에게 타자인 일반 백성 및 천민, 나아가 동물의 긍정적 면모를 제시함으로써 스스로를 성찰케 하고자 하는 간절한 글쓰기의 결과이다.

『천유록』은 독특한 글쓰기 방식으로 천한 신분의 행실과 사유를 담아내는데 성공하였다. 『천유록』에 실린 대부분의 내용은 전의 가치지향과 일치한다. 유교적 가치 구현을 위한 방편이라 할 수 있는데, 권구는 인간의 '심성회복心性回復'을 위해 타자他者를 주목하고 그들의 이야기를 록錄으로 묶어내었다. 구체적인 작품을 살펴보면 전의 일반적인 양식에 비해 그 형식이 간결하여, 제목의 변환과 논찬부의 삭제를 의도적으로 실행하였다. 권구는 전傳이 지니는 규범성과 공식성을 지양하고, 가능한 편안한 글쓰기를 추구하였다. 그 결과 작자의 사적인 경험을 소개하는 방식, 자신의 특이한 경험과 그 속에서 확인된 인물의 품성을 소개하는 방식 등을 취하며 '가볍고 친근한 서술방식'으로 천한 백성들의 형상화에 성공하였다. 이 과정에서 인물의 행적만을 압축적으로 제시하고, 포폄을 지양하였으며, 객관성과 간이성을 유지하였다.

『천유록』은 기왕에 웃음을 유발하거나 육담을 구성하는 '대상'에 불과했던 상한常漢, 천민 등을 실명의 구체적인 존재로 인정한 결과이다. 권구는 '신분'의 장벽에 가려진 인간의 '내면'을 주목하며, 천민 나아가 짐승에게까지 시선을 확대하여 참된 '삶의 가치'를 고민하였던 것이다. 이 과정에서 패설의 대상이었던 민중이 사대부의 관감觀感의 모범으로 전환되는 새로운 현상이 발생한 것이다.

대부분의 이야기는 안동을 중심으로 한 인근의 지역에서 벌어진 당대에 사건이나 인물에 관한 것이다. '현재의 이야기', '당대의 인물'을 기록하여 '가까운 곳'에서 '실재적인 모범'을 찾으려 하였기에 이런 결과가 나타난 것으로 이해된다. 이 과정에서 권구는 자신이 직접 경험하였거나 단순한 전문을 기록하면서, 간이하고 담백한 글쓰기, 사실을 보여주기 위한 글쓰기를 지향하였다. '사실의 보여주기'에 초점을 맞추고, 독자가 스스로 판단하고 성찰할 수 있도록 배려하기 위해 가능한 간이하고 평범하게 내용을 소개한 것이다.

대상을 객관화하고 소박하면서도 간략한 필치로 이야기를 구성하는 방식은 전형적인 필기의 모습이라 할 수 있다. 필기는 조선 후기 사회의 변동과정에서 형성된 새로운 인간형을 담아내면서 질적 전화를 이루는 바, 이른바 야담 또는 한문단편이라고 부르는 서사체로 전환되는 경향을 지닌다. 그러나 『천유록』에서는 이러한 서사적 성취가 이루어지지 않고 있다. 그 이유는 조선 후기의 사회적 관계에서 형성되는 역동적인 인간의 모습보다는 전통적인 가치관과 도덕적 품성을 지닌 인물을 통해 사대부들이 자신의 삶을 성찰하고 도덕적 본성을 회복하도록 하고자 한 작자의 의식 때문으로 파악되는 바, 『천유록』은 서사성을 추구하지 않으면서도 인간의 진정성을 핍진하게 담아내는데 성공한 드문 예라 평가할 수 있다.

결국 『천유록』은 안동이라는 지역에 거주하며 도학자의 삶을 지향하는 권구가 이욕에 물들어 하늘에서 부여받은 본성을 잃어가는 사대부들을 향해 내놓은 고심에 찬 글쓰기라는 점에서 큰 의미를 지니는 바, '천민과 동물의 삶에 대한 긍정적 글쓰기'를 이루어내기 위해 만들어낸 독특한 성과이다.

18세기 영남의 한문학 :
봉화 지역을 중심으로

입재立齋 강재항姜再恒의 학문과 문학

| 강구율

입재立齋 강재항姜再恒의 학문과 문학

—

강 구 율

1. 서론

이 글은 조선 후기 경상도 북부에 위치해 있는 봉화奉化의 궁벽窮僻한 시골에서 소론가문의 한 지식인으로 살았던 입재立齋 강재항姜再恒(1689~1756)의 생애와 학문, 그리고 문학세계에 대해 간단하게 살펴보기 위해 기필하였다.

입재가 활동했던 시기는 대체로 17세기 후반에서 18세기 중반에 이르는 시기로 이전에 일어났던 정묘호란(1627년)과 병자호란(1636년)으로 인한 상처가 서서히 아물면서 조선이 조금씩 기운을 회복하는 시기에 해당한다. 그런데 입재의 집안은 앞의 두 호란과 밀접한 관련을 가지고 있다. 즉 입재의 조부인 도은陶隱 강각姜恪(1620~1657)[01]이 병자호란이 일어나자 만형이던 잠은潛隱

※ 본 논문은 2013년 10월 계명대학교 한국학연구원에서 개최한 "영남 한문학1-봉화지역을 중심으로" 학술대회에서 발표한 원고를 수정한 것임. 본 원고의 완성을 위해 도움을 주신 발표자와 심사자 3명에게 감사의 말씀을 드립니다.

01 본관은 晉州로 자는 敬吾이고 호는 陶隱이다. 義禁府都事를 지낸 胤祖의 아들로 潛隱 恰이 그의 큰형이다. 대대로 서울에 거주하였으나 丙子胡亂으로 큰형 恰과 더불어 부모를 모시고

강흡姜恰(1601~1671)[02]과 함께 양친을 모시고 태백산 아래의 오지인 춘양현春陽縣 유천柳川으로 피란이거避亂移居하게 되는데 잠은潛隱은 '태백오현太白五賢'[03]의 한 사람이라고 일컬어진다. 이런 인연으로 인하여 서울에서 거주하던 입재의 집안이 경상도로 옮겨와 비로소 경상도 사람이 된다. 다시 말하면 서울에서는 비교적 활발하게 활동하였던 소론계열의 집안이 호란으로 인해 남인의 본향인 경상도로 이주하여 남인도 아니고 소외된 소론으로서 살아가는 특이한 면모를 보이게 된다. 그렇지만 잠은潛隱의 집안은 경상도로 이주한 이후로도 각고면려刻苦勉勵한 결과 다수의 문과급제자를 배출함으로써 경상도 북부의 명문세족으로 자리를 잡게 된다.

그러나 입재는 일반적으로 알려진 것처럼 서울의 소수문벌에 의해 전승되는 소론학통인 하곡霞谷 정제두鄭齊斗(1649~1736), 보만재保晩齋 서명응徐命膺(1716~1787), 월암月巖 이광려李匡呂(1720~1783), 이계耳溪 홍량호洪良浩(1724~1802) 등의 계열에는 집안이 경상도로

太白山 아래로 은거하여 벼슬하지 않고 독서와 부모의 봉양에 전념하였다. 당시에 姜恰을 비롯하여 洪宇定, 鄭瀁, 沈長世, 洪鍚을 '太白五賢'이라고 하였는데 姜恪까지 포함하여 '太白六隱'이라고도 불렀다. 太白五賢은 일찍이 吏曹參議에 追贈되었지만 姜恪은 추증을 받지 못하였다. 1796년 正祖의 命에 따라 丙子年 節義를 지킨 處士들을 조사하는 조치에 의해 추천되었으며 1818년 吏曹參議에 追贈되었다. 『陶隱公實記』가 있다.

[02] 자는 正吾요 호는 潛隱으로 어려서는 象村 申欽의 문하에서 수학하였고 29세 때인 1630년(仁祖8) 式年試 生員으로 합격하였다. 戰亂을 치른 후 남쪽으로 옮겨가서 살았는데 3년이 지나서 齊陵參奉에 제수되었고 1657년에 洗馬에 배수되었는데 열심히 직분에 임해서 侍直·副率의 반열에 올랐으며 어머니가 돌아가시자 시묘살이를 하였다. 藥泉 南九萬이 그의 효행을 추천하여 省峴察訪에 제수되었고 후에 山陰縣監에 제수되었다. 1858년 哲宗 때 吏曹參議에 증직되었으며 貞敏으로 贈謚되었다. 丙子胡亂 이후 洪宇定, 沈長世, 洪鍚, 鄭瀁 등과 함께 太白의 春陽洞에 은거하였는데 세상에서는 그들을 '太白五賢'이라 불렀다.

[03] 晉州 姜氏 貞敏公 潛隱 姜恰(1602~1671)과 비슷한 시기에 丙子胡亂을 피해서 4명의 名士들이 太白山 아래 봉화로 移住를 하게 되는데 靑松 沈氏 貞敏公 覺今堂 沈長世(1594~1660)와 南陽 洪氏 介節公 杜谷 洪宇定(1595~1654), 延日 鄭氏 文節公 抱翁 鄭瀁(1600~1668), 남양 홍씨 貞敏公 遯愚堂 洪鍚(1604~1680) 등이 이들이다.

이주하는 바람에 참여하지 못했으나 소론 계열의 영수領袖라고 할 수 있는 명재明齋 윤증尹拯(1629~1714)의 제자가 됨으로써 소론의 정통학통을 계승했다고 할 수 있겠다. 그렇지만 남인의 본거지인 경상도에서 소론으로 살아간다는 것은 결코 녹녹한 일이 아니고 더군다나 소론도 18세기 이후에는 정국의 주도권을 장악한 노론에게 밀려나 중앙정계에서는 소외된 정파政派여서 입재의 정치적 위상은 현저하게 낮았다고 하겠다. 따라서 입재는 생애의 대부분을 고향인 봉화에 머물면서 천부적인 총명함을 바탕으로 하여 천여 권에 달하는 엄청난 분량의 독서와 근면함으로 자신의 학문적인 세계를 구축해 나갔다. 그러다가 중년 이후에 역시 소론인 풍원군豊原君 귀록歸鹿 조현명趙顯命(1690~1752)의 추천으로 8년 정도의 짧은 출사를 하지만 그는 이미 고향에서의 한거자족한 삶에 대한 강한 애착을 가지고 있었다. 그의 시문학에 형제간의 우애와 사향思鄕, 민생에 대한 애정과 제도에 대한 모순 지적과 비판 등의 작품이 많은 비중을 차지하는 것이 이를 증명해 준다고 하겠다. 그리고 서울에 살던 집안이 경상도로 이주한 이유가 병자호란으로 인한 것이었기 때문에 역사에 대한 관심이 남달라 이에 관한 작품을 다수 남겼고 특히 병약한 몸으로 오랜 시간 와병하였기 때문에 병중에 고음한 작품이 많다.

지금까지 입재에 대한 연구는 거의 이루어지지 않았다. 다만 2007년에 부산대학교대학원에서 「입재 강재항 한시 연구」란 논문으로 석사학위를 받은 남봉우의 연구가 유일하다. 본고도 선행 연구논문에 많은 도움을 받았다. 금번 학술대회를 계기로 하여 앞으로 특이한 이력을 지니고 많은 작품을 남긴 입재 강재항의 학문과 문학에 대한 연구가 활발하게 이어지기를 기대해본다. 현재까지 입재 강재항에 대한 연구는 몇몇 학자들이 자신의 관련분야 연구에서 필요할 때 부분적으로 인용하고 있을 뿐[04]이다. 이러한 사실은 비록 경상도 북부의 외진 시골에 살았던 소론 지식인이기는 하지만 그의 행적과 저작이 당대에 상당한 의미를 가진다는 것을 방증傍證해 준다고 하겠다. 따라서 입재에 대한 연구가 본격적으로 이루어져야 할 당위성은 충분히 확보되었다고 하겠다.

본고는 입재 강재항이 아직까지 학계에 보고가 널리 이루어지지 않았기 때문에 먼저 그의 생애를 자세하게 살펴보고 이어서 그의 다양한 학문세계와 문학세계를 살피는 순서로 논의를 진행하고자 한다.

본고의 텍스트로는 계명대학교 동산도서관에 소장되어 있는 경인문화사간 한국역대문집총서 343 『입재선생유고立齋先生遺稿』와 민족문화추진회에서 낸 『한국문집총간韓國文集叢刊』 권 210에 실려 있는 『입재선생유고立齋先生遺稿』를 대상으로 하였다.

04 陳在教(『東方漢文學』 12집, 東方漢文學會, 1996)의 「이조후기 敍事漢詩 연구」에 「負薪行」의 첫 4행이 인용되어 있고 김용남(『忠北學』 제4호, 2002)의 「俗離山 遊記에 대한 考察」이란 논문에 立齋의 「俗離山記」가 언급되고 있을 뿐이다.

2. 입재 강재항의 생애

68년에 걸쳐 비교적 길게 이어진 입재의 생애를 효율적으로 논의하기 위해 편의상 4기 정도로 그의 생애를 구분하여 살펴보기로 한다. 대체로 출생해서부터 20세 이전까지 독서하고 수학하던 시기를 모두 일컬어 수학독서기受學讀書期라고 명명하고 21세 이후부터 출사出仕하기 이전 해인 48세까지 새로운 스승으로부터 배운 바를 나름대로 다지면서 새로운 모색을 끊임없이 스스로 수행하던 시기로 연수모색기硏修摸索期, 그리고 49세에 출사했다가 병에 걸려 사직하고 돌아와 본격적인 투병에 나서기 이전 해인 56세까지의 출사시온기出仕施蘊期, 그리고 질병에 걸려 투병을 시작한 57세부터 별세한 68세까지의 투병마감기 등으로 구분해서 기술하기로 한다.

먼저 입재가 출생해서 수학하고 독서를 통해 앞으로의 쓰임에 대비하면서 노력하던 시기인 수학독서기의 생애를 살펴보자. 대체로 20세 이전까지의 시기로 20년에 걸친 시기가 여기에 해당한다. 입재는 조선 숙종 15년인 1689년 9월 28일 오시午時에 복주福州 춘양현春陽縣 법전리法田里[05]에서 부친 잠계공潛溪公 강우姜鄅(1651~1720)와 모친 진성眞城 이씨李氏 사이에서 4남[06] 가운데 3남으로 출생했다. 그의 선계先系를 보면 화려한 문벌의 후예라는 사실을 알 수가 있다.

---

05 福州 春陽縣 法田里는 立齋가 태어날 당시의 행정구역이고 지금은 慶北 奉化郡 法田面 法田里이다.

06 雪竹堂 再淑과 易安齋 再徽와 자신 그리고 雲巢公 再龍이다.

시조는 고구려 병마도원수로 수隋나라 양제煬帝의 무례한 국서國書를 보고 '이같은 오만한 글은 붓으로 화답할 것이 아니라 칼로 화답해야 한다.'고 강력하게 주장하며 영양왕嬰陽王을 안심시킨 휘諱 이식以式이다. 그리고 중시조中始祖는 고려 원종때 통신사서장관으로 군대를 도와 공을 세웠고 국자박사를 지낸 휘諱 계용啓庸이며 그 아들 휘諱 인문引文은 전중내급사殿中內給使를 지냈고 그 아들 휘諱 사첨師瞻은 감찰어사를 지냈다. 그리고 그 아들 휘諱 창귀昌貴는 판도정랑을 지냈고 그 아들 휘諱 군보君寶는 문하시중으로 봉산군鳳山君에 봉해졌으며 시호諡號는 문경공文敬公이다. 문경공의 아들 휘諱 시蓍는 호號가 양진당養眞堂으로 시호諡號는 공목공恭穆公이며 그 아들 휘諱 회중淮仲은 호號가 통계通溪로 보문각대제학寶文閣大提學을 지냈고 조선 왕조가 개창되고 나서 조선태조가 형참刑叅과 병참兵叅과 병판兵判으로 불러도 나아가지 않았으며 세종이 총제로 불러도 역시 나아가지 않고 고려에 대한 절의를 지켰다. 통계通溪의 아들은 증참판贈叅判인 휘諱 안복安福으로 참판叅判은 아들을 아홉이나 두었는데 입재의 7대조는 그 가운데 여섯 번째로 증이조판서贈吏曹判書인 휘諱 이행利行이다. 그 아들 휘諱 징澂은 자字가 언심彦深이요 호號는 심재心齋로 가선대부嘉善大夫 예조참판禮曹叅判을 지냈으며 그 아들 휘諱 억億은 자字가 중소仲邵로 정언지제교正言知製敎를 지냈다. 그리고 고조부는 휘諱 덕서德瑞로 자字는 득길得吉이며 한림원응교翰林苑應敎를 지냈고 증조부는 통훈대부通訓大夫로 의금부도사義禁府都事를 지냈으며 자字가 여승汝承인 휘諱 윤조胤祖이고 조부는 병자호란 때의 절개로 이조참의를 증직받은 자字가 경오敬吾요 호號가 도은陶隱인 휘諱 각恪이다. 특히 입재의 조부인 도은陶隱은 병자호란 때 맏형인 잠은潛隱

휘諱 흡恰과 함께 양친을 모시고 경상도 춘양현春陽縣 유천柳川으로 이거하여 의리를 지킨 입향조이기도 하다.

입재는 겨우 두 돌이 지난 나이에 어머니의 품에 안겨 예안禮安의 온계리溫溪里 외조부상을 다녀왔다. 당시 풍설風雪이 세차게 몰아치던 악천후惡天候를 뚫고 걸어가던 어머니의 모습을 입재는 어렴풋이 기억했던 모양이다. 당시가 신미년인데 만 60년이 지난 신미년에 다시 동일한 장소를 지나갈 때 똑같이 풍설이 몰아치기에 옛날을 회상하면서 긴 제목의 시[07]를 지은 것이 이를 증명한다고 하겠다. 이런 사실은 입재의 총명함과 아울러 그의 인생길이 결코 순탄하지 않음을 상징적으로 보여주는 일화라고 하겠다. 그 후 5세경에 아우인 운소雲巢 재룡再龍이 태어났는데 청빈한 집안에다 봉화라는 벽지僻地에서 성장한 입재는 아우와 우애를 돈독하게 나누었고 그런 흔적이 아우에게 지어준 시의 형태로 다수 남아있다. 그런데 아들인 택일宅一이 가장家狀에서 언급한 바와는 달리 입재는 어린 시절 시골에서 체험할 수 있는 거의 모든 것을 체험하면서 지낸 사실을 그의 「등유천동고登柳川東皐. 감회부시병서感懷賦詩幷序」[08]라는 작품을 통해 엿볼 수 있다.

---

07 『立齋遺稿』 卷之五. 「昔在肅廟辛未十一月十日. 外王父處士公. 考終于溫溪里第. 先妣自柳川奔喪.時不肖生纔二晬. 抱在先妣懷中. 暮過搴芝山. 時風雪寒沍. 艱到喪次. 今年是辛未周甲之歲而適過此地. 風雪宛如當時景象而不肖失恃. 已六十二年矣. 撫時感痛. 涕血交零. 遂吟一絶. 以敍罔極之情. "孤露人間六十年. 鮮民情事感懷偏. 饕風虐雪芝山道. 此地重過涕血漣."

08 『立齋遺稿』 卷之二. 我肅廟甲子歲. 先君卜居柳川東溪之上. 至丁丑秋. 始移星岑. 余時幼少. 從羣兄弟與村中羣兒. 嬉戱溪邊沙上巖谷林藪之間. 騎竹吹葱. 採花折柳. 釣魚弋禽. 擊毬秋遷. 放風鳶打蜻蜓. 諸般遊敖之事. 非甚風雨雪霜. 不止也. 其時父母俱存. 兄弟無故. 人間樂事. 無不備有. 及後過之. 未嘗不喜且悲焉. 而今孤露之餘. 衰病日甚而偶爾登臨. 回望舊墟. 想當日過庭之訓. 手線之勤. 傳衣同卓之愛. 追隨嬉遊之樂. 感懷無極. 昔夫子在陳. 有歸歟之歎. 漢祖入關. 有過沛之悲. 以吾密邇故居而猶如此. 況遠者哉. 鳥返故鄕. 狐死首丘. 君子謂之仁. 是固人情物理之所不免. 遂作詩一篇以見意. "强醉南隣酒. 扶病上東皐. 極目何所見. 使我心慅慅. 夕陽低山皐. 孤烟生里墟. 葉紅故林麓. 花黃新草廬. 溪山無今昔. 人事有變移. 沉痛蓼莪篇. 感歎常棣詩. 青春苦不留. 白髮還相催. 萬事同悲凉. 好顏何時開. 酒是忘憂物. 醉後愁轉深. 孔聖昔在陳.

반가의 자제로 태어나 양민의 자식들이나 체험할 수 있는 생활을 직접 경험한 입재의 유년기 체험이 이후 그의 인생에서 백성들의 눈높이로 그들의 삶을 공감할 수 있는 바탕이 어린 시절에 마련되었다고 하겠다. 이러다보니 입재는 7세가 되어서야 비로소 『십구사十九史』를 배우게 된다. 일반적으로 다른 사람들에 비해 배움의 시작이 상당히 늦은 편이지만 이해의 속도는 아주 빨랐다고 한다. 총명한데다가 이미 아이들의 놀이를 섭렵한 상태이기 때문에 배움이라는 새로운 세계의 경이로움에 전념할 수 있었기 때문이 아닌가 한다. 입재는 배움의 자세에 있어서 철저하게 완전학습과 예습을 병행하였다고 한다. 때로는 발분망식發憤忘食한 적도 있어서 모부인이 병약한 자신이 죽은 후에 아들이 늘 굶주린 상태로 지내지나 않을까 걱정을 하곤 했다고 한다. 그리고 이듬해에 『소학小學』을 배우기 시작했고 12세 무렵에는 송宋나라 사마광司馬光(1019~1086)이 지은 294권의 『자치통감資治通鑑』을 50권으로 요약한 송나라의 학자 소미선생小微先生 강지江贄가 편찬한 『통감절요通鑑節要』를 배웠다. 그런데 어느 날 백부인 성건재省愆齋 강찬姜酇(1647~1729)이 그의 아들이자 입재의 사촌에게 소미통감을 가르치는 것을 옆에서 입재가 듣고 있었는데 마침 백부가 「한무제기漢武帝紀」의 '조과趙過의 대전법代田法' 대목에서 소로 밭을 가는 것이 이때부터 시작된 것이라고 가르쳤다. 그렇지만 입재는 백부의 말에 수긍할 수가 없어서 반론을 제기하였다. 그는 무릎을 꿇고 앉아서 우경牛耕은 그 이전에 이미 시작되었는데 그것은 공자의 제자 염경冉耕의 자字가 백우伯牛란 사실로 미루어 알 수 있다고 또렷

歸歟有歎音. 吾儕是小人. 敢忘懷土心. 狐死必首丘. 鳥飛返故鄉. 樂其所自生. 人物同其方."

하게 말했다. 조카의 반론 제기에 대해 성건재省愆齋는 처음에는 노기怒氣를 띤 목소리로 근거를 대라고 하였으나 입재의 합리적인 근거 제시를 듣고는 조카의 등을 어루만지면서 우리 가문을 흥기시킬 아이라고 칭찬해 주었다고 한다. 12세의 초가을 무렵에 모친상을 당하였다. 평소 병약했던 모부인이 40대의 젊은 나이로 별세했는데 입재는 어머니를 여윈 슬픔을 애써 참으며 중형仲兄인 이안재易安齋 재휘再徽와 함께 독서에 전념하였다. 「중씨이안재공주갑일감회仲氏易安齋公周甲日感懷」란 작품[09]을 보면 모부인을 여윈 지난 시절의 삶의 모습의 한 편린을 엿볼 수 있다. 조악한 음식마저도 제대로 챙겨 먹지 못하여 주림을 면하지 못한 채 10년 동안 등잔 아래에서 천여 권의 책을 독파하였다는 생활이 그 내용이다.

다음으로 명재 윤증을 스승으로 모시고 새로운 가르침을 받으면서 끊임없이 배운 바를 다지고 산천유람을 포함하여 여러 가지 각종 각양의 모색을 하던 시기인 연수모색기硏修摸索期의 생애를 살펴보자. 대체로 21세부터 출사하기 이전 해인 48세까지의 시기가 이에 해당한다. 15세 무렵에 『대학大學』을 수학하기 시작한 입재는 21세의 청년이 되자 본격적인 학문의 길로 들어섰다. 그래서 시골의 향선생을 벗어나 전국적인 지명도를 가진 스승을 찾아 나서게 되는데 바로 당대의 저명한 성리학자이자 소론의 영수였던 명재 윤증에게 서신으로 제자가 되고 싶다고 간절하게 요청하여 마침내 그의 제자가 된다. 그런데 입재가 명재의 제자가 된 것은 결코 우연한 일이 아니라 거기에는 필연적인 사연이 있다. 그것은 바로 백부인 성건재가 이미

09 失恃當年爾與我. 辛勤半菽未充飢. 十年燈下書千卷. 蚤天無成世孰知.

명재의 문인이었기에 자연스럽게 명재에 대해 모든 것을 알게 되고 따라서 명재로부터 직접 가르침을 받고 싶다는 마음이 간절해졌기 때문이다. 입재의 간절한 심정을 편지로 확인한 명재는 노령임에도 불구하고 입문을 허락하는 편지와 함께 초학화 한 편을 입재에게 보내주었다. 이후로 입재가 22세 때에 『소학』의 제주題註와 제사題辭 등에 대해 편지로 질문한 대목을 문집의 서신으로 확인할 수 있는데 입재는 이러한 방법으로 수백 리라는 공간적인 이격離隔에도 불구하고 학문적인 의문점을 하나하나 해결하면서 학문적 성숙을 이룩해 나갈 수 있었다. 당시 명재는 몹시 노쇠한 고령이어서 더 이상 제자를 가르치기 어려운 상황이었지만 입재의 질문편지에 답장을 보내는 방법으로 부지런히 수백 리 밖의 제자를 가르쳤다. 그러다가 명재가 별세함에 입재는 극재克齋 신익황申益愰(1672~1722)에게 편지로 사단칠정론四端七情論에 대해 질문하면서 배우기도 하고 때로는 직접 문하에 나아가 배우기도 하는 등 다양한 스승으로부터 직접적 혹은 간접적인 방법으로 배우면서 자신의 학문적 세계를 구축하였다. 그리고 입재는 22세 때에 처음으로 태백산太白山을 유람하게 되는데 이후로 57세 때에 다시 태백산을 유람하기까지 전국의 유명한 산을 돌아다니며 유산시遊山詩나 유산록遊山錄을 남기는 등 유산遊山에 지대한 관심을 보인다. 이러한 유산행적이 입재 문학의 하나의 특징이라고 언급할 수 있겠다. 이듬해 봄에 입재는 중형仲兄 재휘再徽가 동산 아래에 지은 '이안재易安齋'에서 학문적 진보를 위한 공부에 열중하려고 하였으나 중형의 갑작스런 별세로 모든 계획이 수포로 돌아가는 바람에 실의에 빠져 우울한 나날을 보내게 된다. 그리고 3년 후에는 자신의 가장 큰 스승이었던 명재마저 별세하는 불운을 맞이하게 된다. 입재는 스승 명재의 별세를 평생의 한으로 여기며 명재가 생전에 남긴 글을 받들어 강복講服을 입고 그것을 준행遵行하였으며 명재의 손자인 일암一庵 윤동원尹東源(1685~1741)과 계속 교분을 유지하며 도의를 강론하고 연마하였다. 32세 때에 딸 여경女景을 얻어 기뻐하였으나 며칠 후에 부친이 별세하는 천붕지통天崩之痛을 당하였고 또 2년 뒤에는 딸이 죽는 상명지통喪明之痛을 연이어 당하게 된다. 43세 되던 해에 나라 안에 역질이 크게 창궐하자 입재는 「대려문大厲文」[10]이란 글을 지어서 사방의 신들에게 이 나라 백성들을 괴롭히는 역귀疫鬼를 물리쳐 달라는 간절한 소원을 담았는데 이 글을 통해서 입재의 애민 정신의 일단을 엿볼 수 있다. 그리고 47세가 되던 2월에 입재는 70세 가까운 나이로 제주목사겸방어사濟州牧使兼防禦使가 되어 부임하는 노봉蘆峯 김정(1670~1737)에게 송별시와 편지를 보내었다. 입재는 이 시와 편지에서 제주濟州의 풍토風土와 인심에 대해 이야기하면서 노봉을 위로하고 격려하였다. 특히 입재는 변경邊境을 지키고 백성들을 모아서 편안하게 하려는 마음에 변함이 없다면 훌륭한 목민관이 될 수 있다고 노봉을 격려하면서 동시에 자신의 치민에 대한 철학의 일단을 보여주고 있다.

다음으로 평소에 배운 바를, 크게는 아니라하더라도 조금은 펼칠 수 있는 기회를 가졌던 시기인 출사시온기出仕施蘊期에 펼쳐진 입재의 생애를 살펴보자. 대체로 소론 계열 정치가인 귀록歸鹿 조현명趙顯命의 추천으로 9품 선공감繕工監 감역監役을 제수받았던 49세에서 병으로

10 『立齋遺稿』 卷之八 「大厲文并序」

사직하던 해인 56세까지의 시기이다. 8년 정도의 아주 짧은 시기이지만 입재 자신이 품었던 포부와 경륜을 다소나마 펼쳐볼 수 있었던 시기이다. 그는 출사를 하기 위해 집을 떠나면서 아우인 운소雲巢 재룡再龍에게 주는 시[11]에서 당시의 심정을 잘 나타내고 있다. 비록 준비는 한다고 했지만 막상 집을 떠나 또 다른 세계로 나아갈 때 가지는 두려움과 불안이 잘 나타나고 있다. 그렇지만 부지런히 노력하겠다는 굳은 의지와 결심만큼은 단단히 하고 있다는 사실을 아울러 알 수 있다. 그리고 2년 뒤에는 의영고주부義盈庫主簿가 되었고 또 그 이듬해에는 한성주부漢城主簿가 되었으며 동년 가을에 비로소 외직인 회인현감懷仁縣監이 되어 직접 백성들을 다스리는 목민관의 기회를 가졌다. 이때 입재는 「회인현권유백성문懷仁縣勸諭百姓文」[12]을 지어 백성들이 윤리를 지키고 생업에 종사하면서 올바르고 부지런히 잘 살아가기를 바라는 심정을 담았다. 그리고 또 어사가 순찰을 할 때에 「회인현효행인등포이사상懷仁縣孝行人等褒異事狀」[13]을 지어서 효자인 유흥림柳興林과 정익주鄭翊周, 효부孝婦인 이홍익李弘翊의 처인 최씨崔氏에 대한 표창을 건의하였으며 「회인현보민청간상절목懷仁縣補民廳看詳節目」[14]을 지어서 회인현의 보민청補民廳에서 준수해야 할 운영, 관리의 절목節目을 여덟 가지로 정하였다. 그러나 회인현懷仁縣에서 이렇게 의욕적으로 선정善政을 펼치다가 뜻하지 않게 질병에 걸려 더 이상 현감의 임무를 수행할 수 없게 되자 부득이하게 벼슬을 사직하고 고향으로 돌아오게

---

11 『立齋遺孤』 卷之一 「梨亭. 別舍弟天用再龍」 "立馬長程北. 慘惔雲色悲. 崎嶇山海路. 怊悵別離時. 摻裾復何言. 努力更孜孜."

12 『立齋遺孤』 卷之八 「懷仁縣勸諭百姓文」

13 『立齋遺孤』 卷之八 「懷仁縣孝行人等褒異事狀」

14 『立齋遺孤』 卷之八 「懷仁縣補民廳看詳節目」

된다. 입재의 생평生平동안 가슴에 품었던 포부와 경륜의 시험은 이렇게 끝나고 만다.

마지막으로 학질을 앓기 시작한 57세로부터 이후로 잇달아 형제의 죽음을 겪으면서 인생의 비애를 맛보다가 자신도 끝내 다시는 일어나지 못하고 생을 마감한 68세까지를 투병마감기라고 하고 이 동안의 입재의 행적에 대해 살펴보자. 대략 10년 정도의 시기인데 질병으로 인해 학문을 저버린 사실에 괴로워하고 잇달아 형제들의 죽음을 경험하는 등 불우하게 보낸 시기이다. 입재는 61세 되던 해에 그간 앓던 학질로 인해 학문에 매진할 수 없게 되자 「경학부警學賦」[15]를 지어 초심을 저버린 자신의 태도에 대해 반성을 하였는데 이러한 행위는 결국 그가 학문에 대한 강한 애정과 집착을 가지고 있었다는 사실을 잘 보여주는 예라고 하겠다. 그리고 64세가 되던 해에 그토록 아끼던 아우 운소雲巢 재룡再龍의 죽음을 맞이하고는 감당할 수 없는 슬픔에 빠져 스스로 헤어 나오지 못하고 몸은 점점 더 쇠약해져 갔다. 그리고 자신의 마지막을 직감하면서 65세에는 「자지명自誌銘」을 지어 인생을 정리하였고 아들에게 이 글을 보여주며 자신의 사적을 과장하지 말라고 당부하였다. 그리고는 68세가 되던 1756년 3월 1일 별세하였다.

이상으로 입재의 68년 생애를 그의 아들인 택일이 지은 가장家狀을 중심으로 간략하게 살펴보았다. 집안의 내력인 병약함으로 인해 역동적이고 정력적인 사회활동을 기대하기는 어렵지만 타고난 총명함과 부지런함으로 인해 학자적인 소양과 능력은 충분히 갖추었으

---

15 『立齋遺稿』 卷之一 「警學賦并序」

며 비록 미관말직微官末職에 불과하였지만 이후 출사하여 일정하게 자신의 포부를 펼치기도 하였다. 그리고 영남지방에서는 보기 드물게 소론계열 학자로서 같은 소론인 명재 윤증을 사사하였고 귀록歸鹿 조현명趙顯命의 추천으로 출사도 하는 등 학자로서 자신과 사회에 대해 일정한 역할을 수행하였다고 하겠다. 한 마디로 입재의 생애를 정리하자면 그가 「자지명自誌銘」에서 표현한 바와 같이 "배움에다 뜻을 두었으나 학문을 이루지는 못하였고 자식을 두기는 했으나 후사를 잇지는 못하였네. 아아! 슬프구나. 어둡고도 적막함이여! 넓고 아득한 곳으로 놀면서도 길이 누가 없기를."[16]에 집약되어 있다고 하겠다. 인생에서 뜻한 바를 제대로 이루지 못하여 자신의 정서는 어둡고도 적막하기에 넓고 아득한 세상으로 마음껏 놀면서도 길이 허물이 없기를 소망하는 자유인의 의지를 읽을 수 있다.

3. 입재 강재항의 학문

입재의 학문을 논의하기 전에 먼저 그의 사승관계를 밝혀 입재의 학문적 위상을 간단하게 확인해보기로 한다. 입재는 우선 백부인 성

---

16 『立齋遺孤』 卷之二十 「自誌銘」 "志學而學不遂. 有子而子不嗣. 吁嗟乎冥乎寞乎. 游乎汗漫兮永無累."

건재省愆齋 강찬姜酇으로부터 가학家學을 배우게 된다. 그런데 성건재의 학문적인 연원은 영남의 학맥과는 다르게 기호지방의 소론이라고 할 수 있다. 성건재는 처음에 송강松江 정철鄭澈(1536~1593)의 손자이자 강릉부사江陵府使 정종명鄭宗溟(1565~1626)의 아들인 포옹抱翁 정양鄭瀁에게 배우다가 나중에 명재 윤증의 문인이 되었다. 따라서 성건재는 소론의 학맥을 계승한 인물이라고 하겠다. 입재는 자신의 백부에게 배우다가 성인이 된 후에 백부의 스승이었던 명재 윤증에게 사사를 받기 위해 니성尼城으로 편지를 보내어 그의 문인이 된다. 『입재유고立齋遺稿』에는 명재에게 올린 편지가 1통만 기록되어 있지만 『명재유고明齋遺稿』를 보면 명재는 1709년부터 1713년까지 4년에 걸쳐 4통의 답통을 보내고 있다. 이것으로 보면 스승 명재가 손자와 같은 제자인 입재를 얼마나 아꼈는지 알 수가 있는데 안타깝게도 명재는 마지막 편지를 보낸 이듬해인 1714년 별세하고 만다. 그런데 입재는 명재가 별세하기 1년 전인 1713년부터 다시 극재 신익황申益愰에게 편지를 보내어 가르침을 청한다. 『입재유고立齋遺稿』에는 극재 신익황에게 모두 9통의 편지를 보낸 것으로 되어 있고 『극재집克齋集』을 보면 극재는 모두 6통의 답통을 보낸 것으로 기록되어 있다. 이러한 상황으로 미루어 보면 입재의 학문적 열정을 엿볼 수 있다. 특히 명재明齋는 우계牛溪 성혼成渾의 외증손外曾孫으로 율곡의 학문적 입장을 견지하는 소론의 영수이다. 그리고 극재克齋는 처음에는 율곡의 학설에 경도傾倒되어 있다가 갈암葛菴 이현일李玄逸(1627~1704)을 만나고부터 퇴계의 학설을 긍정하기에 이른다. 다시 말하면 갈암葛菴을 만남으로 인해 학문적 입장과 소신의 변경을 가져온 것이다.

이런 극재克齋에게 학문적 가르침을 요청할 정도로 입재의 학문적 태도는 개방적이었다고 하겠다.

입재의 학문적 관심이 실로 광범위한 영역에 걸쳐 진행되었다는 사실은 현재 남아 전하는 그의 문집을 통해서 확인해 볼 수 있다. 우선 눈에 띄는 것은 역사에 대한 관심이 남달랐고 그러한 관심이 『동사평증東史評証』이란 저술의 형태로 남아 있다는 것이다. 이 책은 우리나라의 역사를 성리학에 바탕을 두고 사론의 형식으로 평을 가하여 저술로 집대성한 것이다. 아울러 이 책은 1748년에 우리나라 역사인 단군과 기자와 고조선, 그리고 삼한과 고려高麗까지 역대의 사적과 인물 등에 대해 256안설과 3소결로 총정리를 한 일종의 역사서이다. 집안의 영향으로 입재가 역사에 대해 깊은 관심을 가졌고 또 그러한 결과가 이 책의 저술로 이어진 것을 알 수 있다. 그리고 잡저인 「경서의의經書擬議」를 보면 그가 『주역周易』·『서경書經』·『시경詩經』·『맹자孟子』 등 다양한 경서에 대해 평소 가진 의문점을 총정리하였는데 이는 입재가 각종의 경전에 대해 깊은 이해와 식견을 가지고 있었다는 것을 알 수 있다. 또한 「일자대日者對」에서는 풍수지리·명당·택일·길일 등 음양술은 허구이고 인간의 길흉은 다만 선악에 달려있다는 인식을 드러낸 글이다. 입재가 경서 이외에도 풍수와 음양에 대해 상당한 정도의 이해와 식견을 소유한 사실을 알 수가 있다.

또한 논·변·의·설 등의 글을 보면 입재의 다양한 학문적 관심을 엿볼 수 있다. 논문으로는 「논이윤편어임論伊尹偏於任」, 「논이윤오취탕걸論伊尹五就湯桀」, 「태왕론太王論」, 「태백론泰伯論」, 「태서론泰誓論」,

「문왕론文王論」, 「논무왕불립상왕원자論武王不立商王元子」, 「논무미진선論武未盡善」, 「논어조비태공사論漁釣非太公事」, 「논진서論秦誓」, 「논맹자비조고論孟子非早孤」, 「연소왕론燕昭王論」, 「인상여론藺相如論」, 「예양론豫讓論」, 「논항우불도오강論項羽不渡烏江」, 「논한조욕폐태자論漢祖欲廢太子」, 「논번쾌論樊噲」, 「논주발論周勃」, 「왕위위론王衛尉論」, 「동경론東京論」, 「왕윤론王允論」, 「류선주론상하劉先主論上下」, 「삼국론상하三國論上下」, 「노숙론魯肅論」, 「진송론晉宋論」, 「송리종론宋理宗論」, 「감여론堪輿論」 등 모두 29편의 글이 있다. 이 가운데에는 경서에 관한 논문, 역사적 인물과 사실에 관한 논문, 왕조에 관한 논문, 풍수에 관한 논문 등이 주류를 이루고 있다. 그리고 변문으로는 「변이제전辨夷齊傳」, 「변다방해辨多方解」, 「노지교체비례魯之郊禘非禮」, 「문예어노자問禮於老子」, 「맹자비맹자자저孟子非孟子自著」, 「맹자어예문제도孟子於禮文制度.역심소략亦甚疎略」, 「상례종선조변喪禮從先祖辨」, 「온공우대형공溫公優待荊公」, 「사마부司馬孚」 등 9편이 있다. 이들 변문 역시 경서, 역사적 사실과 인물 등에 대해 변해辨解를 하고 있다. 또한 의문議文에는 「기자조주의箕子朝周議」, 「맹자불변태공고도의孟子不辨太公皷刀議」, 「설문청응영악과거의薛文淸應永樂科擧議」, 「정무사의政務私議」, 「봉건封建」, 「정전井田」, 「육형肉刑」, 「예禮」, 「악樂」, 「사민四民」, 「군병軍兵」, 「취사取士」, 「관제官制」, 「우형虞衡」, 「재용財用」, 「반록班祿」 등 16편의 글로 구성되어 있다. 주로 경서와 역사적 사실, 정치제도에 관한 내용을 주로 다루고 있다. 그리고 설문說文은 「역설易說」, 「논어설論語說」, 「부수설復讐說」, 「사공설事功說」, 「공사설工師說」, 「규설葵說」, 「양응자설養鷹者說」, 「산수설상하山水說上下」, 「의설醫說」 등 9편으로 이루어져 있다. 주요한 내용은 역시 경서와 산수, 의학과 상제에 관한 내용이 주류를 이루고 있다.

이상에서 살펴본 바와 같이 입재는 경서와 역사를 포함하여 학문의 다양한 분야에 깊은 관심을 보였고 또한 단순한 관심의 대상을 넘어 깊은 인식과 탄탄한 이론적 토대를 바탕으로 하여 직접 저술을 남기기도 하였다. 당대의 영남 남인학자들과 견주어볼 때 어느 한 영역에 집중하기보다 비교적 광범위하고 다양한 학문 영역에 관심과 식견을 가진 사실을 알 수 있다.

4. 입재 강재항의 문학세계

입재 강재항의 문집인 『입재선생유고立齋先生遺稿』는 모두 20권으로 이루어져 있는데 거기에는 총 846편의 시문詩文이 실려 있다. 이를 좀 더 자세하게 살펴보면 권1~권6에 걸쳐 시부詩賦가 609편이고 산문散文이 권7~권20에 걸쳐 237편이나 된다. 또한 시부詩賦 609편 가운데 시는 604편이고 부賦가 5편이다. 68년이나 지속된 입재의 일생에서 8년의 벼슬살이를 위한 출향기간을 제외하면 거의 60년 이상 궁벽窮僻한 봉화 고을에서 지내며 수천 권의 책을 섭렵涉獵하고 창작에 몰두하다시피 한 입재의 생애를 고려해볼 때 작품의 숫자는 그리 많지 않은 편에 속한다. 이것은 그가 남긴 기록물이 완전히 수집되고 책으로 간행되지 못 했던 데에도 상당한 원인이 있다고 하겠다. 다시 말하면 입재의 문집이 집안의 형편으로 인해 입재 사후에 바로 간행되지 못하고 우여곡절을 겪은 후에 간행된 것에 기인한다고 하겠다. 요컨대 입재의 문집은 이들 택일이 유고를 수집하여 편집까지 하였으나 급서急逝하는 바람에 인행하지 못하였고 경상도관찰사로 재직하던 반호盤湖 윤광안尹光顔(1757~1815)이 입재의 유집 간행에 관심을 보여 일정하게 관여하였으나 뜻하지 않은 화재를 만나 유고가 모두 소실되는 비운을 겪었다. 그러나 불행 중 다행하게도 윤광안尹光顔이 전사傳寫해놓은 저본底本 한 부를 화재 속에서 건져내는 행운을 맛보기도 하였다. 그렇지만 새옹지마의 경우처럼 또 윤광안尹光顔이 파직되어 함경도 무산부茂山府로 유배를 가는 바람에 역시 인쇄를 하지 못했다. 그러다가 입재의 6대손인 강욱이 종형 강일姜鎰, 아우 강훈과 의논하여 윤광안尹光顔의 교열본을 그대로 간행한 것이 오늘날 우리들이 접할 수 있는 입재의 문집이다.

이제 입재의 문학세계를 살펴보기로 한다. 논의의 대상은 산문을 제외하고 운문을 중심으로 살펴볼 것이며 운문 가운데서도 5편의 부를 제외하고 604제 709수의 시를 중심으로 논의하고자 한다. 다만 본고의 성격상 모든 작품을 다 거론할 수는 없고 그의 문학세계를 잘 드러낼 수 있는 관련 작품을 예거하는 수준에서 논의를 진행하고자 한다.

1) 우애와 思鄕

입재의 작품에서 특히 눈에 띄는 것은 형제간에 우애를 나누는 부분과 고향에 대한 그리움, 고향으로 돌아가고픈 애절한 심정을 표출한 작품이다. 세상에 누가 형제가 없겠는가마는 입재의 경우를 보면 좀 특이하게도 이와 관련하여 많은 작품을 남기고 있다. 입재 자신이 먼저 직접 시를 짓기도 하고 형제가 보내온 시의 운자에 차운하는 형식으로 작품을 짓기도 하였다. 그리고 벼슬살이를 위해 약 8년 정도 고향을 떠나 있었는데 68년 생애에서 이향의 시간은 그리 길지 않아 보이는데도 귀향에 대한 간절한 심정을 노래한 작품의 숫자는 비교적 많은 편에 속한다. 먼저 형제간의 우애를 엿볼 수 있는 작품 몇 편을 보기로 한다.

먼저 맏형의 운자에 차운하는 형식의 작품이다.

「酬伯氏韻」

征馬蕭蕭出郭歸	가는 말 쓸쓸히 울며 성곽을 나가 돌아가는데
嶺前風雪滿天飛	고개 앞에 풍설은 하늘을 가득 뒤덮어 날리네.
音書千里猶難寄	천리 길에 편지는 오히려 부치기가 어려운데
一讀新詩淚濕衣	한번 새로 지은 시 읽으니 눈물이 옷을 적시네.[17]

이 작품에서 시적화자는 풍설이 휘날리는 한겨울에 형을 이별하

17 『立齋先生遺稿』 卷之五. 294쪽.

고 타향에서 지내는 외로운 심정을 잘 노래하고 있다. 특히 고향으로부터 멀리 떨어져 있어서 편지를 자주 보내지 못하는 상황이기에 형이 새로 지은 시만 한번 읽어봄으로써 형제간의 우애를 나누는 부분이 시적화자의 눈물뿐만이 아니라 독자들의 눈물까지 아울러 자아낸다고 하겠다.

다음 예시 역시 백씨가 이별할 때 지어준 시에 차운한 작품이다. 우애가 각별한 형제가 어쩔 수 없이 헤어져 지내야 하는 아픔이 잘 나타나 있다.

「次伯氏留別韻」

鶺鴒飛盡暮山頭	날 저무는 산꼭대기에 할미새 죄다 날아가고
獨木橋邊客意悠	외나무다리 가장자리에 나그네 뜻이 길구나.
江水亦知離別恨	강물 또한 우리 형제 이별의 뜻 알아차리고
悲鳴嗚咽東西流	슬프게도 오열하며 동서로 갈려서 흘러가네.[18]

예시 작품 기구와 승구에서는 이별하는 시공간이 묘사되어 있다. 외나무다리와 산이 공간이고 해가 질 때가 시간이다. 특히 외나무다리의 '독'자와 모산의 '모'가 이별의 아픔을 더해주고 있다. 할미새는

18 『立齋先生遺稿』 卷之五. 302쪽.

전통적으로 형제를 상징하는 요소인데 이 할미새가 날아갔다는 것은 형제간의 이별을 나타내고 있다. 전구와 결구에서는 강물이 갈라져 흘러가는 모습을 등장시켜 역시 형제간의 이별로 비유하고 있다. 강물이야 시적화자 형제의 이별을 알 리가 없지만 소리치며 흘러가는 강물에다 이별의 슬픔을 머금은 채 각자 헤어지는 안타까운 심정을 감정이입시켜 노래하고 있다.

다음 예시는 아우 천용에게 차운하여 준 작품이다. 평소 너무나도 아끼던 아우이기에 작품에다 자형화紫荊花 고사를 인용하고 왕유王維의 작품을 연상시키는 구성을 하고 있다.

「次寄天用」

韶光駘蕩日遲遲	봄빛이 화창한데 해가 더디게 가니
東閣淸樽醲熟時	동각의 맑은 술통에 술이 익어갈 때이네.
遙想故園荊樹下	멀리서 생각하노니 고향의 자형나무 아래에
弟兄折得兩三枝	아마도 형제들이 두세 가지를 꺾었겠네.[19]

예시 기구와 승구는 화창한 봄날 동각의 술통에 술이 익어가는 때를 노래하고 있다. 이런 시간과 상황이라면 형제를 그리워하기에 아주 좋은 여건이다. 전구와 결구를 보면 객지에서 봄을 맞이하는 상황이다. 전구와 결구는 타향에서 고향의 일을 상상하여 표현하고

19 『立齋先生遺稿』 卷之五. 295쪽.

있다. 그것은 바로 고향의 자형나무(박태기나무) 아래[20]에서 형제들이 두세 가지를 꺾고 즐겁게 놀 것인데 자신만 참여하지 못하는 상황에 대한 안타까움을 나타내고 있다. 마치 당나라 시불詩佛인 왕유王維가 지은 「구월구일억산동형제九月九日憶山東兄弟」[21]란 시의 결구를 연상시킨다. 형제간의 깊은 우애를 엿볼 수 있는 작품이라고 하겠다.

마지막으로 죽은 아우 운소雲巢 재룡再龍을 꿈속에서나마 그리워하는 오언고시五言古詩의 형식으로 지어진 작품이다. 아우에 대한 사랑이 얼마나 대단했으면 꿈속에서 죽은 아우를 그리는 작품을 지었을까 하는 생각이 들게 하는 작품이다. 다시 말하면 형제간 우애의 절정을 보여주는 작품이라고 하겠다.

「夢天用」

爾死忽經歲　네 죽은 것이 문득 해를 넘겼는데도
我思何時已　내 생각은 어느 때에나 그치려는가?
夢中或相見　꿈속에서라도 혹시 서로 만나본다면
顔面依俙是　너의 얼굴빛이 이처럼 방불하기는 했네.
乍見輒飄散　잠깐 만나보고는 문득 흩어져버리니
飄散若風烟　흩어짐이 연기가 바람에 흩어짐 같네.
今夜復夢爾　오늘밤에 다시 너를 꿈속에서 보니
儀形更充然　거동과 형상이 다시 충실한 듯하네.
談笑如平生　웃으며 이야기하는 것 평소와 같아서

20 荊樹는 紫荊나무를 말하는데 紫荊花란 고사도 있다. 紫荊花는 형제가 화목하고 협심하여 잘 산다는 뜻으로 쓰였는데 『續齊諧記』에 나온다.
21 獨在異鄕爲異客. 每逢佳節倍思親. 遙知兄弟登高處. 遍揷茱萸少一人.

歡樂共怡怡　기뻐하고 즐거워하며 함께 웃었다네.
俄覺幽明隔　잠깐 꿈을 깨니 이승과 저승으로 갈려
執手淚交頤　손을 잡음에 눈물이 두 뺨을 적시네.
欲問冥間事　저승의 일에 대해서 물어보려고 하나
哽咽不成語　목이 메어서 말을 이룰 수가 없다네.
一言猶未畢　한마디 말도 오히려 마치지 못했는데
拂袖向北去　소매를 떨치고 북쪽을 향해 가버렸네.
冉冉數步間　염염하게 두어 걸음을 떼는 사이에
漠漠無歸處　막막하게 돌아갈 곳조차 없어졌다네.
號呼靡所及　울부짖으며 불러도 미칠 수가 없는데
晨鷄驚孤枕　새벽닭이 외로운 잠을 놀라게 하네.
開戶視去路　문을 열어젖히고 떠나간 길을 보니
落月如懸鑑　지는 달은 걸어둔 거울과 같다네.
暗暗白衣袖　어둠 속에 흰 옷의 소맷자락이
恍恍在眼前　어렴풋이 눈앞에 어른거리네.
孝友自天性　효도와 우애는 천성에서 나오는 것
淳朴眞可憐　순박한 태도가 진실로 가련하구나.
生乏赤米飯　살아서는 붉은 쌀밥도 먹지 못하였고
歿無靑箱傳　죽어선 푸른 상자에도 전하지 못하네.
命數雖云窮　운명과 운수가 비록 궁하다고 말해도
天理容有此　하늘의 이치는 이것을 용납함이 있다네.
吾生亦豈久　내 사는 것이 또한 어찌 오래 가겠는가?
朝暮從汝死　아침과 저녁으로 너를 좇아서 죽으리라.

冥冥九重泉　아득하고 어두운 저승의 세계에서
與汝復相攜　너로 더불어 다시 서로 손잡으리라.
得盡不盡歡　디 히지 못한 기쁨 디히리니
何必重悲悽　어찌 군이 다시 슬퍼할 것 있으리?[22]

막내아우인 운소雲巢 재룡再龍은 환갑이 되기 직전 해에 요절夭折하고 만다. 막내를 무척이나 아꼈던 입재立齋는 꿈속에서라도 그리워하던 아우와 형제간의 정을 나누고 싶었던 모양이다. 마침 꿈속에 아우가 나타났던지 「몽천용夢天用」이란 제목으로 자신의 아우에 대한 절절한 심정을 노래하게 된다. 꿈속에서 아우를 만나보고 잠깐 사이에 꿈을 깨고 나니 그 허탈함이 이루 말할 수 없다. 그래서 자신도 곧 아우를 따라가 저승에서 형제간에 못다 한 우애를 나누고자 하는 강렬한 의지를 노래하고 있다. 죽은 아우를 이렇듯이 그리워하여 시를 지을 정도라면 생전에 아우를 끔찍하게도 사랑했다는 사실을 알 수가 있다.

다음으로 입재는 고향을 떠나 타관객지에 머무를 때 고향으로 돌아가고픈 간절한 의지와 고향에 대한 강렬한 그리움을 노래한 작품들을 많이 남겼다. 이제 이들 가운데 몇몇 작품을 살펴보기로 한다.

먼저 가을날 고향을 추억한다는 제목의 작품이다.

「秋日憶故園」
風雨華山夕　풍우가 몰아치는 한양의 저녁에
霜飛百草稀　서리 날리니 백초가 드물구나.

---

22 『立齋先生遺稿』 卷之二. 86~87쪽.

遙知故園菊　멀리서 알겠네. 고향의 국화는
開花待人歸　꽃 피우고 내 돌아오길 기다림을.[23]

예시 작품 기구와 승구는 아마도 한양에 머물 때의 쓸쓸한 가을 풍경이다. 풍우가 휘몰아치는 저녁에 서리마저 내리니 온갖 풀인들 견뎌낼 수가 없다. 서리의 강력한 숙살기능肅殺機能 앞에 백초는 여지없이 시들어버리는 것이다. 전구와 결구는 고향의 국화가 곱게 피어 내가 돌아오기를 기다릴 것이라는 상상을 표출하고 있다. 사람이 기다리는 것이 아니라 국화가 나를 기다린다는 가정의 상상을 통해서 귀향에 대한 강렬한 의지를 노래하고 있다.

다음은 가을밤에 우연히 읊조린다는 제목의 작품이다. 고향을 떠난 사람에게는 사시사철 언제나 고향이 그립겠지만 가을이 되어 낙엽이 뒹굴고 날씨마저 스산해지면 더욱 고향을 그리게 되는 것은 고금古今의 인지상정이라고 하겠다.

「秋夜偶吟」
玉露松下滴　옥 같은 이슬은 소나무 아래로 떨어지고
秋草階上生　가을 풀은 뜨락 위에 듬성듬성 돋아나네.
萬里思歸客　만리타향에 고향가길 생각하는 나그네
孤燈此夜情　외로운 등불 아래 오늘밤 정이 깊구려.[24]

이 작품 기구와 승구는 가을의 상황을 그리고 있다. 이슬은 소나

23 『立齋先生遺稿』 卷之三. 175쪽.
24 『立齋先生遺稿』 卷之三. 182쪽.

무 아래로 떨어지고 가을 풀은 뜨락 위로 돋는 상황이다. 전구와 결구에서는 고향으로 돌아가지 못하는 나그네의 안타까운 심정과 고향을 그리는 애절한 마음을 잘 나타내고 있다. 심리적으로 이격離隔된 만리타향에서 고향으로 돌아갈 생각만 간절했지 정작 돌아갈 수 없는 밤 외로운 등불 아래에서 잠 못 드는 나그네의 강렬한 귀향의지를 읽어낼 수 있다.

우연히 읊조린다는 제목의 아래 예시 역시 간절한 귀향의 의지를 꿈속의 혼으로나마 달래고 있다. 단순하게 고향만 생각하는 것이 아니라 귀향에 대한 강렬한 의지를 표출하고 있다.

「偶吟」
家在千山萬壑　집은 일천 산 만 개의 골짜기에 있고
身留北郭東村　몸은 북쪽 성곽 동쪽 마을에 머무네.
終年奔走朝市　일 년 내내 조정과 시장에서 분주한데
魂夢頻歸故園　꿈속의 혼은 자주 고향으로 돌아가네.[25]

예시는 육언시로 기구와 승구에서는 고향의 모습과 자신의 현재 위치를 노래하고 있다. 고향은 천산만학千山萬壑으로 둘러싸인 궁벽窮僻한 시골이고 자신은 그 고향을 떠나 북쪽 성곽 동쪽 마을에 머물고 있는 나그네 신세라는 것이다. 전구와 결구에서는 현실에서는 귀향하지 못하고 꿈속의 혼만 고향을 자주 간다고 노래하고 있다. 꿈속의 혼으로만 귀향하고 현실에서는 고향을 가지 못하는 기막힌

25 『立齋先生遺稿』 卷之三. 194~195쪽.

상황을 제시함으로써 타향을 떠도는 나그네의 안타까운 심정을 절절하게 표현하고 있다.

마지막으로 가을날에 고향을 생각한다는 제목의 작품을 보자. 이 작품 역시 타향에서 고향을 가지 못하고 그리워하기만 하는 애틋한 정서가 잘 표출되고 있다. 개인적인 사정으로 고향을 떠난 것이 아니라 벼슬살이를 위해 고향을 떠난 것이기에 마음대로 돌아갈 수도 없는 처지이다. 또한 벼슬아치가 직무에 충실하지 않고 고향만 그리워하는 것은 자기 본분을 소홀히 하는 것이기에 사향에 대한 생각은 내면화될 수밖에 없고 따라서 그 정도는 더욱 강렬해진다고 하겠다. 작품을 살펴보자.

「秋日思故山」

禁園秋色冷凄凄	대궐 정원의 가을빛 처량하게도 차가워지니
孤客城東意轉悽	외로운 나그네 성 동쪽에 뜻이 슬퍼지는구나.
遙憶故山松栢下	멀리서 고향 소나무와 잣나무 아래를 생각하니
野田黃雀滿林棲	들밭을 나는 참새가 수풀 가득 깃들어 있으리.[26]

예시 작품 기구와 승구에서는 벼슬살이를 위해 고향을 떠나 서울

---

26 『立齋先生遺稿』 卷之四. 249쪽.

에 머물고 있는 시적자아가 처한 상황을 노래하고 있다. 가을이 깊어가는 서울의 외로운 성곽 아래에서 심각한 향수병에 시달리고 있다. 전구와 결구에서는 고향에서 벌어지는 상황을 안전의 일처럼 상상으로 묘사하고 있다. 그것은 바로 고향의 송백 아래에 참새가 숲 가득 깃들어 있을 것이라는 상상이다. 어릴 적에 산야를 뛰놀면서 경험한 사실을 아련한 추억으로 되새기며 고향에 돌아가 다시금 그 추억에 젖고 싶다는 것은 결국 귀향에 대한 간절한 마음의 표출이라고 하겠다. 어린 시절 겪은 실제적 체험을 절제된 언어로 묘사하고 있지만 사향의 강도는 더욱 강해져 있다고 하겠다.

2) 病中苦吟과 閒居自足

입재는 병약한 신체를 타고난 바람에 평생을 병마와 싸우면서 살았다. 그의 생애를 보면 이러한 사실을 알 수가 있다. 따라서 작품에도 와병을 소재로 작품을 남긴 것이 많이 보인다. 심지어 벼슬살이를 하다가도 병 때문에 사직하고 귀향하는 경우가 있었다. 사람은 병에 걸려 누워있을 때 진실해진다고 한다. 투병생활을 하면서 괴롭게 읊조릴 때 입재의 정서가 어떠했는지를 살펴보는 것도 의미가 있는 일이라 생각된다. 이제 병중에 읊은 입재의 작품을 살펴보고 그가 지향하고자 한 가치와 세계가 어떠한 것인지 확인해보기로 한다.

먼저 와병臥病하고 있을 때 눈앞에 경험한 사실을 곧바로 노래한 작품을 보자.

「病中卽事」

臥病十旬餘　앓아누운 지 백일 남짓 지났는데
窓外秋色早　창문 밖에는 가을빛이 이르구나.
兒童拾栗歸　아동들은 밤을 주워서 돌아오고
落葉久不掃　낙엽은 오래도록 쓸지 않았네.
閑將陳篇閱　한가롭게 묵은 책을 읽으려하는데
女兒來相倒　딸아이가 걸어오다 넘어지네.
揮手啼不去　손을 내저어도 가지 않고 울기에
旣嗔復還慰　성을 내었다간 다시 달래주네.
人情那可道　인정을 어찌 말로 할 수 있으랴?
覺此病中味　이것이 병중의 맛인 줄 깨닫겠네.[27]

오언고시인 이 작품의 1~2행은 100여일 정도 앓는 통에 계절이 여름에서 가을로 바뀐 사실을 노래함으로써 장병상태長病狀態에 있었음을 나타내고 있다. 3~8행까지는 병중에 겪은 사실을 노래하고 있다. 아이들은 밤을 주워오고 마당의 낙엽은 쓸지도 못했는데 병이 조금 차도差度를 보이니 오래 덮어 두었던 책을 펴보기도 한다. 아픈 아버지에게 무엇을 알려주려고 딸아이가 오다가 넘어져 울기에 오지 말라고 손사래를 쳐도 가지 않기에 다시 위로를 해주는 지극히 인간적인 면모를 그리고 있다. 9~10행에서는 바쁜 일상에서는 놓치고 지나가는 일을 병이라는 특수한 상황으로 인해 지극히 인간적인 면모를 비로소 느끼게 된다는 사실을 표출하고 있다. 건강할 때에는

27 『立齋先生遺稿』 卷之一. 43쪽.

간과했던 극히 인간적인 면모를 와병 중에 깨닫게 된다는 역설을 통해 자신의 병약함을 합리화하면서도 동시에 질병으로 인해 진실해지는 자신의 모습을 나타내고 있다.

아래 예시 역시 같은 제목의 작품이다. 병으로 인해 깨달은 사실, 즉 자신이 지향해야 할 가치를 표출하고 있다.

「病中卽事」
朝日當樓照　아침 해는 누각에다 밝게 비추고
曙光繞屋濃　새벽빛은 집을 둘러서 농후하네.
如何好時節　어찌하여 이렇게나 좋은 시절에
長作病衰翁　길이 병으로 노쇠한 늙은이 되었나?
野鳥窺窓語　들판의 새는 창문을 엿보고 말하고
山花映樹紅　산에 핀 꽃은 나무를 비춰 붉구나.
萬緣都已了　만 가지 인연 모두 그쳐 다했는데
得正卽吾衷　바름을 얻는 것이 곧 내 마음일세.[28]

예시 작품 두련은 날마다 벌어지는 자연의 경이로움을 노래하고 있다. 아침 해와 새벽빛은 언제나 어김이 없이 장관을 연출한다는 것이다. 함련에서는 질병으로 인해 경이로운 자연현상을 제대로 만끽하지 못하는 자신을 원망하고 있다. 특히 4행의 표현으로 보아 노쇠한데다 질병까지 겹쳐 오랜 시간 괴롭게 지내야 하는 자신을 원망한다는 사실을 엿볼 수 있다. 경련에서는 함련의 호시절에 대해 구

28 『立齋先生遺稿』 卷之四. 226쪽.

체적으로 묘사함으로써 그런 자연현상을 즐기지 못하는 자신의 처지에 대한 안타까운 마음을 역설적으로 담담하게 내면화시켜 그리고 있다. 자연물의 대표적 상징이라 할 수 있는 새와 꽃을 등장시켜 호시절을 나타내고 자신이 그러한 것을 제대로 즐길 수 없는 처지에 있음을 내면적으로 병치시킴으로써 안타까운 마음을 한 글자도 표현하지 않으면서 극대화시키고 있다. 미련에서는 병으로 모든 인연이 다해도 오직 올바름만은 지니겠다는 자신의 솔직한 심정을 노래하고 있다. 세상의 모든 일을 병으로 인해 누릴 수는 없어도 오직 마음속에 올바름만은 잃지 않고 굳게 가지겠다는 고백은 결국 학자로서, 선비로서의 본분을 유지하겠다는 강렬한 의지의 표현이라 하겠다.

아래 예시는 장병상태長病狀態에 있을 때 느낄 수 있는 인정세태를 노래하고 있다. 평소 건강할 때는 감지하지 못했던 삶의 일상적인 모습들이 긴 병으로 고생하고 있을 때 비로소 보인다는 평범해 보이지만 아주 의미심장한 내용을 노래하고 있다.

「病臥書懷」

桑陰鬱鬱栗花飛	뽕나무 그늘은 울울하고 밤꽃은 날리는데
落日春山宿鳥歸	지는 해 봄 산에는 잠자려는 새가 돌아가네.
一病三旬肌肉脫	한 달간 한 병으로 인해 살이 쏘옥 빠졌는데
門前車馬也來稀	문 앞의 수레와 말도 또한 오는 것이 드무네.[29]

이 작품 기구와 승구에서는 봄날의 일상적인 상황을 그리고 있다. 뽕나무 그늘 무성하고 밤꽃은 날리며 해지는 봄 산에 깃들이려는 새 돌아오는 어느 봄날의 한 장면이다. 자연의 순리대로 운행되는 질서를 느낄 수가 있다. 그런데 전구와 결구에서는 장병으로 고생하니까 인시가 표변함을 개탄하고 있다. 질병으로 한 달 정도 사람들과의 교류가 끊어지니 찾아오는 사람들이 점점 희박해져 문가장라門可張羅할 지경에 이른다는 것이다. 필요에 따라 움직이는 인정세태를 추상적으로 인식하다가 정작 병으로 고생해보니 몸 고생뿐만 아니라 마음고생까지 하게 된다는 개탄의 목소리를 내고 있다. 당나라 송지문宋之問이 지은 「별두심언別杜審彦」[30]의 기구를 연상하게 하는 내용이라고 하겠다.

다음은 자연 속에 한가하게 거처하면서 자족自足을 누리는 경지를 노래한 부분을 살펴보자. 출사를 위한 8년 정도의 이향기간을 제외하고 인생의 대부분을 고향에서 보낸 입재는 특히 자연 속에 묻혀 살아가는 은자로서의 삶에 스스로 만족하는 경지를 구가한 작품을 다수 남기고 있다. 이제 그 실체를 더듬어보기로 한다.

먼저 흥취를 내어 마음을 달래본다는 제목의 작품을 보자.

「遣興」

身世千山萬水　내 신세는 일천 산과 일만 물을 구경하고

生涯明月淸風　내 생애는 밝은 달과 맑은 바람을 누리네.

皇天剩借閒界　큰 하늘이 넉넉하게 한가한 세계 빌려주니

---

29 『立齋先生遺稿』 卷之五. 334쪽.

30 臥病人事絶. 嗟君萬里行. 河橋不相送. 江樹遠含情.

簞食不關屢空　도시락밥이 자주 비는 것을 관계하지 않네.[31]

예시 작품 기구와 승구는 자신의 신세와 생애를 노래하고 있다. 신세는 천산만수를 구경하면서 다니고 생애는 밝은 달과 맑은 바람을 누리는 자연인이다. 전구와 결구에서는 큰 은혜를 베풀어준 자연에 스스로 만족하는 삶의 태도를 보여주고 있다. 하늘이 시적자아에게 한가로운 세계를 넉넉하게 빌려주었기 때문에 자신은 크게 만족하여 도시락밥이 자주 비는 따위는 조금도 관계치 않는다는 태도를 나타내고 있다. 자연 속에서 한가롭게 살며 스스로 만족하기 때문에 가능할 수 있는 달관자의 여유를 엿볼 수 있는 작품이다.

다음은 한가롭게 산다는 제목의 작품으로 역시 자연 속에서 자족自足하며 살아가는 달관자의 여유가 느껴진다.

「閑居」

家住宜陽縣東　집은 의양현의 동쪽에 머물러 살고 있고
門對太白靑峯　대문은 태백산 푸른 봉우리를 대하고 있네.
丹雲碧草春夏　봄여름으로는 붉은 구름과 푸른 풀이 있고
素雪黃花秋冬　가을과 겨울로는 흰 눈과 누런 국화가 있네.[32]

이 작품 기구와 승구는 자신이 사는 곳을 나타내고 있다. 집은

31 『立齋先生遺稿』 卷之三. 196쪽.
32 『立齋先生遺稿』 卷之三. 197쪽.

의양현 동쪽에 있는데 대문이 태백산 푸른 봉우리를 대하고 있어서 천혜의 자연 속에 살고 있다는 것이다. 전구와 결구에서는 사계절로 대하는 경치를 노래하고 있다. 봄과 여름으로는 붉은 구름과 푸른 풀을, 가을과 겨울로는 흰 눈과 누런 국화를 만끽하며 사는 은자의 달관과 여유가 느껴진다. 시적자아가 개입함이 없이 객관적 시각으로 공간적인 환경만을 보여줌으로써 그 속에 숨어사는 사람의 한가로움과 자족의 경지를 엿볼 수 있다.

다음은 부질없는 흥취란 제목의 작품인데 내용상으로 볼 때 벼슬살이를 할 당시에 지은 것으로 보인다. 벼슬아치라고 하여 뽐내면서 군림하지 않고 자기 고을의 백성들과 스스럼없이 소탈하게 어울리는 치자의 여유와 자족의 경지가 엿보인다.

「謾興」

太守門前白日靜	태수의 대문 앞에 밝은 해가 고요하니
小溪流水繞孤城	작은 시냇물은 외로운 성을 둘러 흘러가네.
黃鶯枝上雙雙度	나뭇가지 위에 꾀꼬리 쌍쌍으로 지나가고
白鷺洲邊兩兩行	물 가장자리의 백로는 쌍쌍으로 날아가네.
鑪底香殘淡霧起	화로 밑에 향기 그치니 엷은 안개 피어나고
盃心酒冷微波生	술잔 가운데 술이 차가우니 가는 물결이 이네.

有時野客來相訪　때때로 들판에 사는 나그네 서로 찾아와서는
村話農談到深更　마을 이야기와 농사 이야기 밤 깊도록 나누네.[33]

예시 작품 두련은 현감으로 근무하는 관아의 모습을 묘사하고 있다. 작은 시내가 흘러가는 고요한 공간이다. 함련 역시 작시 당시의 상황을 묘사하고 있다. 나뭇가지에는 꾀꼬리가, 그리고 물가에는 백로가 쌍쌍으로 나는 한가로운 정경을 묘사하고 있다. 경련 역시 현감의 방안에서 펼쳐지는 한가로운 정경을 그리고 있다. 화로와 술잔이 그러한 분위기를 돋우고 있다. 미련에서는 촌로와 스스럼없이 어울리는 현감의 여유를 노래하고 있다. 현감이 무게를 잡고 근엄한 태도로 마음을 열지 않는다면 도저히 이루어질 수 없는 일이다. 현감이 촌로들과 격의없이 지내려고 먼저 마음의 문을 열었기 때문에 촌로들도 현감이라고 해서 전혀 어려워하지 않고 자연스럽게 어울려 밤이 이슥하도록 농담촌화를 주고받는 장면에서 소탈한 목민관의 여유와 자족의 경지를 엿볼 수 있다.

3) 민생에 대한 애정과 제도의 비판

입재는 8년간의 벼슬살이 가운데 약 5년 정도 회인현감으로서 목민관의 체험을 하게 된다. 회인현은 지금의 충청북도 보은군報恩郡

33『立齋先生遺稿』卷之六, 350쪽.

회남면懷南面과 회북면懷北面에 걸쳐 있었던 조그마한 시골 행정단위이다. 자기가 다스리던 고을 백성들의 삶에 깊은 관심과 애정을 가지고 선정을 베풀었던 입재의 민생에 대한 애정이 담긴 작품을 살펴보기로 한다. 아울러 백성들에게 고통을 가져다주는 제도적인 문제점도 날카롭게 지적함으로써 그로 인해 신음하는 민생들의 처지를 공감하고 있다.

먼저 74행에 이르는 장편의 오언고시 「고통」은 제목 그대로 백성들이 겪는 고통을 잘 묘사하면서 그들의 아픔을 따뜻한 시선으로 공감하는 내용을 담고 있다.

「苦痛」

小吏持府牒　작은 아전이 관부의 문서를 가지고
來示公堂前　관아 공당 앞에 와서 보여주네.
云是備局關　이것은 비국의 관문[34]으로
奉行莫後先　차례를 따지지 말고 거행하라.
首春泰運開　정월달에 태평한 운수가 열려서
陽和滿乾坤　태양의 온화한 기운 천지에 가득하네.
草木及昆蟲　풀과 나무와 곤충에게까지 미치는데
得時自蠢然　때를 얻어서 저절로 꿈틀거리네.
室男及室女　집안의 총각과 집안의 처녀가
嫁娶莫遷延　시집가고 장가드는 것 미루지 않네.
哀哉此惸獨　슬프다. 이 외롭고 고독한 사람은

34 關文은 동등한 관청 상호간 또는 상급 관청에서 하급관청으로 보내던 공문서를 말함.

賤貧失芳年 빈천하여 꽃다운 나이를 잃어버렸네.
況復幼孤兒 하물며 다시 이 어린 고아들은
伶俜誠可憐 외로워서 진실로 가련하구나.
凡此守土臣 무릇 해당 고을 수령은
宣布朝廷恩 조정의 은혜를 널리 펼쳐야 한다네.
或資之穀帛 혹 이들에게 곡식과 명주를 주고
或資之羔豚 혹 염소와 돼지를 준다네.
要使天壤間 그들로 하여금 천지의 사이에서
無有怨曠人 원망하고 혼자인 사람 없게 해야 하네.
男女之居室 남자와 여자가 가정을 이루는 것이
固人之大倫 진실로 사람의 큰 인륜이라네.
青宮方納嬪 동궁이 바야흐로 세자빈을 들일 때
百兩何轔轔 백 대의 수레에 물건을 실어 보냈네.
好色與民同 색 좋아하기를 백성들과 함께 한 사람
古有太王仁 옛날 어진 태왕과 같은 분 있었다네.
縣監聞此語 현감이 이러한 말을 듣고서는
感歎不能言 감탄을 하면서 능히 말하지 못했네.
乃召庭中吏 이에 현에 있는 아전을 불러서
敷告大小民 크고 작은 백성들에게 널리 포고했네.
民有金氏子 백성 가운데 김씨란 사람이 있어서
四十猶未婚 사십의 나이에도 오히려 미혼이었네.
母老恒疾病 모친은 늙어서 항상 병환을 앓으셨고
兄又窶而鰥 형님도 또한 가난한데다 홀아비였네.

糟糠不充腹　지게미와 겨로도 배를 채우지 못하였고
百結不掩身　백번 기운 옷으로도 몸을 가리지 못했네.
旣貧敢擇妻　이미 가난한데 감히 아내를 고르겠는가?
媒婆輒逢拳　중매하는 매파들 문득 주먹을 만났다네.
縣尹心所哀　현감은 마음으로 이를 슬퍼하면서
爲招其族親　그를 위해 친족들을 불러왔다네.
曉譬陳義理　의리를 진술하며 알아듣게 일깨우고
俾之速成姻　그로 하여금 속히 혼인하게 하였네.
其人含淚答　그 사람이 눈물을 머금고 대답하기를
官意誠懇懃　원님의 뜻이 진실로 간곡하오나
此子本無賴　이놈은 본래 의지할 데 없는 사람이어서
貧窮聞四隣　빈궁한 것은 네 이웃에 소문이 나있네.
今若爲之娶　지금 만약에 그가 장가를 든다면
必有子有孫　반드시 아들도 두고 손자도 둘 것이네.
年年役錢布　해마다 軍役으로 내는 돈과 삼베는
不知幾如干　얼마나 될 것인지는 알지 못하겠네.
彼其一身徭　저 한사람 몸의 요역만해도
害猶及鄰村　해로움이 오히려 이웃마을에 미치네.
今又重以此　지금 또한 이것으로써 거듭하니
堪當諒獨難　감당하기가 진실로 홀로 어렵다네.
此語誠苦痛　이 말씀이 진실로 고통스러워
愁焉傷肺肝　걱정근심으로 간과 폐가 손상되었네.
古昔先王時　옛날 선왕들이 정치를 할 적에는

喊化罔或愆　성대한 교화에 혹 그르침이 없었네.
分田及制祿　전지를 분배하고 봉록을 제정함에
四民無所偏　사방의 백성들에게 치우침이 없었네.
至治旣馨香　지극한 다스림은 이미 향기가 나서
嫁娶亦及辰　시집가고 장가듦이 또한 때에 맞았네.
極知聖主意　성스런 임금의 뜻 지극하게 알아서
推仁先孤貧　어짊을 먼저 고아와 빈자에게 미루었네.
大臣善承順　대신들은 성주의 뜻 잘 계승하고 따라서
迺此德政宣　이에 이렇게 덕이 있는 정치를 펼쳤다네.
眇爾在下風　조그맣게 지방에 있는 관리들은
固當勉自遵　진실로 마땅히 힘써 스스로 따라야 하네.
奈彼苦心事　저 괴로운 마음을 어이하리?
處置誠難便　참으로 처리하기가 진실로 어렵다네.
願言及我友　내 말이 벗들에게도 미쳐서
齊籲訴九天　일제히 임금님께 하소연하였으면.
鄙賤敢自達　비천한 몸이 감히 스스로 계달하노니
憂心獨悁悁　근심하는 마음 홀로 마음 아파하네.[35]

이 작품은 일종의 서사한시라고 할 수 있는데 모두 세 사람의 발화자가 등장한다. 제1발화자는 시인 자신이고 제2발화자는 아전이며 제3발화자는 40세의 노총각이다. 그리고 발화는 아니지만 매파와 족친이 등장하는 전형적인 서사한시이다. 1~2행은 관문이 포고되었

35 『立齋先生遺稿』 卷之一. 72~74쪽.

음을 알리는 시인의 서술, 3~26행은 관문의 내용, 27~28행은 시인의 감회, 29~43행은 시인의 관문, 44~54행은 40세 노총각의 사정 서술, 55~74행은 시인의 서술[36]이다. 전체적인 내용은 세자가 세자빈을 맞이하는 즈음에 은혜를 베풀어 남혼여가할 수 있도록 배려를 하였기에 입재는 나이 40이 되어도 장가를 들지 못한 김씨 아들이 장가를 갈 수 있도록 주선해 준 것이다. 그런데 김씨의 아들은 혼인을 완강하게 거부하고 있다. 왜냐하면 결혼 후에 자손들이 태어나면 많은 세금이 무겁게 부과될 것이고 그 피해와 고통은 자손들뿐만 아니라 이웃에게까지도 미치기 때문이다. 따라서 입재는 이 작품에서 장가를 들지 못한 것이 아니라 들지 않으려는 김씨 아들로 대표되는 백성의 입장표명을 통해 과중한 세금과 무분별한 징수방법의 정책 문제를 꼬집고 또한 백성들의 처지에 공감하는 애민정신의 일단을 드러내었다고 하겠다.

다음은 매곡현昧谷縣에 사는 노인을 만나서 나눈 이야기를 땔나무섶을 지고 간다는 제목 「부신행負薪行」으로 노래한 45행의 장편 칠언고시이다. 역시 입재의 백성들에 대한 애정과 제도의 문제점을 노인의 입을 통해 드러내고 있다. 아마도 이 작품 역시 회인현감으로 재직할 당시에 경험한 사실을 노래한 것으로 보인다.

「負薪行」

昧谷老人年九十	매곡 고을에 사는 노인 나이가 구십인데

36 南奉佑(2007). 前揭論文, 51쪽.

負薪行歌街道中 길거리에서 섶을 지고 가며 노래를 한다네.

自言身是良家子 스스로 말하기를 자신은 양가의 자제로서

生纔三日便充戍 출생 삼일 만에 문득 군대에 편입되었다네.

赤孩糢糊血色斑 벌거숭이 배냇물에 핏빛이 아롱져 있는데

木牌團團乳間傳 둥글둥글한 나무 패자 젖 사이에 전해졌네.

爺孃生子惟我在 부모들이 낳은 아들로는 오직 나만 있어서

愛惜不令堂下旋 나를 아끼느라 마루 아래로 못 내려가게 했네.

年年織貝八十尺 해마다 조개 무늬의 비단 80자를 짜고

熟絲貫穿百銅錢 삶은 실로는 백동의 돈을 꾸러미로 꿰었네.

不用官督自齎納 관청의 독촉 없이도 스스로 세금 납부하며

屠狗沽酒慰吏人 개를 잡고 술을 사서 아전들을 위로하네.

吏人稱善縣官喜 아전들은 칭찬하고 현감은 기뻐하면서

爭言此氓性最淳 이 백성들 성품 가장 순박하다 다투어 말하네.

爺孃旣歿兄弟多 부모님들 이미 별세하시고 형제가 많은데다

且有子侄及親姻 또한 아들과 조카에다 친척과 인척이 있다네.

一家納布十人俱 한 집에서 납부하는 삼베 열 사람 몫을 내니

布盡錢渴賣田宅 삼베 다하고 돈 떨어지니 밭과 집을 판다네.

賣田賣宅猶未已 밭과 집을 팔아도 오히려 그치지 아니하니

弟死兄亡子侄匿 형제가 죽어버리고 아들과 조카들도 도망갔네.

近親旣是袒免外 가까운 친척으로는 이미 팔촌을 벗어났고

遠姻又非彌甥舅 먼 인척으로는 또한 생질과 외숙도 아니네.

推之上下及遠近 이것을 상하와 원근 친척들에게까지 미루고

推之左右及前後 이것을 좌우와 전후의 이웃에게까지 미루네.

有若絲縷尋端緖 실낱과 같은 것에서 추적의 단서를 찾아내고

有若捕盜求蹤跡 도둑을 잡듯이 도망간 사람 종적을 캐묻네.

一家既當十家賦	한 집이 이미 열 집의 세금을 담당하고
一人又兼十人役	한 사람이 또한 열 사람의 군역을 겸하였네.
族徵尙可隣里何	족징을 할 수 있으니 인징이 무에 어렵겠는가?
一家逃亡百家俱	한 집이 도망가면 백 집이 함께 하였네.
我身旣老子孫亡	내 몸이 이미 늙었고 자손들도 도망가버리니
惟有老妻抱空廚	오직 늙은 아내만이 빈 부엌 지키고 있으면서
日日採薪易升米	날마다 땔나무를 하여 한 되의 쌀과 바꾸었는데
雜以糠粃聊充腹	지게미에 쭉정이 섞어 애오라지 배를 채웠다네.
我聞此語長歎息	내가 이 말을 듣고는 길이 탄식을 하노니
歸來伏枕睡不着	돌아와 베개 베고 누워도 잠이 오지 않는다네.
此事從此積爲弊	이 일은 이로부터 쌓여서 폐단이 될 것이니
八方百郡同凋瘵	팔도의 백여 개 군이 함께 병들고 시들었네.
前年伏讀十行綸	지난해에 엎드려서 열 줄의 교지를 읽으니

惻怛聖意溢言外　불쌍히 여기는 성주의 뜻이 말씀 밖에 넘쳐나네.
小臣待罪爲百里　소신들은 죄를 기다리며 백리의 고을 다스리나
目見民瘼莫之變　백성들 고통 목격하고도 변경하지 못한다네.
臣罪當誅其何辭　신의 죄 죽어 마땅하니 무슨 말로 변명하랴?
但願諸公隨方便　다만 바라건대 제공들은 방편을 따라서
要使民康國步晏　백성들 편안케 하여 나라의 운명 편안케 하소.[37]

이 예시 역시 서사한시라고 할 수 있는데 작품은 3단으로 구성되어 있다. 1단에서는 시인이 매곡노인을 만나게 된 경위를 서술하고 2단에는 노인이 자신의 곡절을 직접 진술하고 있으며 3단에는 노인의 말을 듣고 난 시인이 감회를 서술[38]하고 있다. 매곡昧谷은 회인현懷仁縣의 옛날 이름이다. 이 작품은 백성들이 겪는 군정軍政의 횡포와 고통에 대해 자세하게 서술하고 있다. 바로 황구첨정黃口簽丁, 인징隣徵, 족징族徵의 폐단이 적나라하게 그려지고 있다. 그리고 노인의 이런 고통을 듣고 잠을 이루지 못하며 괴로워하는 목민관의 모습도 그려지고 있다. 고통을 받고 있는 백성들의 처지에 공감하면서도 노인의 입을 빌려서 담담하게 당대 제도의 모순을 아울러 지적하는 태도

37 『立齋先生遺稿』 卷之二. 121~122쪽.
38 南奉佑(2007) 前揭書. 46쪽.

를 견지하고 있다. 마치 두보의 삼리삼별三吏三別[39], 백거이의 「진중음秦中吟」 10수와 「신악부新樂府」 50수를 보는 듯하다. 마지막 부분에서 이러한 고통을 근본적으로 치유하고 해결하지 못한 자신의 책임을 통감하면서 모든 목민관들은 백성들을 편안하게 하여 나라를 안정시켜야 함을 역설함으로써 입재의 민생에 대한 무한한 사랑을 엿볼 수 있겠다.

위에 예거한 두 작품은 백성들에 대한 사랑을 나타내면서도 동시에 당시 불합리한 제도의 문제점을 지적하고 제도 개선의 의지를 다소 실천한 부분을 노래하고 있다. 일선 민생의 현장에서 현감으로 일하는 동안 제도의 개선에 대해 충분히 공감하면서도 자신의 한계를 뛰어넘는 영역이기에 작품으로 형상화하여 제도의 문제점을 지적하고 있다고 하겠다.

다음은 가뭄이란 제목의 오언율시 작품이다. 농사를 지을 때 가뭄이 들면 바로 실농할 수 있기 때문에 예로부터 모든 사람들의 초미의 관심사였다. 특히 치자의 입장에서는 노심초사할 수밖에 없는 자연현상인데 입재의 심정이 어떠한지 살펴보자.

「旱」

四月風凄冷　사월에도 바람이 으스스하고 찬데
朝朝出日紅　날마다 붉은 해가 떠오르네.
林花乾更落　숲의 꽃은 말라서 다시 떨어지고
野航泥難通　시골의 배는 막혀서 가지를 못하네.

---

39 三吏三別은 唐나라 詩聖인 杜甫가 지은 「新安吏」와 「潼關吏」와 「石壕吏」의 三吏와 「新婚別」과 「無家別」과 「垂老別」의 三別을 아울러 이르는 말이다.

千畝桔橰動　너른 들판에 용두레질이 한창인데
萬家生意窮　수많은 집에 사람들 생계가 막막하네.
空齋悄獨坐　빈 서재에 근심스레 혼자 앉아서
默默只書空　묵묵히 한탄만 할 뿐이라네.[40]

두련에서는 가뭄의 조짐을 나타내고 있다. 여름의 시작인 사월에 찬바람이 불어대고 떠오르는 해는 붉기만 하여 가뭄이 들 것이란 전조를 그리고 있다. 함련에서는 가뭄의 초래하는 실제적인 결과를 노래하고 있다. 그것은 바로 숲의 꽃이 다 말라 떨어지고 들판을 흘러가는 도랑에 다니는 배가 진흙 때문에 움직일 수 없는 상황이다. 가뭄으로 빚어진 안타까운 상황이다. 최악의 상황은 경련에서 묘사되고 있다. 바로 가뭄의 직접적인 피해를 받는 농민의 실상이다. 일천 이랑의 들판에서는 농민들이 물을 푸는 용두레질을 힘겹게 하고 있어서 만가로 대표되는 모든 백성들이 살아갈 희망의 잃고 있다는 것이다. 미련에서는 아무것도 해줄 수 없는 치자의 무력감이 드러나 있다. '공空'자와 '독獨'자와 '지只'자와 '묵묵默默'자가 이를 잘 나타내고 있다. 모두 사람들이 들판으로 달려 나가 텅 비어 있는 집무실에 근심스럽게 홀로 앉아 말없이 허공에다 글만 쓸 수밖에 없는 상황이다. 다만 '초悄'자에서 그래도 농민들의 안타까운 처지에 공감하고 그들을 위해 무엇인가를 해야 한다는 의무감에 내재되어 있는 애정을 볼 수 있겠다.

다음은 가뭄과 정반대의 상황으로 지나치게 많이 내리는 비를 제

40 『立齋先生遺稿』 卷之三. 211쪽.

목으로 한 오언율시 작품이다. 비는 농사에 절대필요불가결한 요소이기는 하지만 이것도 지나치게 내리면 역시 실농으로 이어질 수 있다. 가뭄 못지않게 많이 내리는 비도 역시 근심의 대상이다.

「雨」

風雨當秋急　풍우가 가을철에 접어들어 급박하니
青山亂水分　청산에는 어지럽게 물이 나뉘네.
幽幽不見日　날씨가 어두워서 해를 보지 못하겠고
靉靉獨升雲　자욱하고 어둑하게 홀로 구름만 올라오네.
野屋渚宮望　들판의 집 초나라 저궁처럼 바라보고
瓦溜脩瀑聞　기와의 낙숫물은 긴 폭포처럼 들리네.
稻青禾未熟　나락은 푸르러 벼가 익지 않았는데
愁思自絲棼　근심스러운 생각 저절로 어지럽구나.[41]

예시 두련은 가을임에도 불구하고 많은 비가 내리는 최악의 상황을 노래하고 있다. 가을에도 풍우가 극심하여 청산에 물이 어지럽게 흘러내리는 모습이다. 심상치 않은 환경이 예고되고 있다. 바로 함련에서 심각한 강우의 현상이 그려지고 있다. 그것은 바로 어둑하게 구름이 끼어 비가 내리기 때문에 해를 볼 수가 없는 상황이고 한번 비가 몹시 내렸다가 잠시 주춤하는 사이에 구름이 다시 자욱하고 어둑하게 몰려드는 상황이다. 비가 계속되는 환경이 끊이지 않고 이어지고 있다. 경련 역시 심각한 강우의 결과를 묘사하고 있다. 들판에

41 『立齋先生遺稿』 卷之四, 230쪽.

있는 집은 이미 옛날 초楚나라 저궁처럼 물이 들어차 있고 기와 고랑에 떨어지는 낙숫물은 폭포소리처럼 들린다고 하여 엄청난 폭우의 상황을 나타내고 있다. 추수를 해야 할 가을에 느닷없는 가우로 인해 농민들이 근심과 고통이 극대화되는 순간이다. 미련에서는 이러한 농민의 처지를 공감하는 치자의 민생에 대한 애정이 드러나 있다. 누렇게 벼가 익는 들판이 연출되어야 함에도 불구하고 새파란 벼가 아직도 자랄 태세여서 한 해 농사가 실농으로 이어질 것이 분명하기에 농부의 마음은 바짝바짝 타들어갈 수밖에 없고 목민관의 심정 역시 그러하다는 것이다. 농민에 대한 생각으로 근심하는 작자의 고뇌와 함께 그들에 대한 애정을 바탕에 깔고 있음을 알 수가 있다.

마지막으로 용이 산다는 웅덩이를 제목으로 한 칠언절구의 작품을 보자. 예로부터 용은 비를 내리게 하는 신이한 능력이 있다고 알려져 있는 상상속의 동물이다. 그런데 입재가 읊은 용추의 용은 그렇지 않은 모양이다. 구름을 지어 비를 내리는 솜씨를 발휘하지 못하는 용이라고 하여 아주 무능한 용으로 그려지고 있고 따라서 약간 희화화의 대상이 되고 있다. 다시 말하면 작품의 소재가 되면서도 정작 중요한 의미는 나타내지 못하고 있다. 작품의 내용을 보자.

「龍湫」

循山幷水八千尺　산을 따르고 물을 아우른 것 팔천 척인데

瀑沛巖下龍作湫　폭포암 아래에 용이 사는 웅덩이가 있네.
潛伏不施雲雨手　용은 잠겨서 운우의 솜씨를 베풀지 않으니
荒年誰解吾民愁　흉년에 누가 우리 백성의 근심 풀어 주랴?[42]

예시 작품 기구와 승구는 용추의 모습을 그려놓고 있다. 산수에 걸쳐서 8,000척이나 되는 폭포의 바위 아래에 용이 사는 용추가 있다는 것이다. 용이 사는 환경이 매우 신령스러움을 묘사하고 있다. 전구와 결구에서는 용답지 못한 용을 비판하면서 민생에 대한 걱정을 직설적으로 노래하고 있다. 용의 임무는 비를 불러서 내리게 하는 것인데 용추의 용은 그러지를 못하니 더 이상 용이라 할 수 없다. 따라서 가뭄으로 고통을 받고 있는 민생의 어려움을 해결해 줄 수 있는 해결자의 도래를 간절히 바라고 있다. 이 작품은 가뭄 해결에 아무런 도움이 되지 못하는 용을 등장시키고 가뭄을 해결해 줄 수 있는 어떤 대상의 등장을 갈구하는 구도를 통하여 자신의 민생에 대한 사랑을 내면화시키고 있다고 하겠다.

4) 역사에 대한 관심과 인식

입재는 개인적으로 역사에 대한 관심을 가질 수밖에 없는 환경에

42 『立齋先生遺稿』 卷之五. 295쪽.

서 자랐다고 하겠다. 다시 말하면 서울에 거주하고 있던 집안이 경상도의 벽촌인 봉화로 이주한 주된 원인이 바로 병자호란이었기 때문이다. 번화한 서울을 등지고 오지로 숨어든 이유가 바로 비개한 오랑캐가 문명국을 침입한 사실을 결코 용인할 수가 없다는 자존심의 문제였기 때문인데 그러다보니 자연스럽게 입재는 호란에 대해 큰 관심을 가지게 되었고 나아가 역사 전반에 대해 광범위한 천착을 하게 된 것으로 추측할 수 있겠다. 그 결과물이 『동사평증』으로 나타나고 또 몇몇 한시작품에서 역사적인 문제에 대한 관심을 나타내게 되었다고 하겠다. 이제 그 구체적인 상황을 확인해보자.

먼저 임진왜란의 아픈 역사가 깃들어 있는 탄금대를 노래한 작품을 보자.

「彈琴臺」
朝出忠原道　아침에 충원 길에 나갔다가
駐馬彈琴臺　말을 탄금대에 멈추었네.
彈琴臺下雲黑色　탄금대 아래에 구름 빛이 검고
古木慘惔波聲哀　고목은 참담하고 파도 소리 슬프네.
往事憑誰問　지나간 일을 누구에게 물어볼꼬?
野鳥自啾喧　들판을 나는 새 저절로 시끄럽네.
昨夜炮聲四面起　어젯밤 포성이 사방에서 일어나더니
蠻歌獠笛滿江村　오랑캐 노래와 피리 강마을에 가득하네.
三軍力盡元帥死　삼군을 힘을 다하고 원수는 전사하니
江水不流波成血　강물도 흐르지 않고 파도는 피를 이루네.

波成血流入漢陽城東活活　파도가 이룬 피 한양성 동쪽으로 활발하게 흘러들어가네.
六龍西狩箕子城　임금은 서쪽의 기자성으로 몽진을 가고
百官跣足走荊棘　일백 관리들 맨발로 가시밭길을 달리네.
景福宮中火連天　경복궁 가운데 불길이 하늘에 닿으니
百萬生靈盡魚肉　백만 백성들은 모두 어육이 되었네.
或言忠原乃京城之藩蔽　혹자는 충원이 곧 경성의 번폐라 하고
鳥嶺乃忠原之險塞　조령이 곧 충원의 험한 요새라고 말하네.
欲保京城守忠原　경성을 보존하려면 충원을 지켜야 하고
欲守忠原據鳥嶺　충원을 지키려면 조령에 근거해야 한다네.
嗚呼申摠兵　아아! 신 총병이여
躍馬奮勇何所逞　말을 타고 떨친 용맹 어디에 펼쳤던가?[43]

한마디로 입재는 탄금대에서 전사한 신총병의 태도를 못마땅하게 여기고 있다. 선조가 몽진하고 수많은 백성들이 도륙된 커다란 책임이 조령을 사수하지 못하고 탄금대에다 배수진을 친 신립申砬(1546~1592)의 작전실패에 있다고 인식하고 있다. 배수진은 병법에서도 매우 금기시하는 진법으로 아무나 칠 수 있는 것이 아니

43 『立齋先生遺稿』 卷之二. 100~101쪽.

고 한나라의 한신과 같은 역량을 갖춘 사람만이 칠 수 있다고 하는데 신립이 경홀하게 생각하고 자신도 한신과 같은 전공을 세워보고자 하는 욕심에서 조령을 포기하고 탄금대에다 배수진을 친 사실을 은근히 비판하고 있다. 탄금대에서 아무리 결사항전의 자세로 용감하게 싸웠지만 이것은 이미 핵심을 놓친 무의미하고 공허한 행위라고 마지막 행에서 적시하고 있다. 안타까운 역사적 사실을 초래한 원인에 대해 정확하게 짚어내는 입재의 역사적 혜안이 드러난 작품이라고 하겠다. 입재는 「김덕령전金德齡傳」과 「장의사사진전張義士士珍傳」[44]을 지었는데 이 두 편의 입전立傳 내용을 보면 모두 임진왜란에서 지형지물地形地物을 이용하여 승리를 거둔 사실을 언급하고 있다. 작전이란 지형지물의 이점을 최대한 활용하여야 승리를 거둘 수가 있는데 신립은 조령의 험준한 지형적 이점을 포기하고 탄금대에다 배수진을 침으로써 결과적으로 대패한 사실을 지적하고 있다. 결국 탄금대의 패배는 전략의 부재에 기인하고 있다고 입재는 지적하며 아쉬워하고 있다.

다음은 입재의 집안을 이주하게 한 직접적인 원인 제공의 호란에 관한 작품이다. 먼저 남한산성의 일을 읊은 「남한행南漢行」이란 한시이다.

「南漢行」

咄咄唧唧上孤城　탄식하고 투덜대며 외로운 성에 오르니
日落西江雨如傾　해 지는 서강에 비는 퍼붓듯이 쏟아지네.
往事悠悠千古傳　지나간 일은 아득하게 천고에 전하는데

44 『立齋先生遺稿』 卷之十九.

時議紛紛百世評　당시의 논의 분분하게 백세에도 평가하네.
鴨綠天塹古來險　압록강의 천연적인 요새 고래로 험난한데
肯使胡虜拔我旌　오랑캐들이 우리 깃발 뽑게 했네.
區區一城安足保　조그마한 일개 성을 어찌 보전하랴?
廟謨終歸皮幣成　묘당의 계책 마침내 화의로 결정되었네.
懲前毖後此其時　징전하여 비후하는 것[45] 지금이 곧 그때인데
諸公且莫誇升平　제공들은 또한 태평함을 자랑하지 말라.
撫枕中夜思輾轉　한밤중에 베개를 쓰다듬으며 전전반측 생각하니
山杏花下杜宇聲　산 살구나무 꽃 아래에 두견새가 우는구나.[46]

예시 작품 1~2행은 해저물녘 퍼붓는 비를 뚫고 혀를 차며 산성을 오르는 장면을 묘사하고 있다. 3~4행은 오랜 세월이 흘렀음에도 불구하고 여전히 논란의 대상이 되는 주화主和와 척화斥和에 대해 언급하고 있다. 5~6행은 천험의 요새도 소용없이 오랑캐가 우리 강토를 침입한 사실을 언급하고 있다. 7~8행은 결국 오랑캐를 막을 방법이 없어서 척화를 버리고 주화로 묘당의 결정이 난 사실을, 9~10

45 懲前毖後는 지난날을 징계하여 훗날을 삼간다는 의미로 『詩經·周頌·小毖』에서 유래한 말임.
46 『立齋先生遺稿』 卷之二. 101~102쪽.

행은 치욕적인 역사적 사실에서 교훈을 얻어야 함을 역설하고 마지막 연에서는 민족적 자존심이 걸린 문제여서 쉽게 용납이 안 되는 작자의 분심忿心을 노래하고 있다. 전체적으로 작자는 주화보다는 척화의 입장에 서있으면서도 같은 비극을 되풀이하지 않도록 역사에서 교훈을 얻어야 함을 역설力說하고 있다.

아래 예시도 앞의 시와 관련이 있는 「삼전도三田渡」란 제목의 시이다. 우리 역사상 가장 치욕적인 항복 가운데 하나가 바로 이 삼전도에서 인조가 한 항복이다.

「三田渡」
南漢城頭一歎息　남한산성 성 머리에서 한번 탄식하고
三田渡口再歎息　삼전도 나루어귀에서 두 번 탄식하네.
歎息歎息何歎息　탄식하고 탄식하는데 왜 탄식하는가?
歎息崇禎之丁丑　숭정의 정축년 오랑캐 일을 탄식한다네.
丁丑年間國事何岌岌　정축년 사이에 나랏일 어찌나 급급했는가?
胡騎長驅入我國　오랑캐 기병 길이 몰아 우리나라에 쳐들어왔네.
入我國三日　우리나라에 쳐들어온 것 삼일만이고
疾馳二千里　빠르게 이천리 길을 달려왔다네.
據我漢陽城　우리 한양성에 웅거하여
食我三江畤　우리 한강의 길목을 차지했네.
至尊馳馬入南漢　지존께서 말을 달려 남한산성에 들어오니

百官跣足走荊棘 일백 관리들 맨발로 가시밭길을 달리네.
胡人縱兵來攻城 오랑캐들 군사를 풀어 성을 공격하러 오니
雲梯衝車動山岳 구름사다리와 충돌하는 차가 산을 뒤흔드네.
三軍苦戰力已竭 삼군들 괴롭게 싸우느라 힘이 이미 다하고
四方援兵皆潰散 사방의 구원병들 모두 궤멸되어 흩어졌네.
已而江都破 이미 강화도는 격파되었고
都副檢察捧頭乘舟鳥獸竄 도부검찰은 머리 쳐들고 배 타고 짐승처럼 도망갔네.
事至無奈何 일이 어찌할 수 없는 지경에 이르니
於是倡和議 이에 화평하자는 논의가 일어나네.
初言和再言降 처음엔 화의하자더니 두 번째는 항복하자네.
靑衣出世子質 푸른 옷을 입고 나가고 세자는 인질이 되었네.
我人哭胡人歌 우리들은 통곡하고 오랑캐들은 노래하며
碑文作碑文書 비문을 짓고 비문의 글씨를 쓰네.
立之漢江江上頭 한강 강물 위 머리에 비석을 세우니
文法奇壯筆法如 문법은 기이하고 장대하며 필법도 같다네.

行人過者指而言 지나가는 행인들 손가락으로 가리키며 말하는데
云是汗之勝戰碑 청나라 태종의 승전비가 이것이라 말을 하네.
勝戰碑下江水流 승전비 아래에는 한강물이 흘러가는데
千載萬載波聲悲 천 년 만 년 물결의 소리 구슬프네.
至今皮幣走薊門 지금 항복의 폐백 가지고 계문으로 달려가니
畏天誠心靡不至 하늘을 겁내는 성심이 무엇보다 지극하네.
當時謀國果何人 당시에 나라를 도모하던 사람 과연 어떤 사람인가?
千里畏人豈謂智 천리로써 사람을 겁내니 어찌 지혜롭다 하리오?
前既寡謀後不戒 앞에도 이미 도모가 적고 후에도 경계하지 아니하니
子孫萬世遺深耻 자손 만세에 깊은 부끄러움을 물려주게 되었네.
少康一旅衆 소강은 일려의 군사만 남았고
秦穆三敗餘 진목공은 세 번의 패배를 당하였으며
句踐甲盾五千人 월나라 구천은 오천 명의 군사만 남았고
燕昭敗亡初 연나라 소왕도 처음으로 패배하였지만
皆能有志能復讎 모두 복수할 뜻이 있어서 능히 복수를 하였으니

靡明蠡毅眞賢士　미와 맹명과 범려와 악의는 참으로 현사였네.[47]

我聞當時人有諺　내가 당시에 사람들 속담으로 말하는 것 들으니

崔大夫笑鄭大夫刺　최대부는 비웃고 정대부는 자결시도 했다네.

一笑一刺何所爲　한번 비웃고 한번 자결시도 한들 무엇을 하겠는가?

謀國不以笑刺致　나라를 도모함은 비웃음과 자결시도로 이룰 수 없는 것.

我願君王恢大志　나는 바라건대 군왕이 큰 뜻을 크게 가져서

任賢使能行德政　덕정을 펼침에 어진사람 맡기고 능한 사람 부리기를.

率我歡欣皷舞民　우리 기뻐하면서 고무하는 백성들을 거느려서

應彼中原遺黎者壺醬迎　저 중원의 백성들 간장 싸들고 오는 사람들 맞으세.

掃盪胡虜無遺類　오랑캐들 모조리 쓸어버려 한 놈도 남기지 말아서

漠南漠北皆淸淨　고비사막 이남과 이북을 모두 깨끗이 청소하리라.

47 미靡는 하夏나라 신하이고 맹명孟明은 백리해百里奚의 아들인 백리시百里視의 자字로 목공穆公의 신하이다. 그리고 범려范蠡는 구천句踐의 신하이고 악의樂毅는 소왕昭王의 신하이다.

然後取此碑　그런 뒤에 이 오랑캐 전승비를 가져다가

投之滄海風濤浩渺中　드넓은 창해의 파도치는 물결 가운데로 던져버리리.

乃作武宮告成事　이에 무궁[48]에다 성공한 사업을 보고하는 글 지어서

用洗神人幽憤豈不鴻　귀신과 사람의 분노를 씻는다면 어찌 크지 않으랴?[49]

예시 작품은 삼전도에서 청나라 태종에게 항복하는 치욕적인 사건의 전말과 승전비를 세우는 과정, 척화에서 화의로 반전되는 상황을 기술하면서도 우리가 이런 치욕을 씻을 수 있는 방법, 소강과 진목공과 월나라 구천과 연나라 소왕의 중국 고사를 인용하여 미麋와 맹명孟明과 범려范蠡와 악의樂毅 같은 현사賢士들이 보좌를 잘 한다면 얼마든지 복수할 수 있는 가능성, 오랑캐들을 완전히 쓸어버리고 치욕의 상징인 청나라 태종의 승전비勝戰碑를 바닷물에 던져버리고 치욕을 씻으려는 의지와 결기를 노래하고 있다. 청 태종의 승전비를 소재로 하여 패전의 굴욕, 각석刻石 과정, 승전비의 위용偉容, 패전 후의 암울한 국내 상황, 석공石工의 이야기, 시적화자의 현실인식을 나타낸 「삼전석三田石」[50]이란 작품도 있다.

위의 두 예시例示 작품 역시 입재가 지은 「김응하전金應河傳」과 「임경업전林慶業傳」[51]의 입전시각立傳視角과 일치하고 있음을 알 수 있다.

---

48 武宮은 敵軍의 시체를 장사지내어 자신들의 武功을 자랑스럽게 나타내는 높은 陣壘를 말함.

49 『立齋先生遺稿』 卷之二. 105~107쪽.

50 『立齋先生遺稿』 卷之一. 68~70쪽.

인물전에서 말하는 두 인물 모두 청淸과의 화의和議를 반대하고 주전主戰할 것을 주장하고 있다. 이런 인물들을 입전한 의도는 다분히 입재 역시 주화보다 척화의 입장에 서있기 때문이다. 따라서 산문에서 보이는 입재의 시각이 운문인 시에서도 유사하게 나타난다고 하겠다.

다음은 백제를 평정하고 세운 비석을 제목으로 하여 지은 작품이다. 아마도 회인현감으로 재직할 당시에 직접 평제비를 목격하고 지은 것으로 추정된다. 역시 입재의 역사에 대한 관심과 인식을 엿볼 수 있다.

「平濟碑」

大唐天子喜邊功　대당의 천자가 변방의 공을 기뻐하여
百濟城下雙竪碑　백제성 아래에다 쌍으로 비석을 세웠네.
碑中細字大如掌　비석 가운데 가는 글자가 손바닥 같이 크니
頭盤螭龍趺靈龜　머리엔 이룡이 서리고 거북이 받침을 하였네.
平生性癖耽奇古　평생의 성벽이 기이하고 오래된 것을 탐내어
辛勤搨來仔細考　부지런히 탑본을 해 와서 자세히 살펴보았네.
至今上下一千年　지금 위 아래로 일천년이나 지나고 보니
字畫剝落莓苔老　글자의 획은 떨어져 나가고 이끼가 늙었네.

51 『立齋先生遺稿』 卷之十九.

定方宣力仁願繼　소정방은 힘을 펴고 유인원은 계승하였고
前有懷素後存誠　앞에는 회소[52]가 있고 뒤에는 존성이 있네.
篆額僅識大唐字　전서로 쓴 비석 머리엔 대당 글자만 겨우 알겠고
序次只存仁願名　순서의 차례에는 다만 유인원 이름만 남아있네.
大唐仁願去已久　대당의 유인원은 떠나간 지 이미 오래되었으니
荒草埋沒野田中　황량한 풀에 매몰되어 들판 밭 가운데 뒹구네.
萬里東韓溟渤間　만 리 먼 동쪽 삼한과 발해 바다는
五帝三王所未通　오제와 삼왕이 아직까지 교통하지 않았네.
唐皇何事瀆威武　당나라 황제는 무슨 일로 무력을 더럽혀서
遠與新羅修嫌隙　멀리 신라로 더불어 혐의의 틈 마련했나?
蠻夷相攻自其性　오랑캐들이 서로 공격함은 절로 그들의 성품인데

52 중국 唐代의 僧侶이자 書藝家로 속세의 성은 錢氏요 자는 藏眞으로 湖南省 永州 零陵 사람이다. 어려서 불도로 입문하여 종형제인 오동으로부터 王羲之의 『惡溪帖』, 王獻之의 『騷勞帖』을 얻어 古釵脚의 서법을 익혔다. 만년 顔眞卿을 만나 屋漏痕의 법을 듣고 스스로 夏雲의 奇峯을 보고 壁拆의 법을 터득하였다. 그 書筆은 張旭의 狂草의 흐름을 따랐고 술에 취하면 寺刹의 벽이든, 마을의 담벽이든, 옷자락, 그릇, 접시 등 닥치고 잡히는 대로 써 갈겼다 한다. 작품에 『自敍帖』, 『草書千字文』, 『聖母帖』, 『藏眞律公帖』 등이 있다.

不勞天王窮兵力	천왕이 병력을 다하는 수고로움을 할 필요가 없네.
務德不聞務廣地	덕을 힘쓰고 땅 넓히기를 힘쓴다는 말 듣지 못했고
傷財又復傷民命	재물을 손상시키고 또 다시 백성들 목숨 손상시키네.
滅國虜王何快心	나라를 멸망하고 왕을 포로로 잡는 것이 어찌 마음에 상쾌한 일인가?
夷社廢祀非仁政	사직을 망치고 제사를 끊는 것은 어진 정사 아니라네.
姑衍壇禪今無壇	고연이 선위하던 제단은 지금 남은 터도 없이 사라졌고
燕然勒石空有號	연연이 공적을 새겼던 비석은 공연히 이름만 남아있네.
片石孱顔竟何語	산 위에 세운 한 조각 비석 마침내 무슨 말을 하는가?
山雨江風鳥獸嘷	산에 비 내리고 강에 바람 불며 짐승들도 울부짖네.
虞廷十旬格有苗	순임금 조정은 백 일만에 유묘씨가 귀순하게 했고
高宗三年伐鬼方	은나라 고종은 삼년이나 귀방을 정벌하였다네.
帝王禦戎此上策	제왕들이 오랑캐를 막는 것에 이것이 상책인데

秦皇漢武安足臧　진시황과 한나라 무제는 어찌 족히 착하겠는가?

麗濟自是荒服外　고구려와 백제는 본래 항복이 바깥에 있는데

衣裳不與中華同　의상과 복식이 중화로 더불어서 같지 아니하네.

德則從焉不德否　덕이면 곧 따르고 부덕하면 따르지 아니하니

一朝翦滅豈其洪　하루아침에 무력으로 멸망시킴을 어찌 크다고 하랴?

先王耀德不觀兵　선왕들은 덕을 빛내었지 병력은 보지 아니하였으니

謀父當年陳厥謨　주나라 목왕의 모보가 당년에 그 계책을 진술하였네.

異代興亡今蕭條　다른 시대의 흥성과 패망이 지금에 와서 쓸쓸하니

長安扶餘共虛無　당나라 장안과 백제의 부여가 함께 허무하구나.[53]

입재는 오래된 비석의 내용이 궁금하여 탑본을 해가지고 와서 볼 정도로 역사에 대한 관심이 많았다. 당나라 황제가 세운 전승의 비석을 탑본하여 그 내용을 보고는 그들이 백제를 침공한 사실을 비판

53 『立齋先生遺稿』 卷之二. 125~126쪽.

하고 한 나라를 멸망시키는 행위는 부질없는 짓이란 사실을 이전의 역사적 사건을 들어서 역시 비판하고 있다. 오히려 중국 고대의 제왕들처럼 덕을 가지고 사방의 나라들을 대하여야 사방이 귀순하고 생민의 재산과 목숨을 살상하지 않고도 평화롭게 지낼 수 있음을 힘주어 말하고 있다. 무는 덕을 결코 이길 수 없다는 진리를 백제가 망한 역사적 사실에서 교훈으로 얻어야 함을 작자는 이 작품에서 강조하고 있다고 하겠다.

5. 결론

입재 강재항은 조선 후기인 17세기 후반에서 18세기 중반을 살다간 인물이다. 그는 남인들의 본거지인 경상도 북부지방에서 보기 드물게 남인에 동조하지 않고 소론의 정치적 입장을 견지하며 살았다. 그러면서도 남인들과는 일정하게 혼인을 하는 등 크게 정치적 반목없이 당대를 무난하게 지냈다. 근본적인 원인은 집안이 호란 이후로 서울을 떠나 경상도로 이주한 것과 정치적 입장이나 학문적인 태도에 있어서 교조적이라기보다는 융통성을 지닌데 있다고 하겠다. 그래서 입재는 소론의 영수인 명재 윤증에게 사사하면서도 남인의 학풍을 지닌 갈암 이현일의 제자인 극재 신익황에게도 배울 수가 있었다. 이와 같은 사상과 태도의 유연성 때문에 남인南人의 본거지에서 일정하게 활동영역을 가지면서도 당대의 지식인으로 충분히 기능할 수 있었다고 하겠다. 이제 본론에서 논의한 입재의 문학세계의 내용을 몇 가지 항목으로 요약하여 결론으로 삼고자 한다.

먼저 우애와 사향을 노래한 작품이 있다. 입재는 가족간의 정리를 매우 중요시하였고 그것은 바로 형제간의 우애라는 형태로 나타났다. 형과 아우에게 시를 지어주거나 차운하고 또 일찍 죽은 아우를 꿈속에서 그리는 등 형제간의 우애를 특히 많이 다루고 있다. 그리고 8년간의 벼슬살이로 인해 고향을 떠나 타관객지에 머무를 때 고향으로 돌아가고픈 간절한 의지와 고향에 대한 강렬한 그리움을 노래한 작품도 더러 남겼다.

두 번째 병중고음과 한거자족을 노래한 작품이 있다. 입재는 병약한 신체를 타고나는 바람에 평생을 병마와 싸우면서 살았고 따라서 작품에는 와병을 소재로 작품을 많이 남겼다. 병에 걸려 누워있을 때 진실해진다든가 병으로 인해 깨달은 사실을 노래한 작품, 몸은 비록 병으로 고생하고 있지만 마음속에 올바름만은 잃지 않고 굳게 가지겠다는 고백을 나타낸 작품도 있다. 그리고 자연 속에 한가하게 거처하면서 자족自足을 누리는 경지를 노래한 작품이 있는데 특히 출사를 위한 8년 정도의 이향기간을 제외하고 인생의 대부분을 고향에서 보낸 입재는 특히 자연 속에 묻혀 살아가는 은자로서의 삶에 스스로 만족하는 경지를 구가한 작품을 많이 남기고 있다. 또한 벼슬아치라고 하여 뽐내지 않고 자기 고을의 백성들과 스스럼없이 어울리는 치자의 여유와 자족의 경지를 노래한 작품도 지었다.

세 번째 민생에 대한 애정과 제[度]의 비판을 담은 작품이 있다. 8년간의 벼슬살이 가운데 약 5년 정도 회인현감으로 목민관의 체험을 하면서 자기가 다스리던 고을 백성들의 삶에 깊은 관심과 애정을 가지고 선정을 베푼 내용을 담은 작품, 가혹한 세금징수로 백성들에게 고통을 가져다주는 세금제도의 문제점도 날카롭게 지적함으로써 그로 인해 신음하는 민생들의 처지를 공감하는 작품을 남겼다.

마지막으로 역사에 대한 관심과 인식을 드러낸 작품이 다수 있다. 특히 백제를 멸망시킨 당나라 세력에 대한 비판을 담고 있는 작품에서는 역사적인 사실에서 교훈을 얻어야 한다고 역설하고 임진왜란을 소재로 한 작품에서는 전략적 실패를 언급하는 역사적 안목을 드러내고 있다. 그리고 자신의 집안이 이주한 사실과 밀접한 관련을 가지는 호란을 소재로 한 몇몇 작품에서는 민족적인 치욕을 반복하지 않기 위해 역사적 사실에서 교훈을 얻어야 하고 민족적 수치를 씻으려는 의지와 결기가 있어야 함을 강조한 작품을 남겼다.

이상으로 입재 강재항의 생애와 학문, 그리고 문학세계에 대해 간단하게 살펴보았다. 600여 편의 많은 한시 작품은 다양한 시세계로 구성되어 있을 것이다. 그렇지만 본고는 그 가운데 일부를 소개하는데 그쳤다. 앞으로 다양한 시세계가 모두 규명될 수 있기를 기대한다. 아울러 그의 산문세계도 함께 규명이 되어야 입재의 문학세계가 온전하게 드러날 것이다. 입재에 대한 연구는 이제 시작에 불과하다. 차후로도 유능한 연구자에 의해 입재의 진면목이 모두 드러날 수 있기를 기대해본다.

18세기 영남의 한문학 :

봉화 지역을 중심으로

입재 강재항의 역사인식과 현실비판

| 박인호

입재 강재항의 역사인식과 현실비판

—

박 인 호

1. 머리말

조선시대에는 많은 역사서 편찬과 역사 연구가 있었다. 조선 전기에는 관부를 중심으로 활발하게 역사서를 편찬하였으며, 조선 중기에는 사림들이 등장하면서 개개인의 역사적 관점에 따라 편찬한 사찬사서가 대거 등장하였다. 임진왜란 이후에는 조국 강토에 대한 관심에서 역사지리에 대한 새로운 고증적 연구가 등장하였다. 이외에도 역사적 사건이나 인물을 대상으로 편찬자의 역사관을 보여주되 사서의 행간에 포함된 논평 형식의 사론이 아니라 독립된 형태의 사론이 17세기 이후에 들어와서 활발하게 편찬되기 시작하였다.

이 시기에 편찬된 역사평론은 차츰 사상계의 주류로 자리잡게 된 성리학의 심화를 반영하고 있다. 성리학의 영향으로 유학자들의 사론에서는 천리天理·인욕人慾과 같은 심성문제와 윤리성을 강조하고 있다. 역사에서 정통론을 강조하고 개인의 도덕적인 수양문제를 중시하였다. 또한 정윤과 화이의 구별을 중요한 주제로 다루었다. 이러한 사론은 대부분 중국사가 주 대상이었다.

그런데 특이하게도 경북 봉화의 궁벽한 지역 출신으로 소론의 당색을 가진 강재항姜再恒(1689 肅宗 15-1756 英祖 32)은 한국사에 대한 사론 전문 저술인 『동사평증東史評證』[01]을 편찬하였다. 개인이 한국의 전 역사에 대하여 사건별로 사론을 가한 것은 강재항에 의해 최초로 이루어졌다고 하여도 과언이 아니다. 그러므로 『동사평증』은 사부 문목으로 보면 동국사에 사평史評을 전적으로 가한 최초의 저작이라고 평가할 수 있다.[02]

강재항의 자는 구지久之, 호는 입재立齋, 본관은 진주晉州, 거주지는 경북 봉화(옛 춘양) 법전리 성잠촌이다.[03] 아버지는 우郵이며 어머니

---

01 강재항의 글을 모은 문집인 『立齋集』에 수록되어 있다. 『입재집』은 한국역대문집총서본(342·343. 경인문화사. 1990)과 한국문집총간본(210. 민족문화추진회. 1998)이 있다. 여기서는 총간본을 이용하였다.

02 전통시대의 문장은 종류별로 분류하여 제명을 붙이고 있는데, 전통시대 문장 교범인 蕭統이 편찬한 『文選』은 전국시대에서 양나라 초기까지 시문을 38류로 나누었으며, 역사논설과 관련된 것으로는 說論, 史論, 史述贊, 論, 贊 등이 있다. 명대 徐師曾은 『文體明辨』에서 101류로 나누면서 史論과 史評으로 구별하여 항목을 설정하고 있다. 『文體明辨』으로 본다면 『동사평증』은 史評에 속한다. 그러나 현재 한국 학계에서는 史論이라는 용어를 주로 사용하고 대만 및 중국 학계에서도 史學評論, 史學批評 외에 史論이라는 용어를 사용하고 있다. 여기서는 현 한국 학계의 경향에 따라 史論으로 통일하여 사용한다.

03 법전에 살았던 진주 강씨는 영남 지역에서는 특이하게도 노론과 소론을 자임하였다. 법전의 강씨 출신으로 노론 13명, 소론 12명이 대과에 급제하였다고 알려질 정도로 중앙 정계에서 보면 갑족이지만 그러나 영남 지역에서는 소외된 집안이었다. 강흡과 강각 형제가 병자호란 때 봉화 법전으로 피난하여 정착하면서 형 姜恰은 음지마(을), 동생 姜恪은 양지마(을)에 정착하였다. 음지마 사람들은 노론을 지향하였으며, 양지마 사람들은 소론을 지향하였다. 강흡은 잠은파, 강각은 도은파를 형성하면서 봉화에 세거하였다. 음지마 입구에는 강흡의 후손으로 정조 때 승지를 지낸 강윤의 정자 경체정이 있으며, 그 외 강흡의 후손들이 살았던 기헌고택이 있다. 양지마는 법전이 아니라 지역명으로는 척곡으로 아우인 강각의 후손들이 살았다. 강재항은 양지마 출신으로 소론 계열을 자정하였다. 그가 퇴계의 세력이 강한 영남 북부 지방에 살면서도 소론의 정치적 지향을 가지게 된 데에는 이러한 집안의 내력이 있다. 강재항과 관련한 유적으로는 雷風亭이 있다. 雷風亭은 강재항과 백씨인 雪竹堂 姜再淑 형제가 부친인 潛溪公 郵를 모시고 살았던 초가집을 헐고 그 터에 입재의 6대손인 강욱이 1907년 건립하였으며 이후 수차례 보수하여 현재에 이르렀다. 한편 예천에는 소론계 동래 정씨가 있었으므로 소론이 일정하게 영남 북부 지역에서 잔존할 수 있는 여건이 있었을 것이다. 동래 정씨는 지보 익장, 예천 풍양 별실 우망, 길안, 영양 입암(연당) 등지에서 세거하였다. 이들은 중앙 정계로 나가 소론 대집안을 형성하였던 회동 정씨 정사 계열과는 다른 맏집 정옹 계열

는 진성이씨眞城李氏로 세준의 딸이다.[04] 강재항은 백부인 강찬姜酇(1647-1729)을 통해 배움을 익혔다. 강재항의 글은 문집인 『입재집』에 수집되어 정리되었다. 『입재집』은 아들인 강택일姜宅一이 가장 초고家藏草稿를 바탕으로 편찬하였다가 윤광안尹光顔이 교정하여 출판을 준비하였으나 간행되지 못하고, 6대손 강욱 등이 1912년 20권 10책으로 간행하였다.

다른 영남 지역 남인 집안 출신 인물들이 그다지 중앙 부처에 근무하지 못하였던 것에 비해 법전의 진주 강씨 집안은 노론 혹은 소론의 정치적 입장을 가졌기 때문에 중앙에 연결되어 있었다. 강재항은 소론의 정치적 입장을 가지고 있었던 법전 출신의 강씨였으므로 중앙에 진출하는데 동시기 여타 영남 남인에 비해서는 유리한 면이 있었다. 그는 소론의 영수인 명재 윤증尹拯에게 편지를 보내어 가르침을 청한 이후 명재의 손자인 윤동원尹東源(1685-1741)과 교분을 가졌다.

한편 영남 지역 인사로는 신익황申益愰(1672-1722)과 교분이 있었다.[05] 신익황은 영남 칠곡 약목에 거주하였던 평산 신씨 출신으로

이다. 회동 정씨는 정광필에서부터 소론계의 저명한 정원용과 정범조에 이르기까지 명문 갑족으로 이름을 날렸다.

04 강재항의 생애에 대한 자세한 소개는 강재항에 대한 선행 논문(남봉우. 2007. 「입재 강재항의 한시 연구」. 부산대 대학원 문학석사논문.)이 있으므로 생략한다.

05 申益愰(1672-1722)의 자는 明仲, 호는 克齋, 병사 신명전의 아들로 약목(현 경북 칠곡군 약목읍)에서 살았다. 1685년(숙종 11) 같은 동리에 살았던 朴蕃에게서 수학하였다. 신익황은 1698년(숙종 24) 光陽 配所에 있던 만년의 갈암 이현일을 찾아가 뵙고서 가르침을 받았다. 그후 편지로 魯論註解의 의문점과 四七說, 格致說에 대해 물었다. 이후로도 여러 차례 직접 가르침을 받고, 또 서한을 보내어 질의하였다. 이리하여 이현일의 만년 시절 제자가 되었다. 1722년(경종 2) 觀善齋에서 졸하였으며 인동부 서쪽 斗巒山에 장사지냈다가, 1768년(영조 44) 岐山 甑淵의 현위치(경북 칠곡군 기산면 행정2리)에 이장하였다. 신도비는 이상정이 지었다. 시문은 현손인 申禎應의 주도로 정리되어 문집으로 간행되었다. 신응정은 柳致明에게서 서문을 받아 13권 7책의 목판본으로 『克齋先生文集』을 간행하였다.

성리설에서 기존의 영남 지역 학자들이 주장한 설과 다른 점이 많았다. 그는 이기론에서 율곡과 퇴계의 양시론兩是論을 견지하였으나 후일 갈암葛庵 이현일李玄逸에게서 사단칠정과 이기설을 듣고 나서 다시 퇴계설로 기울어졌다. 신익황이 가지고 있었던 독특한 사상적 위상은 강재항과 친구관계로 연결될 수 있었던 접점이 되었을 것이다.

한편 소론계열에서는 역사에 대한 관심이 많았다. 소론계열에서는 이전에도 남구만南九萬(1629-1711), 이세구李世龜(1646-1700) 등이 우리나라 상고시기의 역사에 대한 논설을 남기고 있으며, 뒤이어 홍만종洪萬宗(1643-1725)이 『동국역대총목』, 임상덕林象德(1683-1719)이 『동사회강』 등을 편찬하였다. 그리고 송징은宋徵殷(1652-1720)·송성명宋成明(1674-?) 부자는 중국사에 대한 사론 전문집인 『역대사론』을 편찬하였다. 또한 이종휘李種徽(1731-1797)는 『동사』를 남겼다. 강재항도 『동사평증』 집필 중 초창기 기록과 금에 대한 기록에서는 홍만종을 직접 인용하고 있다(4, 187).[06] 다만 강재항은 같은 소론계인 홍만종보다 유교적인 합리성이 더욱 강화되어 나타나고 있다.[07] 이 점은 강재항이 소론계이면서도 독자적인 특성을 보이는 것이기도 하다.[08]

여기서는 중국과 우리나라에서의 사평학의 발전과정을 살펴보고 강재항의 『동사평증』과 중국사에 대한 사론이 역사평론학에서 어떠

---

06 번호는 『동사평증』의 사론에 연번호를 단 것이다. 부록 〈표 1〉 『동사평증』 사론의 주제와 논평 참조.

07 강재항은 금시조를 김수서의 후예라고 한 홍만종의 의견을 망녕된 것이라고 비판하였다(187).

08 소론계에 보이는 내재화된 중화주의, 혹은 유교문명 자의식에 대해서는 다음 논문 참조. 조성산. 2009. 「조선후기 소론계의 고대사 연구와 중화주의 변용」. 『역사학보』 202. 역사학회; 이정일. 2013. 「조선후기 소론계 홍만종과 임상덕의 자의식」. 『사학연구』 109.

한 위상을 차지하는지를 밝히고, 또한 그의 역사인식을 현실의식과 관련하여 살펴보고자 한다. 이를 통해 18세기 성리학적 역사인식의 한 특징적 모습을 엿볼 수 있을 것이다.

2. 역사평론학의 전개와 『동사평증』

1) 역사평론학의 전개

역사평론은 이미 선진시대에서부터 학문적인 전문성을 보이면서 나타나기 시작하였다. 양한 시 사마천司馬遷의 『사기史記』, 반표班彪의 『사기후전史記後傳』, 중장통仲長統의 『창언昌言』 등에 논찬論贊의 형식으로 삽입된 내용에 이미 역사평론의 단서가 나타났다. 위진남북조시기에 이르러서 형식상으로나 내용상으로 역사평론은 더욱 발전하였다. 유협劉勰의 『문심조룡文心雕龍』 「사전史傳」은 중국 사학사상 최초의 전면적이고 계통적인 역사평론 전문서라고 평가할 수 있다.[09] 당唐대에는 중국 역사학 전문 이론 서적인 유지기劉知幾(661-721)의 『사통史通』이 나왔다. 이때까지만 하더라도 옛 사건과 인물을 품평하는 사론은 사실 기록을 중시하는 동양 역사학의 전통에 따라 역사 기록 속에 삽입된 형태 혹은 독립된 평론의 형태로 나타났다.

그런데 중국 송대에 사회의 지배적인 사상으로 성리학이 등장하

---

09 이윤화. 1990. 「文心雕龍 史傳 편의 사학사적 고찰」. 『역사교육논집』 13·14.

면서 인물과 사건에 대한 포폄, 도덕과 윤리의 강조, 권선징악의 선전, 치난성패에 대한 도덕적 설명이 역사평론에서 주로 다루어졌다. 이에 따라 과거의 사실들을 평가하고 인물들을 품평하는 체계적인 사론 전문서들이 활발하게 편찬되었다. 이전 왕조인 당의 치난성패를 다룬 석개石介(1005-1045)의 『당감唐鑑』과 손보孫甫(998-1057)의 『당사논단唐史論斷』, 그리고 사마광司馬光을 도와 『자치통감資治通鑑』의 당대唐代 부분을 찬수할 때에 적어놓은 사론을 모은 범조우范祖禹(1041-1098)의 『당감』은 당시의 사론 전문서를 대표한다. 또한 과도한 도덕적 논평으로 당시 사람들에게 비난을 받았으나 후일 주희朱熹(1130-1200)가 『자치통감강목資治通鑑綱目』에 채택하면서 우리나라의 사론 내용에 미친 영향이 큰 호인胡寅(1098-1156)의 『독사관견讀史管見』이 있다.[10] 그 외 송대 유학자들의 문집에는 포폄 차원의 사론이 다수 수록되었다. 사론을 집필한 대표적인 인물로는 소순蘇洵(1009-1066), 여조겸呂祖謙(1137-1181), 진량陳亮(1143-1194), 진부량陳傅良(1141-1203), 엽적葉適(1150-1223), 주희朱熹 등을 들 수 있다.

원·명대에는 송대를 이어 정통과 포폄, 권선징악이 여전히 중요한 주제였으며, 사론을 전문적으로 전개한 저술로는 주권朱權의 『통감박의通鑑博議』, 유정지劉定之의 『송론宋論』, 조필趙弼의 『설항부견雪航膚見』, 곽대유郭大有의 『평사심견評史心見』, 종성鍾惺의 『사회史懷』, 주명호朱明鎬의 『사규史糾』, 추유련鄒維璉의 『사평史評』, 장부張溥의 『역대사론歷代史論』 등이 나왔다.[11] 명말 청초에는 역사학에서 사론의 위치를 제고시켰다는

10 內藤虎次郎. 1949. 『支那史學史』. 弘文堂. 269쪽.

11 위진남북조시대와 송명시대 사론학의 동향은 尹達. 1983. 『中國史學發展史』. 中州古籍出版社. 2편 5장 4절과 3편 5장 2절 참조.

평가를 받는 왕부지王夫之(1619-1692)의 『독통감론讀通鑑論』과 『송론宋論』이 나왔다.[12] 특히 왕부지는 중국 역사의 흥망과 득실을 분석하여 명청 교체 이후 만주족의 압제하에 있는 중국의 현실을 비판하였다.

그런데 우리나라에 영향을 미친 사론서로 독특한 위치를 차지하는 책이 구준丘濬(1421-1495)의 『세사정강世史正綱』이다. 『세사정강』은 구준이 주희의 『자치통감강목』과 여조겸의 『대사기』를 계승하여 1481년(명 헌종 성화 17년) 편찬한 사론 전문서로 진시황에서부터 명 홍무 원년까지의 역사를 춘추필법과 포폄의식에 따라 평론한 책이다.[13] 그런데 이 책에서 보이는 도덕적 감계의식은 조선중기 학자들에게 매우 큰 영향을 미치고 있다.[14]

한편 우리나라의 경우 역사적 사건에 대하여 논증하거나 소개하는 사론은 『삼국사기』를 비롯하여 『삼국유사』, 『고려사』, 『동국통감』 등 사서에 평왈, 신근왈, 논왈, 사신왈 등으로 적은 간단한 논찬류 형태로 나타나고 있다.

그런데 고려말 중국으로부터 도입된 성리학은 조선 중기에 이르

---

12 高國抗. 1998. 「왕부지 및 그의 역사평론」. 『중국사학사』 하. 오상훈·이개석·조병한 옮김. 풀빛. 279쪽.

13 윤정분. 2004. 「세사정강과 경세」. 『한국사학사학보』 9.

14 1481년 완성된 『세사정강』에 대해 조선에서는 이미 1520년(중종 15) 『세사정강』이 송대 군주의 포폄과 관련하여 읽어야 하는 도서라는 것을 경연에서 논의하고 있다(『조선왕조실록』 중종 15년 9월 21일). 또한 『미암일기』에 의하면 1567년 9월 10일 유희춘은 『세사정강』을 보고서 직접 초략하고 있으며, 유성룡도 『讀史蠡測』이라는 역사 사론을 작성하면서 『세사정강』을 인용하고 있다. 따라서 성리학의 전래와 함께 『세사정강』이 일찍부터 조선에 들어 온 것으로 보인다. 그런데 중국에서는 역사에 대한 과도한 도덕적 해석 때문에 그다지 주목되지 않았다. 중국에서도 간본이 희귀하여 『사고전서』에서는 編年類存目에서 黃登賢家藏本을 소개하고 있을 뿐이다(『四庫全書總目』. 中華書局. 1964). 1996년 중국에서 간행된 『사고전서존목총서』에서는 1563년(명 세종 가정 42년) 孫應鰲에 의해 간행된 간본을 영인 수록하고 있다(『四庫全書存目叢書』 史部 6. 齊魯書社. 1996).

러 사회의 지배적 사상으로 등장하였으며, 이에 따라 유학자들이 역사를 판단하고 평가하는 기준으로 성리학이 작동하게 되었다. 유학자들의 글을 보면 문집의 잡저 논論 항목에 역사평론이 주로 수록되어 있다.

조선중기 중국사에 대한 전저專著 형태로 나온 역사평론으로는 이구李榘(1613-1654)의 『간사잉어看史剩語』가 있다. 이어 송징은(1652-1720)·송성명(1674-?) 부자의 『역대사론』과 오광운吳光運(1689-1745)의 「사평史評」이 나왔다. 이러한 저술에 이어 김춘택金春澤(1670-1717)의 「사론史論」, 홍봉한洪鳳漢(1713-1778)의 『정사휘감正史彙鑑』, 백봉래白鳳來(1717-1799)의 「역대통운歷代通運」, 조운종趙雲從의 「송사억단宋史臆斷」과 「원사억단元史臆斷」, 황경원黃景源(1709-1787)의 「사론史論」, 박종영朴宗永(1804-1875)의 「역대사론歷代史論」, 이직좌李稷佐(1837-1877)의 『역대사론歷代史論』, 이만도李晩燾(1842-1910)의 「송감쇄론宋鑑瑣論」, 이익구李翊九(1838-1912)의 『독사차기讀史箚記』 등 중국사 사론 집성이 나타났다.[15] 또한 중국사에 대한 사평만을 모은 전문 저술로 필자 미상의 『선유사평先儒史評』, 필자 미상의 『송조사상절宋朝史詳節』 등이 나왔다. 정조가 명대 이전의 사서에서 보이는 사평을 모두 모아서 『전사전평全史銓評』을 편찬한 것도 역사평론으로 역사에 접근한 대표적인 예이다.

이외에도 독후록 형식의 간단한 역사평론이 있는데 이것도 일종의 중국사에 대한 사론이라고 할 수 있다. 이민구李敏求(1589-1670)의 『독사수필讀史隨筆』이 그러하다. 그러나 이는 독서하는 가운데서 간

15 박인호. 2001. 『한국사학사대요(제3판)』. 이회문화사. 138-139쪽.

단히 언급한 것으로 역사평론이라는 측면에서 보면 송징은이나 오광운의 연구 성과를 따르지 못한다. 그외 단편적이지만 독서록 형식의 역사평론은 김매순, 김윤식, 김준식, 김창흡, 김희석, 박치원, 신방, 오희상 등 여러 유학자들의 저술에 나오고 있다.

한편 조선중기에는 우리나라 역사에 대한 사론이 편찬되기 시작하였다.[16] 조선중기에 역사지리학이 발전하면서 남구만의 『동사변증』을 비롯하여 우리나라 역사지리에 대한 고증적 연구에서 전문 사론이 나오기 시작하였다.[17] 이들 역사지리에 대한 고증 사론들은 사실에 대한 고증적 논변을 주로 행한 것으로 조선 후기 역사학의 발전적인 측면을 보여주고 있다.[18]

그런데 이러한 역사지리에 대한 고증적 사론과는 달리 우리나라 역사에 대해 도덕·윤리적인 평을 달고 있는 사론 저술이 나타났다. 이러한 저술이 나오게 된 것은 조선중기 성리학이 사회적 지배사상으로 등장하면서 일반 유학자까지 성리학에 입각하여 역사를 보았기 때문이었다. 현재 남아 있는 우리나라의 역사에 대한 최초의 사론 저술이 강재항의 『동사평증』(1748) 이다.[19]

---

16 사론 집성으로는 崔溥(1454-1504)의 『錦南集』에 수록되어 있는 「東國通鑑論」을 들 수 있으나 이는 『동국통감』 사론을 모은 것이라서 여기서는 논외로 한다.

17 박인호. 1993. 「남구만과 이세구의 역사지리 연구」. 『역사학보』 138.

18 박인호. 2001. 『한국사학사대요(제3판)』. 〈사론의 발전〉. 이화문화사. 137-141쪽.

19 『동사평증』 이후 편찬된 우리나라 역사에 대한 사론 저술은 李瀷의 『星湖僿說』 중 역사 관련 사론, 李種徽의 『修山集』에 수록된 「史論」과 「東國輿地雜記」, 成海應의 『研經齋集』에 수록된 사론, 洪敬謨의 『叢史』에 수록된 「東史辨疑」, 李晚燾의 『響山集』에 수록된 「麗史提綱補斷」 등을 들 수 있다. 李德懋의 『青莊館全書』, 李圭景의 『五洲衍文長箋散稿』, 李裕元의 『林下筆記』와 같은 백과적 저술에도 과거 우리나라의 역사에 대한 논설을 수록하고 있으나 대부분 사실 소개에 그치고 있다.

2) 『동사평증』의 편찬

『동사평증』은 기존 자료를 편집하는 방식으로 편찬하였던 이전의 역사서와는 달리 전적으로 사론의 형태로 기술하고 있다. 또한 『동사평증』은 사서의 저술 중에 단편적으로 평을 가하던 기존의 논찬 방식과는 달리 단군시기에서 고려까지 총 256안설과 3소결의 역사 논평을 가하고 있다. 이러한 점에서 본다면 『동사평증』은 사론 전문서를 지향하고 있다.[20]

이러한 체재를 지향하게 된 것은 『동국통감』에 대한 비판에서 기인하고 있다. 『동사평증』에는 『동국통감』의 해당 부분에 대한 총평을 제시하고 있다. 먼저 숙신단군기자지사肅愼檀君箕子之事[21] 부분에서는 숙신・단군・기자의 일은 여러 책으로 기를 삼고, 다음 위만조선・고구려・동옥저・북옥저・예맥・북부여・동부여・읍루・삼한 등은 그 이하에 편입하며, 사군이부를 그 끝에 덧붙이면 조리가 있게 될 것이라고 『동국통감』의 체재에 대한 자신의 생각을 보이고 있다.

삼국기[22]에서는 『동국통감』에 기술된 삼국 기사의 문제점을 지적하면서 기사가 복잡하고 근엄함이 없으며, 여러 자잘한 일은 방기전

20 『동사평증』이 강목형이나 통감형 사서를 편찬하기 위한 전단계의 것인지 혹은 아예 사론형 사서를 지향하였는지는 별다른 자료가 없어서 확인하기는 어렵다. 그러나 256편+3소결의 사론을 남기면서도 특정 서술 체재를 언급하지 않은 점, 중국의 송명 역사학에서 하나의 중요한 흐름을 형성하였던 사론의 존재와 형태를 『자치통감강목』을 통해 어느 정도 알고 있었던 점, 『동사평증』의 체재가 구준의 『세사정강』과 같은 사론 전문서와 매우 유사한 형식을 지니고 있는 점, 『동사평증』이 단순한 사론의 모음이 아니라 시기와 편년별로 하나의 완결된 체재를 가지고 있는 점 등에서 본다면 『동사평증』을 우리나라에서 나온 최초의 사론 전문서로 평가하여도 좋을 것이다.

21 『입재집』 권9(1998). 「동사평증」. 한국문집총간 210.(이하 『동사평증』으로 약함). 135쪽.

22 『동사평증』. 149쪽.

方技傳으로 하는 것이 좋을 듯하다고 지적하면서 『동국통감』이 정사이면서도 일부 설화적인 내용이 들어간 것을 비판하였다. 삼국의 기술에서는 일본사에 나오는 기록이 우리 기록에는 나오지 않음을 지적하고 이를 가지고 보충할 것을 언급하고 있다. 또한 삼국기 기술에서 재이 기사가 상세함은 하늘의 경계를 두려워하였음을 볼 수 있다고 평을 내리고 있다.

고려기[23]에서도 역시 『동국통감』의 고려 기사를 총평하면서 삼국에 비해 자세하나 정사에 편입하기에 적절하지 않은 여러 설화를 편입하면서도 명 초기 명장明將이 고려에 들어온 일은 적지 않았으며, 우·창·공양왕의 일은 모호하여 명확하지 않는 등 『동국통감』은 복잡하고 차례가 없다고 적고 있다.

이상의 3소결의 사론을 통해 볼 때 강재항이 『동사평증』을 편찬한 데에는 무엇보다 『동국통감』의 형태와 내용에 대한 비판적 문제의식에서 출발하였던 것을 확인할 수 있다.

강재항은 『동사평증』을 편찬하면서 대문의 내용은 대체로 『동국통감』에서 가져왔으며, 연대 표시도 즉위년 칭원을 유지하고 있었던 『동국통감』의 표시 방식을 그대로 답습하였다. 그러나 무엇보다 강재항이 살았던 시기는 『동국통감』이 편찬되었던 조선 초기와는 다른 사상적 환경 속에 있었다. 특히 강재항은 성리학 이념이 사회의 지배이념으로 완숙하게 자리잡고 있던 시기에 살았다. 따라서 조선 전기의 시대적 산물인 『동국통감』에서 이전의 역사를 보았던 것과는 다른 논리와 인식에서 역사를 보게 되었으며, 이에 따라 성리학에

23 『동사평증』, 176쪽.

바탕을 둔 도덕과 윤리를 가장 잘 드러낼 수 있는 사론의 형태로 역사서를 편찬한 것이다.

그런데 여기서 직접 인용은 하고 있지 않으나 서술의 방식은 구준의 『세사정강』과 매우 유사하며, 화이의 엄격한 구별, 불변하는 강상과 정통의 강조, 나라의 기강 확립에 대한 강조 등에서 보이는 『세사정강』의 논평[24]과 유사한 내용을 담고 있다. 강재항은 『세사정강』과 마찬가지로 참람하다는 혐의를 받지 않으려고 사론 형식으로 동국의 역사를 정리한 것으로 보인다.[25]

한편 강재항이 평론에 이용한 자료는 『동국통감』을 기본으로 하고 있다. 물론 이외에도 다양한 서적을 참고하였을 것이나[26] 이 책이 지향하였던 것이 고증보다 역사에 대한 평가이므로 굳이 다양한 서적을 참고할 필요는 없었을 것이다. 그 외 참고한 것으로 여겨지는 책으로는 홍만종의 『동국역대총목』과 그 속에서 재인용한 자료, 신익성의 『동사보편』, 『제왕운기』 등의 극히 한정된 자료를 이용하고 있다. 고려시대의 경우에는 일부 인물과 관련하여 『고려사』「열전」의 내용을 참조하기도 하였다.[27]

---

24 윤정분. 2004. 「세사정강과 경세」. 『한국사학사학보』 9. 160-171쪽.

25 강재항이 직접 『世史正綱』을 보았는지는 알 수 없다. 그러나 한 세대 앞에 상주(현 문경)에서 살았던 활재 이구가 중국사에 대한 사론 전저인 『간사잉어』를 집필하면서 『세사정강』을 인용하고 있다(『活齋先生文集』 권5. 「看史剩語」 및 박인호. 2013. 「활재 이구의 역사인식과 현실비판」. 『조선사연구』 22. 조선사연구회). 그 이전에는 유성룡이 『讀史蠡測』이라는 역사 사론을 작성하면서 『세사정강』을 직접 보았으며(『西厓先生文集』 권13. 「雜著」. 〈讀史蠡測〉). 그 후손들이 상주에 대대로 거주하였다. 따라서 이 지역에서의 학문적 교류로 보아서 『세사정강』의 존재를 강재항이 알고 있었을 가능성이 있다.

26 『동사평증』에서는 일본 서적을 통해 우리 역사를 이해하려는 모습을 보이기도 한다. 특히 일본사에 나오는 기록이 우리 기록에는 나오지 않음을 지적하고 이들 자료를 통해 보충할 것을 언급하고 있다. 이는 일본서의 내용을 통해 우리 역사의 부족한 부분을 지적한 희귀한 예이다.

27 정도전의 불교 사원 기사는 열전의 기사이다(253). 윤소종의 최을한 기사도 다른 곳에서 가

3. 『동사평증』 사론에 나타난 한국사 인식

『동사평증』은 삼국이전의 숙신삼조선고구려삼한 등의 상고사에 대하여 13안설과 1소결, 삼국의 역사에 대하여 59안설과 1소결, 고려의 역사에 대하여 184안설과 1소결, 총 256안설과 3소결의 사론을 쓰고 있다.

이들 사론의 내용은 크게 역사적 사건이나 사실의 오류를 밝히기 위한 사론과 도덕적인 교훈을 위한 사론으로 나눌 수 있다.

1) 사실의 오류를 밝히는 사론

사실의 오류를 밝히는 사론은 그리 많지 않다. 총 256안설과 3소결 중에서 20여 편이 그러하다.

이러한 사실에 대한 사론은 다시 내용에 따라 국가적 발전에 대한 사론, 사실에 대한 고증, 멸망 원인에 대한 사론, 사건의 인과관계를 밝히는 사론으로 나누어 볼 수 있다.

① 국가적 발전에 대한 사론

강재항은 『동사평증』에서 국가의 전개를 숙신삼조선고구려삼한,

져온 자료이다.

삼국, 고려, 조선으로 분류하여 상정하고 있다.

첫째 숙신을 앞세우는 것이 특징적이다. 우리나라 사학사에서 숙신을 강조한 자료가 크게 나타나는 것은 명 초기에 나온 『천운소통天運紹統』으로, 조선이 옛 숙신 땅에 들어섰다고 적고 있다. 우리나라에서는 이 자료에서 주로 기자 관련 부분을 주목하였으며, 조선과 숙신의 관계에 주목한 이는 없었다.[28] 그런데 강재항은 고기를 인용하면서 조선이 숙신의 고허에서 성장하였다고 적고 있다. 홍만종은 말갈의 원류로 숙신을 언급하고 있으며, 허목은 읍루를 고숙신 씨의 나라라고 하였으나 둘 다 숙신을 바로 우리나라와 연결하지는 않고 있다. 최초로 숙신을 조선과 연결한 사람은 영남의 학자였던 홍여하였다. 그는 숙신이 지금 함길주 등지에 있었으며, 다른 지역을 포함하여 모두 조선의 옛 땅이라고 보았다.[29] 그런데 홍여하는 숙신이 조선의 한 부분으로 편입된 것으로 보았다면, 강재항은 춘추전과 사마상여 상림부의 기록을 인용하여 숙신의 영역을 크게 상정한 다음 옛 숙신의 땅에 조선, 부여, 낙랑, 예맥 등이 들어온 것으로 보고 있다.[30]

둘째 남쪽의 삼한·삼국과 북쪽의 여러 국가를 구별하는 인식을

---

28 『天運紹統』. "朝鮮在安東國之東 古肅愼氏之地 武王封箕子 以奉殷祀爲中國藩邦" 규장각 도서에도 있으며, 오운의 『동사찬요』에 인용된 것으로 보아 일찍부터 이 책이 이용되었던 것으로 보이며, 조선 중기 역사지리를 연구하였던 일부 학자들은 이 책을 인용하고 있다.

29 홍만종. 『동국역대총목』. "靺鞨在我國北界本肅愼氏遺種俗稱野人"
허목. 『동사』. "肅愼氏 周公旦輔成王 貢楛矢石砮 肅愼氏 一名挹婁 在不咸山北 東濱大海 西接寇漫汗 北至弱水 在樂浪東 古肅愼氏之國也 挹婁 在不咸山北 古肅愼氏之地也"
홍여하. 『동국통감제강』. "肅愼 在今咸吉州境 (중략) 皆朝鮮舊地也"

30 『동사평증』. 133쪽. "按肅愼氏 不知起於何時 而周武王時 貢石砮楛矢 則在檀君千餘年之後 而其始則甚遠 在檀君之前 故稱朝鮮爲肅愼之墟歟 (중략) 其地當西南跨海 與營丘接 而朝鮮扶餘樂浪濊貊之地 皆其舊疆也歟 然不可攷也"

가지고 있었다. 강재항은 북쪽은 숙신이 구이가 되고 삼조선이 되었다가 사군이부로 나뉘어졌으며, 남쪽은 삼한·삼국으로 이어지며 신라가 가장 나중에 고려에 의해 망하였던 것으로 보고 있다(256).[31] 강재항의 이러한 주장은 한백겸의 남자남북자북 설에 근간하고 있다.[32]

셋째 단군조선 후기의 지역을 기자조선과는 구별하여 기자가 단군을 찬탈하였다는 혐의를 피하고자 하였다. 강재항은 단군조선의 위치를 태백산의 북쪽, 조선 두 강 사이로 상정하고 있다. 그는 숙신을 백두산 북쪽에 설정하고 읍루, 옥저, 말갈 등을 그 유종으로 간주하였다. 그리하여 읍루 이북 생여진의 땅을 숙신의 유허라고 보았다. 단군은 태백산 북쪽에 있었으며, 동북에 있었던 양 부여가 그 유종이라고 보았다. 당 때는 발해국이 되었으며, 오대에는 동단국의 땅으로 조선의 유허라는 것이다. 이러한 인식관을 가지고 있으므로 단군조선의 당장경唐藏京을 『승람』에서 문화에 비정하는 것에 대해 부여와 너무 떨어져 있어 믿기 어렵다고 비판하였다(5).[33] 대신 기자를 평양 지역에 상정하여 단군과는 서로 관련이 없는 것으로 해석함으로

---

31 『동사평증』. 175쪽. "按東國邈在海外 在邃古 爲肅愼爲九夷 爲三朝鮮 降而爲四郡爲二府 南爲三韓 又降而三國 新羅最後亡 又降而爲高麗 北隣靺鞨 南接日本 蠢蠢焉夷矣"

32 강재항은 한백겸의 기전설을 읽고서 감명을 받기도 하였으므로(『입재집』 권1. 「賦」. 〈箕田圖賦 幷序〉. "近世韓久庵百謙爲之圖畵其制 且爲之說 余見而感焉 爲之賦") 한백겸의 이원적 발전관을 알고 있었을 것이다.

33 『동사평증』. 133쪽. "按朝鮮本九夷之地 初無君長 肅愼氏未知起於何代 而其國在於不咸山(不咸山 卽今白頭山也)北 挹婁沃沮靺鞨之屬 皆其遺種 而挹婁以北今生女眞諸藩胡之地 遂稱肅愼氏之墟 檀君起於唐堯之時 其國在於太白山之北 朝鮮二水之間 而東北兩扶餘 皆其遺種 而在唐爲渤海國 在五季爲東丹國之地 遂稱朝鮮之墟 箕子受封 在周武王之時 其都平壤 在於太白山之南大同江之北 與扶餘本不相干 安見其避而移之也 況以聖師之德 行一不義 殺一不辜 而取天下不爲也 其肯奪人土地 移人社稷 據人都邑宮室 而自爲封植之理乎 後之人 徒以封朝鮮 謂奪檀君之國者妄矣 白嶽唐藏京 未知果在何地 或者以今海西九月山爲白嶽 文化爲唐藏京 則地界與扶餘遼越矣 勝覽所記 不足憑信"

써 기자가 단군을 쫓아내었다는 기록을 다르게 보려고 하였다.[34] 요동은 원래 중국 땅이라고 한 것에서 보이듯이 상고사의 강역을 넓게 보지는 않았으나, 삼조선의 경우 단군과 기자가 중복되므로 단군은 숙신의 땅을 가진 것으로, 기자는 평양 일대로 설정하여 영토가 중복되지 않는 것으로 처리하고 있다. 그리고 패강을 압록강으로 간주하고 압록강 이하가 조선의 땅으로 지속된 것으로 비정하였다(63).[35]

넷째 국가의 순차적인 발전관을 가지고 있었다. 그는 고구려, 백제, 신라의 삼국이 각기 흥기한 곳의 지명으로 국명을 삼았음을 통해 마한, 진한의 작은 한 나라에서 백제, 신라의 큰 나라로 발전하였음을 말하고 있다. 또한 고구려도 한 사군 때에 이미 현도군 내에 개창되어 있었을 것임을 통해 국가의 발전을 단계적으로 상정하고 있으며, 이는 당시로서 매우 합리적인 추론이었다. 그리고 국가의 발전에는 도덕적인 측면 뿐만 아니라 국가가 차지하고 있는 영토의 형세도 중요하다고 말하고 있다(58, 60, 63). 또한 신라가 삼국을 통일한 다음 요동을 잃은 것에 대해 애석해하였다. 만약 무열왕이 백제와 고구려를 병합하여 일통의 업을 이루었을 때 원대한 생각을 품고 흔들리지 않을 기초를 다지고 고구려와 백제의 옛 지역을 위무하였다면 요해 이동, 불함 이남이 모두 우리 땅이 되었을 것이며, 또한

---

34 강재항은 교화지주로서의 기자에 대한 관심이 높았다. 그는 한백겸의 기전설을 읽고서 깊은 감명을 받았다(『입재집』 권1. 〈箕田圖賦 幷序〉. "近世韓久庵百謙爲之圖畵其制 且爲之說 余見而感焉 爲之賦"). 이에 따라 평양의 기전에 대해서도 김시양이 이를 믿지 않고 맹자를 끌어 후세 호사자가 한 것이며 기자가 한 것이 아니라고 주장한 데에 대하여 기자의 정전 유지임이 맞다고 주장하였다(『입재집』 권13. 〈題箕田圖跋〉).

35 『동사평증』. 147쪽. "按浿江以南 卽鴨綠以南 自羅麗以來 無西北拓地之事 而鴨江常爲西界 可知浿江爲鴨江之驗也"

문무왕 때 계림에서의 즐거움에 취해 다시는 옛 땅을 회복하려고 하지 않은 것을 애석해하였다. 혹자는 신라 군주의 덕이 멀리 미치기에 이르렀는데 굳이 형세를 논할 필요가 있냐고 하지만 옛날 제왕이 가운데 있으면서 변방을 제어하였지 변방에 있으면서 중간을 제어하였다는 말은 듣지 못하였다고 하면서 큰 영토를 가진 나라가 되기 위해서는 형세를 무시할 수 없다고 강조하였다(58).[36]

사실의 오류를 밝히는 사론은 전체 사론에서 차지하는 비중은 높지 않으나 그 가운데 역사지리와 국가적 발전에 대한 사론에서는 숙신을 중시하고, 한백겸의 이원적 발전관을 수용하고, 단군과 기자를 분리하여 이해하였으며, 국가에 대한 순차적인 발전관을 보이고 있다. 이러한 주장은 상고시기의 역사적 전개과정을 설명하는데 있어 새로운 식견을 보인 것이라고 할 수 있다.

② 사실에 대한 고증 사론

강재항은 고증의 어려움을 지적하면서도(7, 9), 역사적 사건에 대해 구체적으로 고증하고 있다. 특히 상고기의 숙신삼조선고구려삼한과 삼국 초기 부분에서는 대부분 역사적 사실에 대한 고증을 주로 다루고 있다(1, 3, 4, 5, 6, 7, 15, 16, 17, 22, 25, 29). 그러나 삼국 이후로는 도덕적 논평을 가한 사론에 비해 사실을 다룬 사론이 상대적으로 희소하다. 당이 유씨를 하동군부인으로 봉한 것은 하동의 유柳씨이기 때문이라고 하나 이것은 모칭한 것으로 본다거나 (86)[37] 홍만종이 청을 금의 마지막 황제인 애제哀帝 수서守緖의 후예

36 『동사평증』. 146쪽. "麗濟旣平之後 新羅不能恢遠略 按(하략)"

라고 한 것[38]에 대해 강재항은 오히려 잘못된 것이라고 비판한 것(187)[39]은 사실을 구명한 사론이라고 할 수 있다.

고려말 기사에서는 백이정白頤正이 주자 성리학을 창도한 것으로 적고 있다. 이는 설총 - 최치원 - 안향 - 정몽주로 이어지는 도학의 계통 성립에 있어서 백이정의 역할을 강조한 것이다. 대신 이제현과 이색은 문장으로만 이름이 높았던 것으로 보고 있다(224).[40] 고려말 왕통의 변화에 대해서는 신우辛禑, 신창辛昌이라는 표현을 그대로 사용하고 신우에 대해 진짜 공민왕의 아들이라고 하더라도 그 나라를 유지하지 못하였을 것이라는 표현으로 볼 때[41] 18세기 이후에 폭넓게 나타나는 왕씨 소생이라는 주장으로는 나아가지 못한 것으로 보인다.[42] 다만 고려말 기사에 대해 사실이 모호하여 명확하지 않은 점이 있음을 지적하고 있어[43] 고려말 기사에 대해 여전히 의문이 있음을 비치고 있다.

---

37 『동사평증』. 151쪽. “按唐之封柳氏爲河東郡夫人者 其爲河東之柳耶 僞冒甚矣 可笑”

38 홍만종. 『동국역대총목』. “扺摩王〔婆娑王太子〕 在位二十三年 ○ 壬子元年〔漢安帝永初六年〕乙丑 靺鞨侵北鏡 ○ 靺鞨在我國北界 本肅愼氏遺種 俗稱野人 三國志所謂挹婁 元魏所謂勿吉 唐所謂黑水靺鞨 是也 有七十二部 本不相統 其種有生女眞熟女眞之號 生女眞最繁 我國平州僧今俊遁入生女眞 生子曰 古乙 古乙生活羅 活羅多子 長曰劾里鉢 季曰盈歌 最雄傑 得衆心 盈歌死劾里鉢長子烏雅束嗣立 烏雅束死弟阿骨打立 沈毅有大志 宋徽宗時叛 遼帝國號金 約宋滅遼 阿骨打死弟吳乞買立 伐宋執徽欽北歸 九世至守緖 元與宋夾攻滅之 至皇明萬曆間 守緖之後 復强大 始稱帝 建元國號後金 其後得瀋陽 改國號曰清 崇禎甲申入帝中國’

39 『동사평증』. 167쪽. “按金人自宣宗珣爲蒙兵所逼 遷于汴梁 至哀宗守緖奔蔡州 蒙人會宋師滅之 完顔氏遂亡 其後三百餘年 清人始起於女眞故墟 則不干於守緖之後 且清人本佟姓 又與完顔不相涉矣 萬宗只以其起於女眞故地 仍稱後金之故 遂謂守緖之後者妄矣 然則後晉後唐後漢後周之屬其果漢晉唐周之後耶 甄萱亦號後百濟 亦以此疑萱亦百濟之後耶’

40 『동사평증』. 171쪽. “按白公游元朝 得程朱性理之學而倡之 其功不細矣 李齊賢李穡不過文章巨擘 而當時推稱 遠過白公者何也”

41 『동사평증』. 174쪽. “按辛禑狂肆凶悖 浮於劉子業李昱 雖眞恭愍之子 亦不可保其國’

42 18세기 이후 왕씨 소생설의 확산에 대해서는 유영옥. 2012. 「폐가입진에 대한 조선후기 사대부의 비판적 인식」. 『역사와경계』 83. 참조.

43 『동사평증』. 176쪽. “已上高麗記 (중략) 至於禑昌恭讓之時 事實又皆模糊不明 此尤慨然者也”

사실을 밝히는 사론은 전체 사론의 양에서 본다면 그리 많지 않다. 이것은 『동사평증』이 사실 구명보다 사건을 논평하는 데 중점이 있었기 때문일 것이다.

③ 멸망 원인에 대한 사론

멸망 원인에 대한 사론은 사실을 밝히는 것이기도 하지만 멸망의 원인에는 도덕적 가치 판단이 들어간다는 점에서 도덕적 사론의 모습을 띠기도 한다.

강재항은 삼국, 신라, 고려의 흥망에 대한 사론(56, 72, 256)[44] 외에도 도처에서 멸망 원인에 대해 언급하고 있다. 고구려의 경우 시역한 연개소문과 아들들의 다툼으로 망하였으며(54), 신라는 군신간 명의가 없고, 연회나 즐기었기 때문에 망한 것으로 보았다(56, 71, 72). 역으로 신라와 같은 작은 나라도 일통하였는데 강대국의 성명군주가 인의를 행하면 공효를 이룰 수 있다고 적어 인의의 힘을 강조하고 있다(56).[45]

고려가 멸망하게 된 이유는 도처에서 다양하게 기술하고 있다. 고려의 역사를 비판적으로 보면서 대부분의 사안이 멸망 원인으로 귀속되었다. 우선 팔관회와 사찰을 세워 후세 군주들이 신봉한 것(82), 글과 연회를 좋아하여 망국의 화를 초래한 것(134), 송 휘종은 소인의 말을 듣고 대성악을 만들었다가 나라가 망하게 이르렀으

44 『동사평증』. 145쪽. "三國興亡之由 按(하략)"
『동사평증』. 149쪽. "新羅終始興亡之由 按(하략)"
『동사평증』. 175쪽. "高麗終始興亡之由 按(하략)"

45 『동사평증』. 145쪽. "按 (중략) 夫以新羅褊小之國 而不知法先王之道 以禮讓爲國 而猶 能撫摩煦濡 以成一統之功 而况强大之國 聖明之君 由仁義而行 以濟其民者 其功效又何可勝道哉"

며 고려도 이로 인해 진작하지 못한 것(135), 녹전祿轉을 위해 관아를 두고 끊임없이 미米를 거두어들여 백성의 원망을 산 것(242), 관작이 남설되어 공사천예에 이르기까지 이를 받지 않는 이가 없게 된 것(243) 등의 구체적 사안을 고려가 망하게 된 이유로 들고 있다. 특히 군주가 약하고 신하가 강한 것을 고려의 폐단으로 들고 있다(222). 고려 말 정국 동향에 있어서는 신우의 방자하고 어그러진 모습을 비판하고 있으며(250), 또한 권간들이 집권하면서 전제가 무너졌다고 보면서도(251), 후일 개국공신으로 등장하는 조준, 윤소종, 정도전 등에 대해서는 신창과 공양왕 때 말을 가림이 없어 군주의 위의威儀가 제대로 서지 않았던 점을 비판하고 있다(252, 253, 254, 255).

강재항은 고려 왕이 제왕의 자질은 있었으나 제왕의 학이 없었으므로 고려 오백년의 치난을 이것으로 알 수 있다고 말하고 있다. 그리하여 고려는 숭불교하고 참위의 술을 따랐으며 동성과 결혼해 금수의 행위를 면치 못하였으니 예의의 도가 무너졌다고 보았다. 또한 형정이 제대로 서지 않고 무신들이 횡행하였으며 충열왕과 충선왕 이후에는 원에 있으면서 윤기가 문란해져 나라가 드디어 망하게 되었다고 말한다. 만약 신라 시조의 인후仁厚와 태종·문무왕의 영무英武·총민聰敏과 고려 시조의 활달豁達과 문종·인종의 공검恭儉·유아儒雅로 기자의 가르침을 밝히고 이를 잘 이었으면 동방의 동주東周가 되었을 것이라고 애석함을 표시하고 있다(256).

이와 같이 신라, 고구려, 백제, 고려의 시종始終과 흥망興亡의 원인을 밝히려고 한 점은 역사에서 교훈을 얻으려는 그의 공효적 인식을 드러낸 것이다. 다만 멸망 원인에 대한 내용은 군주의 혼우昏愚와 음학淫虐, 신하의 불충不忠과 같은 도덕적 측면에서 접근하고 있다.[46]

④ 사건의 인과관계를 밝히는 사론

사건의 인과관계를 밝히는 사론은 사실을 밝히는 사론이면서도 자신의 판단이 들어간다는 점에서 도덕적 논평의 성격을 띠기도 한다. 강재항은 사건 상호간 연결되는 양상에 주의를 기울이고 있다. 어떠한 행위의 결과를 다음에 일어나는 사건의 단초, 계기, 판단 근거로 제시하고 있다. 이는 비록 전근대적인 서술방식이지만 역사를 인과적 관계 속에 보려고 하였다는 점은 주목이 된다.

고려 태조의 거란에 대한 대응책에 대한 비판으로 『동국통감』에서는 금산금시의 화가 거란을 적대하여 발생하였다고 주장한 데에 대해[47] 고려 초기의 강경책과 고종 후기의 금산금시의 침입을 동일 선상에서 놓고 볼 수 없다고 주장하였다(90).[48] 그리고 천추태후가 김치양과 사통하였으나 처벌을 강하게 하지 못하고 귀양보낸 것에 그친 것은 법 집행이 너무 미약하였고, 이것으로 인해 강조의 난을 열었다고 보았다(101).[49] 특히 김치양과 천추태후가 사통한 것은 토벌하고 주살함이 옳은 데도 분분하게 바깥의 군대를 불러들여 결

---

46 『입재집』 권11. 「잡지」. "人主昏愚淫虐 自取敗亡者 固不足道 至若齊景公晉平公漢成帝宋高宗 雖明知其如此 而終不肯一轉念 以至於亡 其亦可怪也已"

47 『동국통감』 권13. 고려 태조 25년(경인문화사, 1987). 301쪽.

48 『동사평증』. 152쪽. "按太祖之流使殺駝 謂之橫挑强敵 而疾之已甚則可也 至以金山金始之侵軼 爲此之祟 金山金始以契丹餘孽 乘金之亂而起 有同草寇 何暇修橐駝之隙於數百年之後耶 史捴引至此 可謂冗長而無意味矣"

49 『동사평증』. 154쪽. "按有罪不誅 有功不賞 雖唐虞 無以善其治 致陽瀆亂宮闈 而罪止流竄 麗之政刑 每失之太寬 其啓康兆之亂宜矣"

과적으로는 적성에서 시해당하는 화를 입게 되었던 것으로 설명하고 있다(102).[50] 강조가 목종을 적성에서 시해하였음을 현종이 알았으면서도 주살하지 못하였으니 현종이 파천하게 된 화가 닥치게 된 것은 당연한 것이라고 논평하였다(103).[51] 다만 현종이 파천한 상황 속에서도 선정을 베푼 것을 거론하면서 이것이 후일 귀주 대첩이 있게 한 것이라고 적고 있다(107).[52]

고려의 정치적 문란상을 지적할 때는 그러한 문란상이 가지는 의미 혹은 연유 등을 지적하여 오래전부터 지속되었던 것임을 밝히려고 하였다. 신하가 군주를 위해 향연을 연 것은 숙종 7년 서경에 순행하였을 때 시작된 것(124), 의종이 글과 연회를 좋아하여 망국의 화를 초래한 것은 예종의 시문을 좋아함에서 연유한 것(134), 정중부와 이의민의 큰 도적질이 있었는데 북인의 횡행과 남적의 약탈은 그것이 더욱 확대되어 나온 것(169), 문관들이 화를 취하게 된 것은 그 유래가 오래된 것(173) 등의 평은 고려의 정치적 문란을 지적하는 과정에서 사건들의 인과적 관계를 밝히려는 것이었다.

고려 무신난의 발생과정에 대해서도 김훈, 최질에서 시작하여 정중부, 이의방이고, 이의민, 최충헌 사세, 임연 등에서 이루어진 것으로 계기적으로 이해하였다(179).[53] 이 역시 역사를 인과적으로 보

---

50 『동사평증』. 154쪽. "按致陽濆亂宮闈 覬覦非望 則討而誅之可也 何至紛紛召外兵乎 王之不斷如此 其致積城之禍宜矣"

51 『동사평증』. 154쪽. "按 (중략) 穆宗無甚失德 而惟以太后之逼 懼宗社之乏主 惓惓於顯宗 如此其至矣 而積城之禍 慘矣 顯宗莫之究問而誅討焉 其播遷之禍 非不幸也"

52 『동사평증』. 155쪽. "按顯宗播越之餘 能恤死事之家 求直言勸農桑 撫戰士 善政若此 他日龜州之捷 可卜矣"

53 『동사평증』. 166쪽. "按前朝武臣之變 始於金訓崔質等 成於鄭仲夫李義方李高李義旼崔忠獻四世林衍等 而訓等之變 適値顯宗賢明之時 旋被誅滅而國亦無事 仲夫等 當明神暗弱之主 一凶誅一凶又至 祿去王室者百餘年 而武臣亦自相屠戮 滅身亡宗 相繼狼藉 無一人得保終始者 亦可爲

려는 논리가 적용된 것이다. 무신난의 발생에 대해서 김훈, 최질에서 시작되었다는 것은 이미 『동국통감』에서도 주목하였으며 이에 대한 안설이 있다.[54] 그런데 강재항은 김훈의 반란에 주목하면서도 이러한 화가 왕규王規의 모역, 강조康兆의 찬탈, 김훈金訓·최질崔質의 변란에서 이어져서 마침내 정중부의 난에 이르게 된 것으로 보아서 무신난에 이르는 과정을 계기적으로 이해하였다(109).[55]

2) 도덕적 교훈을 얻으려는 사론

역사적인 사건이나 서술에 대한 포폄을 통해 도덕적 교훈을 얻으려는 것으로 230여 편의 안설과 3소결이 있다. 이는 다시 서술 방식을 다룬 부분과 도덕적 판단에 대한 부분으로 나눌 수 있다.

① 춘추의 서술 방식을 다룬 사론

춘추의 서술 방식을 다룬 부분은 역사적인 사건을 어떻게 서술할 것인가와 관련된 것이다. 강재항이 역사를 구체적으로 서술하면서 서법을 어떻게 처리할 것 인가를 언급한 것으로 강재항의 역사 기술에 대한 생각을 보여주기도 한다.

서법을 지적한 것은 여러 사론이 있다(20, 34, 64, 68, 163,

後人之龜鑑也 然武臣之始禍也 初無一人長慮却顧 以救其弊 其不爲魯三桓晉六卿齊田氏者幸矣"

54 『동국통감』 권15. 고려 현종 5년. 360쪽.

55 『동사평증』. 155쪽. "按前朝政刑不立 諸將跋扈 初有王規之逆 再有康兆之簒 三有訓質之變 終致質謙仲夫之亂 此盖由於太祖承弓裔苛虐之餘 一以寬大爲政 末流之弊 至於如此 亦可歎也 然奪軍田 亦有取亂之道 是則可鑑也"

180). 강재항은 아예 주자강목의 예에 따라 사서를 기술해야 함을 언급하고 있다. 강재항은 왕건이 신라 경명왕 때 왕이 된 것에 대해 존위尊位의 처리문제를 언급하면서 왕건을 의주義主라고 할 수 없으므로 후주後周 조광윤趙匡胤의 예에 따라 적어야 함을 언급하고 있다(68).[56] 그리고 나라가 아니라 무인 집정가를 위해 죽은 최균에게 사死자를 준 것은 잘못되었다고 보았다(163).[57] 천명을 받들어 토죄할 때 복주라는 용어를 사용하는데 무신들은 서로 주멸하였으므로 하늘을 받들어 토죄한 것이 아니지만 『고려사』에서 복주伏誅로 특별히 적은 것은 이들이 가장 나쁜 자들이기 때문일 것이라고 평하였다(180).[58] 이러한 서법에 대한 입장을 보면 그가 춘추의 서술 방식을 실천하려고 함을 볼 수 있다.

② 도덕적 판단에 대한 사론

이 부분은 대상이 된 사건의 해석이나 인물의 우열[59]에 대해 도덕적인 가치판단을 가한 것으로 역사에 대한 도덕론적 해석이라고

---

56 『동사평증』. 148쪽. "按王建亦羅民也 羅運未替 而遽卽尊位 不可謂義主矣 當依後周趙匡胤例書之可也"

57 『동사평증』. 163쪽. "按西兵陷和州 崔均等死 崔均黨賊者也 (중략) 均之死 爲仲夫死也 均也生爲仲夫生 死爲仲夫死 其生其死 皆不爲國而爲仲夫也 而史特筆以書死之何也 且均之前後所成就者如此 則允儀之薦亦誤矣"

58 『동사평증』. 166쪽. "按自古逆臣之誅 例以伏誅書之者 謂其奉天命討有罪也 然前朝武臣 自鄭仲夫以下 皆爲其黨所屠戮 而所謂君者 初未之知也 且其討之者 非有心於尊君靖國之謀 而特覬幸一時之富貴權勢 自相誅滅而已 豈奉天討罪之謂歟 前史何取於此等輩而以特筆見待也 曹操之定羣雄 劉裕之平禍亂 其辭非不正 而君子未嘗有與之之辭 況此等輩 又其最下者耶 恐當以此例書之耳"

59 이러한 인물의 우열에 대한 품평은 『동사평증』의 사론이 보여주는 특징 가운데 하나이다. 예를 들면 난을 일으킨 정중부와 사신으로 가서 난을 기정 사실로 만들어온 庾應圭에 대해 죄악의 수괴라고 논평한 경우가 그러하다(160).

할 수 있다. 이때의 도덕론은 성리학을 기반으로 한 것이다.

첫째 가장 많이 언급된 사론은 불교에 대한 비판이다. 강재항은 불교나 도참에 대해 비판적인 입장을 보이고 있다. 특히 불교에 대한 비판은 삼국 이전에는 1건(67)에 불과하였으나 고려 시대에서는 다양한 형태로 불교를 비판하고 있다(82, 85, 91, 95, 98, 108, 113, 115, 117, 120, 123, 145, 213, 214, 245). 또한 고려의 참위와 도참도 비판하고 있다(122, 144, 220, 228, 234, 236, 238). 그는 이러한 사론을 통해 고려가 불교와 이단에 빠져 나라가 망하게 되었다는 역사의 교훈을 보여 주려고 하였다. 물론 이러한 역사 해석은 유학자로서의 관점에서 이루어진 것이다.

둘째 유교의 예적 질서가 준행되지 못하였던 것은 비판하고, 또한 잘 준행했을 때는 찬양하고 있다. 그는 사대를 잘 해야 하며(23), 삼국시기에 사대를 잘하지 못하여 중국의 정벌이 이어졌다고 보았다(26). 그러나 삼국시기의 제도는 비루하며(10, 11, 12, 24), 그나마 신라의 제도가 조금 낫다는 입장을 보이고 있다(13, 19). 황탄한 말은 믿기 어려우며(2, 14, 21, 44, 73), 시역과 같은 명분에 맞지 않은 일은 비난하였다(27, 28, 31, 32, 37, 41, 45, 67). 고려 태조의 득국得國은 왕도正道가 아니었기 때문(74)에 신라 신하가 고려에 투항하는 것은 절의의 정신에 반하는 것으로 보았다(89). 대신 물계자가 공이 있어도 원망하지 않은 것을 칭송하며(33), 동천왕이 죽으면서 근신이 따라 죽는 일이 계속되자 중천왕이 금지한 것은 잘 한 것이라고 평가하였다(35).

고려에 들어와서도 유교적인 예제를 잘 실행해야 함을 강조하고 있다. 삼년 상제를 지키지 않음을 비판하고(111), 고려의 왕실에서 남매가 결혼하는 것을 비판하였다(119, 121). 신하가 군주를 위해 향연을 연다는 것을 예가 아니라고 비판하였다(124). 국휼에 홍정紅鞓을 다시 띠도록 한 것을 비판하였다(131). 이러한 점은 조선의 예제에 비추어 고려의 예제 시행을 비판한 것이다. 김연金緣이 왕의 고애告哀를 알릴 때 요의 군주가 연회와 무도를 베푸는 것을 거절하거나(126), 기월을 적용하지 않았을 때(148)는 칭송하였다.

그리고 하늘의 경고에 주의해야 함을 강조하면서(114), 김연이 왕사를 봉하는 것을 간쟁하자 봉숭封崇의 일을 처리토록 한 데에 대해 사양한 것은 올바른 결정이라고 칭송하였다(129). 경연에 『중용』을 강하도록 하여 이로 인해 문교가 성하게 되었다고 높이 평가하였다(147). 정국검鄭國儉과 조문식趙聞識의 간적奸賊 해결이나(172), 권수평權守平이 고려말 염치가 땅에 떨어진 시기에 전조田租를 돌려주고 견룡牽龍을 사양한 것(191) 등은 높이 평가하였다. 김부식의 서경을 점령하는 방식이나 점령 후 위무하는 것은 칭송하고 있으며(151), 김윤후가 몽고 장수를 화살로 죽이고서 공을 다른 사람에게 넘긴 것(188)도 높이 평가하였다.

셋째 형정이 제대로 집행되지 않음을 비판하였다.

특히 고려에 대한 기술에서 간신을 주살誅殺한 것은 칭송하고 주살해야 하는 사람들에게 관대하게 처벌을 내린 것을 다음 시기에 일어나는 난리의 단초를 연 것으로 설명하고 있다. 그래서 관대하게 처벌한 사례들을 구체적으로 들고서 비판하고 있다(92, 98, 101, 106, 109, 141, 142, 230). 고려 왕조 때 각종 모역과 반란이 일어나 마침내 이자겸과 정중부의 난에 이르게 된 것은 태조가 한결같이 관대하였기 때문에 말류의 폐가 여기에 이르게 되었다고 해석하였다(109).[60] 대신 형을 엄격하게 적용하였을 경우 잘 다스려지는 것으로 해석하였다(77). 그런데 이러한 인식은 『동국통감』과 다르지 않다. 인종 때 척준경에 대해 가볍게 처벌한 것에 대한 『동국통감』의 사론도 왕이 마땅히 전형典刑을 바로잡아 신인神人에게 사례해야 하는데도 도리어 목숨을 살려 주어 외방에 유배만 하는 고식적인 은혜를 보였으니, 장차 어떻게 난적亂賊을 징계하고, 후세의 참절僭竊하는 근심을 막겠는가고 비판하고 있다.[61]

그런데 강재항은 너무 관대한 것도 문제지만 일정한 원칙이 없음도 역시 문제가 있다는 입장이다. 즉 임견미林堅味·염흥방廉興邦·도길부都吉敷·이성림李成林·반복해潘福海 등의 죄는 주벌誅伐함이 마땅하나 최영崔瑩이 족당까지 살육한 것은 과하다고 비판하고 있다(248).

넷째 정윤과 화이의 관점을 역사에 적용하였다.

강재항은 정통과 화이를 역사 평가의 기준으로 삼았다. 강재항은 원구단에서 시조를 기념하는 것은 천자의 예인데, 고려가 행함은 예의가 없다고 평하였다(96). 즉 고려의 예적 수준은 제후국인데 천자국에서 행하는 예를 시행하였다고 비판한 것이다. 중국에서 예에 어긋난 대성악을 만들었다가 국망에 이르렀으며 고려도 이로 인해 나라가 진작되어 못하고 결국 망하게 되었다고 적어(135) 예적 질서

60 『동사평증』. 155쪽. "按前朝政刑不立 諸將跋扈 初有王規之逆 再有康兆之簒 三有訓質之變 終致質謙仲夫之亂 此盖由於太祖承弓裔苛虐之餘 一以寬大爲政 末流之弊 至於如此 亦可歎也 然奪軍田 亦有取亂之道 是則可鑑也"

61 『동국통감』 권21. 인종 5년. 499쪽. "臣等按 (중략) 知常之疏 其有見於此乎 王當明正典刑以謝神人 可也 今反曲全性命 只流于外 以示姑息之恩 將何以懲亂賊 而杜後世僭竊之患乎"

의 준행을 국가 흥망과 연결하여 설명하고 있다.

요나라 사람들이 태후의 상에 조문한 것에 대해 백료들이 칭송하자 오랑캐가 조하한 것을 칭찬하는 것은 오히려 욕된 것이라고 평가하였다(133). 게다가 고려에서 사원을 중수하면서 송에 제액을 구하자 송 휘종이 고려에 적어 준 것에 대해 중국과 고려와 관계를 정통과 만이로 규정하고 송 휘종이 어필을 외이에 내려 준 것도 과한 것으로 말한 데서 보이듯이(138, 139) 화이의 관점에서 중국과 조선을 보고 있다. 이렇게 되다보니 고려의 자주적 측면은 생각할 여지가 없어진다. 원에 의해 지배를 당하였던 시기에 원이 처음에 본국의 의관을 금하지 않았는데도 스스로 호복을 입었으니 당시 풍속은 모두 오랑캐 모습이며, 마음도 이미 오랑캐라고 평하였다(200).

그러나 중국과 관계 설정을 어떻게 할 것인가는 또 다른 문제이다. 금주 아골타가 청화請和하면서 형제국을 요구하자 대신들은 불가하다고 극력 말하였으나 김부철金富轍은 오히려 이를 청하는 소를 올렸다. 그런데 강재항은 힘이 없는 고려의 무리들이 사납고 날뛰는 오랑캐에 항거하려고 하나 어려우니 김부철의 말은 오히려 의의가 있다고 평하였다(136). 이는 강재항이 역사를 정통과 화이의 관점에서 보면서도 현실적인 힘의 강약을 도외시 하지는 않았음을 보여준다.

다섯째 고려사의 전반적인 진행을 비판하고 있다. 고려는 멸망에 이르기까지 군신이 서로 다투어 본받을 만한 점이 없는 나라라고 생각하였다.

고려 태조의 유덕군주有德君主로서의 행위에 대해서는 고려가 흥하게 된 것이 그에 연유한다는 입장을 보이고는 있으나(76, 77, 78, 79, 80 81, 83) 고려 태조의 집권조차 정의롭지 않은 일이라고 생각하는 강재항은 고려 태조에 대한 일련의 비판적인 논설을 게재하고 있다(73, 74, 75, 88).

고려 초기에 선견이 없이 후사를 부탁하였던 태조, 왕규의 발호를 처벌하지 못하였던 혜종, 외병으로 내란을 진압하였던 정종을 비판하면서 군주가 약하고 신하가 강한 모습에서 정중부, 최충헌의 반란의 조짐이 이미 나타나고 있으며(92), 인군이 제대로 통치하지 못하는 잘못에 대한 교훈으로 삼아야 한다고 말하고 있다. 의종이 우민憂民의 조서를 내린 것조차 겉으로 종간從諫한 것으로 일시적인 모면책에 불과하다고 비판하고 있다(156, 157).

특히 고려 후기 역대 왕들에 대해 부정적인 평가를 하고 있다. 고종과 원종은 중간 자질의 군주로 보고 있다. 원종은 스스로 강하지 못하고 암혼하여 다른 사람에게 제어당하게 되었음을 개탄하고 있다(201). 특히 원간섭 시기에 대한 비판은 훨씬 강해지고 있다. 충열왕 대는 조정에 현능賢能한 사람들이 많아 그나마 충열왕이 무도함에도 불구하고 망하지 않았다고 적고 있다(216). 충선왕은 소행이 어그러지고 난잡하였으므로 토번으로 유배간 것은 스스로 취한 것이라고 평하였다(227). 공민왕의 경우 조령詔令을 밝혀 안국보민安國保民할 수 있었으나 시해당해 끝이 나게 되었다고 적고 있다(246). 우왕의 방자하고 어그러진 것도 국망의 모습으로 적고 있다(250).

고려의 신하에 대한 기술에서도 신하가 군주에게 방자하게 대하거나 탐욕하거나 불교나 참위를 맹목적으로 믿는 것을 비판하였다.

이와 같이 신하의 역할에 대한 평가에서도 성리학의 도덕적 기준을 벗어나지 않고 있다.

3) 『동국통감』 사론과의 비교

『동사평증』은 『동국통감』을 바탕으로 하면서도 사론을 가하였으므로 『동국통감』의 사론 내용과 비교하여 그 이동을 살펴보면 강재항이 가지고 있었던 사상적 위상을 확연하게 파악할 수 있을 것이다.

『동국통감』에서는 박제상에 대해 그의 충성심을 강조하지만[62] 강재항은 시역 군주인 눌지왕에게 벼슬한 박제상이 눌지왕을 위해 충성하다가 죽은 것은 소인의 행위라고 평가하여 박제상에 대해 비판하였다(38).[63] 장보고에 대해서도 『동국통감』에서는 동정적 표현을 쓰고 있는데 반해[64] 강재항은 명분에 따라 주살함이 옳다고 주장하고 있다(66).[65] 다만 김흠운의 사망과 계백의 처자 살해에 대해 권근이 긍정적으로 평론한 것에 대해 『동국통감』은 비판적인 사론을 내었는데[66] 강재항은 『동국통감』과 마찬가지로 권근을 비판하고 있

62 『동국통감』 권4. 신라 눌지왕 2년. 103쪽.

63 『동사평증』. 141쪽. "按納祇弑其君而自立 朴堤上爲之北使高麗 南使倭人 卒能歸其君之二弟以成其君之志而死之 史氏盛稱其忠義志節 比古烈丈夫 然親於其身爲不善者 君子不入之矣 納祇弑其君而奪之位 是天下古今之大惡也 凡爲羅之臣子者 力能討焉 則討而誅之可也 力不能討焉則違而去之可也 (중략) 孔子曰 言必信行必果 硜硜然小人 其堤上之謂乎"

64 『동국통감』 권11. 신무왕 원년. 147쪽.

65 『동사평증』. 148쪽. "按保皐之誅 史頗冤之 然史明言其叛 又閻長詐叛而投保皐 保皐引爲上客委之肺腑 其叛形昭然已具 見誅宜矣 史冤之何也 然羅朝不能明正其罪 而以盜賊之謀行之 是則不是也"

66 『동국통감』 권7. 의자왕 19년. 176쪽.

다(50).[67]

고려 부분에서는 『동국통감』도 고려를 비판적으로 보기 때문에 사론의 논조에서 큰 차이를 드러내지 않고 있으나 일부 내용에서는 한결 강한 윤리의식을 보이기도 한다. 채하중이 옥중에서 자살하였는데 이에 대해 이인복이 자신의 잘못으로 무고한 사람이 죽게 되었다고 말하였던 것에 대해 『동국통감』에서는 채하중이 옛 군주를 폐하려고 하였으니 반역이 이미 자명하므로 인복이 무고한 사람이라고 한 것은 실언한 것이라고 적고 있다.[68] 이것에 대해 강재항은 채하중이 옛 군주를 폐하려고 하였다는 죄는 주벌을 면치 못할 일이지만 이를 모역謀逆이라고 일컬으면서 죽였다면 그 죄가 올바르게 적용된 것이 아니며, 다만 충선왕을 배반하고 심왕을 세우려 한 죄가 명백하면 채하중도 역시 할 말이 없을 것이라는 유보적인 태도를 보이고 있다(237).[69] 강재항은 군주의 정통성에 포폄의 기준을 두고 있기 때문에 정통 군주가 아닐 경우에는 신하의 행위에 대한 평가가 조선 전기 『동국통감』 혹은 권근이 가지고 있었던 인식과는 조금씩 차이를 보이게 된다.

고려 후기의 무신을 둘러싼 평가 문제에 있어서는 『동국통감』과 크게 엇갈린다. 정중부의 난을 비판하는 입장에 서고 있으므로(160),

---

67 『동사평증』. 144쪽. "按歆運爲將 不虞敵至 誠短於謀矣 至其兵敗 一死之外 無他策焉 階伯當國家危亡之際 先殺妻子而後 力戰以報國 其志烈矣 北地王不獨專美於前矣 近之力詆深誅 謂之不道殘忍何也 盖其志節巽懦 平生無激昂向前之氣 故持論如此 此與楊雄之論伍子胥何異 亦可羞也"

68 『동국통감』 권46. 공민왕 6년. "臣等按 仁復 殆失斯言矣 河中 吠舊主而圖新主 叛逆之罪已著 叛逆 天下之大惡 時無古今 身無存沒 人人皆得而誅之 河中之死 其亦晩也 仁復 殆失斯言矣"

69 『동사평증』. 173쪽. "按河中吠主之罪 固不容誅 而至是稱爲謀逆而殺之 則非其罪也 若以謀背忠宣 援立瀋王之罪 明正典刑 則河中亦無辭矣"

이에 저항하였던 김보당과 조위총은 명의가 빛난다고 보았다(162). 따라서 김보당과 조위총의 거의시 연주延州에 근거하면서 같이 하지 않은 현덕수는 윤리와 의리가 밝지 못하며 역순의 리를 알지 못한 것으로 보았다(162).[70] 또한 현덕수, 두경승, 윤인첨이 조위총의 거병에 항거함으로써 정중부를 주벌하지 못하게 되었으므로 그들은 정중부의 당여로 간주하였다(164).[71]

『동국통감』에서는 마음이 진실로 올바르고 일이 진실로 옳다면 비록 공을 이룩하지 못했다 하더라도 또한 취할 만하니, 김보당 같은 인물이 그런 예라고 평가하였다.[72] 다만 조위총에 대해서는 거사를 의로운 것으로 판단하면서도 거사한 시기가 적당하지 않았다고 보았으며, 그 때문에 국가에 반역하였다는 죄를 모면하기는 어렵다고 보았다.[73] 명종의 집정이 어느 정도 진행되어 왕으로서의 권위가

---

70 『동사평증』. 162쪽. "按鄭仲夫弑逆 金甫當趙位寵相繼起兵欲討之 名義赫然 而東京人先爲叛逆以迎義旼 竟弑前王 而甫當就戮 玄德秀又據延州 先挫西兵之鋒 盖前朝倫義未明 不知逆順之理 而惟利勢是從 位寵亦見擒 翟義之討王莽 諸葛誕毌丘儉之討司馬師兄弟 蔚遲迥之討楊堅 皆是物也 君子不以成敗而與之 其義亦甚著明矣 然德秀固爲吠堯之犬 而人到于今稱之者 抑獨何哉"

71 『동사평증』. 163쪽. "按春秋之法 討亂賊 必先治其黨與 其旨深矣 仲夫之弑逆也 趙位寵起兵討之 玄德秀杜景升尹鱗瞻前後拒戰 脫其角距而殺之 非此三人 則位寵不敗 而仲夫可誅矣 而三人者爲之黨與 而逆賊之黨 牢不可破 三人之罪 可勝誅哉 嗚呼 春秋之法微矣"

72 『동국통감』 권26. 명종 3년. 583쪽. "臣等按 善觀人者 不觀其立功之成敗 而觀其行事之是非用心之邪正 心苟正矣 事苟是矣 則雖不能成功 亦所當取 如甫當 是已 當其起兵於東北也 慷慨發憤 以討亂逆 救君父 爲己之任 其用心 不可謂之不正矣 其與敬直, 純錫, 寅俊諸輩 同奉前王以倡大義 可謂名正言順 而事亦出於是者 不幸而敗 至於殺身 良可惜也 獨其臨死一言 貽禍於文士 靡遺噍類 其與始終完節者 有間矣 然大綱既正 豈可以成敗論人乎 以甫當之賢 而尙不齒於列傳 何也"

73 『동국통감』 권26. 명종 6년. 593쪽. "臣等按 弑逆之賊 人得而誅之 雖鄰國之大夫 亦得沐浴而請討 況其一國之臣子乎 然則位寵之稱兵討賊 可謂義乎 爲其君父而復讎 烏得謂非義乎 仲夫義方義旼 天下之大惡 屠戮搢紳 放弑君父 肆行而無忌憚 則嘗北面於先朝者 其可恝視而不之討乎 此位寵之所以不得不擧也 其擧也以義 而不能濟事 卒歸於叛國 何哉 蓋以其所擧之時非也 若是則當以何時而擧耶 當甫當之擧義兵 使位寵審其時勢 早爲之計 併謀協力 迭爲掎角 甫當功於前位寵議於後 則爲亂賊者 腹背受敵 將狼顧脅息 授首函鼎之不暇矣 於是而誅亂逆之賊 於是而定前王之位 於是而慰在天之靈 雪臣民之憤 庶幾得春秋誅亂討賊之義矣 顧乃逡巡畏縮 逗遛不決者

확립된 상황에서 『동국통감』의 찬자로서는 계속 명종의 정통성을 부정하기는 어려웠다.

이에 반해 정통 군주의 개념을 엄격히 적용하려는 강재항은 김보당과 조위총의 난을 모두 의리로 일어난 것으로 보고 이에 반대했던 세력에 대해서는 부정적으로 보았다. 현덕수에 대해서는 요 임금을 향해 짓는 개로 표현하고 있다(162). 조위총의 난을 의거로 보았기 때문에 조위총 군의 공격으로 죽은 최균에 대해서도 나라를 위해 죽은 것이 아니라 정중부를 위해 죽었으므로 서법상으로 사死자를 쓰면 안 되며, 최윤의의 천거도 잘못되었다는 입장을 보이게 되었다(163). 이의민의 의종 시해에 같이 하였던 박존위가 조위총 세력에 의해 죽자 하늘이 반드시 벌한다는 입장을 보이고 있다(165). 선주宣州에서 일어나 의주義州 사람과 합세하여 조위총 군에 저항하였던 방서란房瑞鸞은 의리를 배반하고 적을 따른 것으로 평하고 있다(167). 다만 조위총이 처음에는 적신을 주벌하는 것을 명분으로 내세웠으나 난을 이겨낼 만한 재주가 없었으며, 또한 그 뜻을 헤아려 보면 토적하는 데 그친 것이 아니어서 순정하지 못한 바가 있다고 평하였다(168).[74] 강재항의 입장에서는 김보당과 조위총이 모두 정중부에 저항하여 일어났으며, 조위총의 경우 논란이 있을 수 있지만 의리에 따른 거의로 본 것이다.[75]

有年 甫當已死 毅廟已弑 明宗之位已定 亂逆之黨磐據 然後謀動干戈於邦內 構釁生事於他國 其爲計不亦誤乎 此所謂所擧者 雖義 而所擧之時非也 其所失如此 雖欲免叛國之罪 得乎"

74 『동사평증』, 163쪽. "按金甫當趙位寵之起兵討仲夫也 名義赫然 可以起忠臣義士之心 (중략) 然位寵之起事也 或謂位寵始以誅賊臣爲名 故諸城響應 今觀其志不止討賊 然則位寵之志 亦有未純而爲人所闚覘耶"

75 조선 중·후기에는 조위총의 난에 대해 擧義 혹은 謀叛으로 보는 입장이 대립되어 나타나는데, 강재항은 이익, 안정복과 함께 충절을 강조하는 입장에 서고 있다(조선 후기의 사서에

무신난에 동조하였던 관리들에 대해서도 평가가 엇갈린다. 『동국통감』에서는 비록 흠이 있지만 문극겸을 충효근검하며 자인정직慈仁正直하다고 하였으나,[76] 강재항은 난을 다스리려는 의견도 없었고 반정을 일으킬 재주도 없었으니 호광과 풍도와 같은 무리라고 비판하였다(177).[77]

상제에 대해서도 『동국통감』에 비해 더욱 엄격한 준행을 강조하고 있다. 고려말 이제현은 덕종이 거상居喪에 자식의 도리를 다했다고 하였으나 주자의 삼년상제를 취하였던 강재항은 이를 비판하고 나섰다(111).[78]

인물의 평에 있어서도 양원준의 출처出妻에 대해 『동국통감』에서 처음에 광주光州의 수령으로 있을 때 처가 시어머니를 섬기는 데 삼가지 않으므로 쫓아내었는데, 처와 아들이 울면서 애걸하였으나 끝내 허락하지 않고, 그 처로 하여금 혼자 돌아가게 하니, 사람들이 혹 그의 어질지 못함을 비난하였다는 기사[79]에 대해 불인하다고 하는 것은 과하다고 오히려 양원준의 출처出妻를 지지하였다(158).[80]

한편 강재항은 고려의 불교와 참위에 대해 비판하는 입장을 가지

나타나는 조위총에 대한 義·叛 인식에 대해서는 유영옥. 2013. 「고려 조위총의 의와 반에 대한 성리학적 논변」. 『역사와경계』 88. 참조).

76 『동국통감』 권28. 명종 19년. 626쪽.

77 『동사평증』. 164쪽. "按史盛稱克謙忠孝勤儉 慈仁正直之操 然當武臣專擅跋扈之時 克謙身爲宰相 依違兩間 初無陳竇撥亂之志 又無狄張反正之才 而陰享富貴數十年 盖亦胡廣馮道之流耳 其廣植田園 銓注乖錯 私官乳臭子弟 何足怪哉"

78 『동사평증』. 156쪽. "按李氏之稱 雖如此 攷諸史 顯宗以五月薨 而德宗以六月釋服 九月 幸帝釋院 享國老 十月納妃 則其所謂盡子道者 果指何事也"

79 『동국통감』 권24. 의종 12년. 557쪽.

80 『동사평증』. 161쪽. "按元俊以事母不謹 出其妻 其子號泣乞哀 而卒不許 使其妻獨還 其出妻是也 不可以子之請而還之 人以不仁譏之何也 然以禮經出妻之議觀之 則少些宛轉曲護之意耳 謂之不仁則過矣"

고 있었으며, 이 점은 『동국통감』도 마찬가지였다. 그래서 강재항은 불교와 참위에 관한 한 『동국통감』의 사론에 대해 반대 의견을 내기보다 지지하는 입장을 견지하고 있다. 태조의 팔관회 설치나 참소를 받아서 유검필庾黔弼을 유형보낸 것에 대해 『동국통감』 사론에서는 비판하고 있는데 직접 『동국통감』의 사론을 언급하지는 않았으나 강재항도 역시 이를 비판하고 있어 같은 입장임을 보여주고 있다(82, 84). 기회적인 태도를 취하였던 박섬朴暹의 도형을 공신각에 넣는 것에 대해 『동국통감』에서 비판하였는데 강재항도 이에 대해 비판적으로 언급하고 있다(112). 왕실에서 남매가 결혼하는 것에 대해서는 『동국통감』에서 비판적인 사론을 게재하고 있으며 이 점은 강재항도 마찬가지였다(119, 121, 165).[81] 태조가 임종시에 훈요를 지었는데 이단 사설이 대부분인 것에 대해 이미 『동국통감』에서 논하였으므로 더 말할 필요가 없다고 『동국통감』의 사론에 대해 지지하기도 하였다(91).

이와 같이 『동사평증』의 사론을 조선 전기에 나온 『동국통감』의 것과 비교하면 비록 고려를 부정적으로 보는 점에서는 동일하지만 박제상, 장보고, 무신난, 반무신난 등에서 보이듯이 정통 군주가 아닐 경우에는 신하의 행위에 대한 포폄이 달라져서 그 명분성이 더 강하게 작동하고 있다. 상제喪制나 출처出處에 있어서도 주자 가례나 강화된 수신 원칙을 적용하면서 『동국통감』보다 더 엄격한 도덕적 기준을 적용하고 있다.

---

81 처첩을 위로부터 차례로 줄어나가면서 가질 수 있도록 하자는 박유의 상소에 대해서는 못할 것도 없다는 입장을 보여(203) 처첩을 거느리는 문제에 있어서는 『동국통감』과 다른 모습을 보이기도 한다.

4. 『입재집』 사론에 나타난 중국사 인식

강재항은 문집에 중국사에 대한 사론을 적고 있다. 이 사론들도 인물과 사건을 포폄한 것으로 중국사의 역사적 사실을 밝히려는 것보다 중국 역사에서 도덕적 교훈을 얻으려는 것이 대부분이다.[82]

첫째 개인의 절의적 행동을 높이 평가함으로써 윤리의식의 고양과 권선징악의 실행에 중점을 두었다. 이윤이 걸과 탕에게 나아간 것은 스스로 임무를 담당한 것이라고 논평한 데서 보이듯이 인물의 행동을 판단할 때 절의를 평가의 기준으로 삼았다(중국 1, 2).[83] 그리하여 예양이 신하로서 불충부지不忠不智하였으나 지백을 위해 조양자를 죽여 복수하려고 변소에 숨거나 몸에 옻칠을 한 것에 대해 절의적 행동으로 높이 칭송하고 있다(중국 14).

둘째 군주의 도덕적 행위와 예에 입각한 통치 행위를 칭송하였다. 강재항은 성군의 정치를 실현한 군주의 행위를 덕정으로 찬양하고 있다(중국 3, 4, 5, 6, 7). 후대 군주에 대한 평가에서도 군주가 신하를 예로 대접한 것을 높이 평가하고 있다. 그리하여 강태공이 주 문왕을 만난 것은 현사에 대한 대접이라고 이해하고(중국 9), 대신 연燕 소왕이 곽외를 초빙하여 제齊를 없애려 한 것에 대해 예로서

82 맹자의 모친이 교육을 위해 3번이나 옮겼다는 글에 대해 후대의 장사에 대한 기사를 통해 잘못된 것임을 밝힌 사론(중국 11)은 사실을 밝힌 사론으로 간주할 수도 있다. 한 대의 초기 기사(중국 15, 16)도 사실을 구명하는 모습이 강하다.

83 번호는 『입재집』 권14 「論」의 중국사 사론에 연번호를 단 것이다. 부록 〈표2〉 『입재집』 사론의 주제와 논평 참조.

신하를 대한 것이 아니라고 비판하였다(중국 12).

셋째 신하의 행위를 춘추와 충절의 관점에서 포폄하여 도덕적 귀감과 권계를 보이려고 하였다. 전국에서 진한 사이에 번쾌樊噲만한 큰 기개와 담용을 지닌 자가 없었으며(중국 17), 태위 주발周勃이 북군에 여씨를 공격하도록 명령을 내린 것은 인심이 여씨와 같이 하지 않음을 알고서 순인토적順人討賊한 것이라고(중국 18) 평론하였다. 한 고조가 소하를 하옥시키자 이 때 왕위위王衛尉가 진秦이 간쟁을 듣지 않다가 천하를 잃었다고 간한 것은 만세 군자의 말이라고 하였다(중국 19). 왕윤王允에 대해서는 천하의 인심을 얻지 못하였음을 비판하였으며(중국 20), 채옹이 동탁의 죽음에 대해 애도의 표시를 한 것에 대해서도 왕윤에 대한 평가와는 별개로 난적亂賊을 토벌한 것으로 간주하였다(중국 21). 강재항은 사적인 의리 관계를 뛰어넘어 국가에 대한 의리와 충절을 강조하고 있다. 이는 당시 당쟁이 격화되면서 인물에 대한 평가의 기준이 분분한 상황에서 군주와 나라에 대한 충절과 의리를 인물 포폄의 기준으로 강조한 것이다.

넷째 국가의 흥망 원인에 대하여 논평하고 있다. 이는 한국사에서 국가의 발전과 흥망 원인에 대하여 관심을 보인 것과 상통한 것으로 강재항은 항우가 오강烏江을 건너지 않아서 패배했다는 것에 대해 건너고 건너지 않는 것은 흥망에 상관이 없는 것으로 보았으며(중국 15), 위·촉·오 삼국의 흥망과 동진 북송의 흥망에서 형세와 때의 측면이 중요함을 강조하여 국력이 약해도 형세와 때를 잘 이용하면 국가를 유지할 수 있음을 주장하고 있다(중국 24, 25, 27). 또한 유비가 형주를 손권에게 빼앗기고 관우가 죽음을 당하자 손권에게 복수하려다가 대패한 형주의 일에 대해서는 유비와 손권의 입장에서 득실을 논하면서 형주가 천하 제패를 결정하였음을 논하였다(중국 22, 23, 26).[84] 이러한 설명은 조선이 임진왜란과 병자호란을 거치면서 어려운 처지에 놓여있으므로 이들의 역사에서 보듯이 형세와 때를 잘 이용하여야 한다는 문제의식을 보인 것이다.

강재항의 중국사에 대한 사론에서 강조하고 있는 개인의 절의적 측면에 대한 강조를 통한 윤리의식의 고양과 권선징악의 실행, 군주의 도덕적 행위와 예에 입각한 통치 행위의 칭송, 신하의 춘추와 충절에 대한 강조를 통해 도덕적 행위의 권계, 국가 흥망에서 형세의 중요성 강조 등은 한국사에 대한 사론에서도 중시하였던 것이었다.

강재항은 중국사에 대한 사론을 통해서 군주와 나라에 대한 충절을 강조하였으며 인물과 사건에 대한 도덕적 포폄을 중시하였다. 이를 통해 윤리의식을 고양하고 권선징악의 효과를 보여주려고 하였다. 그리고 국가 흥망과 성패를 도덕적 차원에서 보려고 하였다. 이에 따라 도덕적인 포폄이 사론의 대부분을 차지하면서 역사적 사실에 대한 구명은 현저하게 줄어들었다.

---

84 강재항은 촉에게 역사적 정통이 있음은 따로 언급하고 있다(『입재집』 권11. 「雜識」. "公議自是出於人心 秉彜之天 不可以威勢脅也 不可以久遠泯也 且如魏晉之間 不復以正統視蜀矣 然後主之入魏 便以爲安樂公 自與山陽公並 而不與歸命侯比矣 及後劉淵將叛 便追謚後主 而若杜工部 則直以正統歸之 司馬公未之察焉 故有後賢盍更張之歎也").

5. 당대인식과 현실비판

강재항은 우리나라 선비들이 명종과 선조 이전에는 실질을 도모함이 많았으나 명종과 선조 이후에는 명분을 도모하게 되었다고 보았다.[85] 옛날의 현자를 높이는 것은 덕을 숭상한 것인데 지금의 소위 현자를 높이는 것은 덕德을 숭상한 것이 아니라 같은 당黨이기 때문이라고 지적하여[86] 당시의 격화되어가던 당쟁에 대해 비판적인 자세를 보이고 있다.

한편 강재항은 임진왜란과 병자호란을 매우 충격적인 사건으로 보았다. 그리하여 이 시기에 활약하였던 김덕령, 김응하, 임경업, 장사진에 대한 인물전을 수록하고 있다.[87] 김덕령과 장사진은 임진왜란기 호남과 영남의 대표적인 의병장이었으며, 김응하는 후금의 정벌에 나섰던 장수였으며, 임경업은 병자호란 때 전투에 나섰던 장수였다. 임진왜란과 병자호란에 활약하였던 장수들의 전기를 작성한 것은 이들의 역할이 국가의 유지에 중요하다는 생각을 보여준 것이다. 특히 강재항은 임진왜란과 병자호란과 관련된 전적지를 돌아보고 이에 대한 부와 시를 짓고 있다.[88] 이는 강재항의 조부인 강각이 호란을 피해 봉화에 낙향하였던 것에서 보이는 배청의식이 가문의

85 『입재집』 권11. 「雜識」. "東儒 明宣以上多務實 明宣以下多務名 時使之也"
86 『입재집』 권11. 「雜識」. "古之所謂尊賢者 尙德也 今之所謂尊賢者 非尙德也 黨也"
87 『입재집』 권19. 「傳」. 〈金德齡傳〉, 〈金應河傳〉, 〈林慶業傳〉, 〈張義士士珍傳〉.
88 임진왜란과 병자호란의 전적지를 돌아본 감흥을 시문으로 남겼다. 이에 대해서는 남봉우. 2007. 「입재 강재항 한시 연구」. 부산대 대학원 문학석사 논문. 63-77쪽 참조.

사상적 특질로 이어 내려온 때문일 것이다.

강재항은 설계두와 흑치상지를 인용하고서 지금은 재품을 따지지 않고 가세家勢를 말하는 것이 더 심하다고 비판하여 당시 문벌 중심으로 돌아가는 사회상을 비판하고 있다. 또한 과거의 폐단이 옛날이나 지금도 여전함에 대해 개탄하고 있다(116).

그리고 역사상 전쟁에 대한 부정적 입장(51, 55, 56, 136)은 당시 청에 대한 북벌이 의미가 없어진 상황에서 아직도 경상도의 남인 일부에서 무력에 의한 보복을 주장하는 것에 대한 비판의 의미가 깔린 것이기도 하다. 굴욕적 일지언정 인상여가 화씨의 벽을 가지고 진에 간 것을 지지한 것(중국 13)은 배청의식에도 불구하고 청과의 평화적 관계 모색을 중시하였던 강재항의 생각을 보여주고 있다.

한편 전제 개혁에 대해 오히려 지금이 더 문란하다고 비판하는 입장(251)을 보여주고 있다. 이러한 현실인식은 비록 혁명적 변화를 추구한 것은 아니지만 당시의 현실에 대해 일정하게 비판하는 입장을 견지하고 있음을 볼 수 있다. 고려말 유학자들의 상소의 말과 문장이 지금 사람의 뜻과 비슷함이 있으니 일가의 정으로 말한다면 창시자라고 할 정도로 고려말 유학자들이 느끼고 있었던 문제의식을 자신의 상황과 결부하여 생각하였다(254).

그런데 이러한 현실비판과 그가 구상하였던 정무에 대한 생각을 통해 도달하려는 미래의 사회상을 살펴보면 그가 궁극적으로 지향하였던 사회는 삼대의 정치가 이루어지고 공맹의 가르침을 행하는 유교적 도덕사회였다. 그러나 삼대와 공맹의 사회는 준칙일 뿐 그 제도를 그대로 답습하자는 것은 아니었다.[89] 우리 동방이 중국과 풍기가 달라서 중국의 정치를 이룰 수 있겠는가라는 의문에 강재항은 우리가 선정을 행하고 중화의 법을 취하여 변통하고 때를 맞추면 일왕의 제도를 이루지 못할 것이 없다고 하였다. 이에 따라 봉건封建, 정전井田, 육형肉刑, 예禮, 악樂, 사민四民, 군병軍兵, 취사取士, 관제官制, 우형虞衡, 재용財用, 반록班祿에 이르기까지 옛 제도의 정신을 바탕으로 현실에서 부분별로 개선하되, 다만 삼대 정치의 실과 정신을 구하면 일대一代의 제도를 이룰 수 있다고 보았다.[90] 유학자들이 삼대적 사회를 이상적으로 여기는 것은 대부분 마찬가지일 것이지만 강재항은 삼대를 막연하게 이상사회로 설정한 것이 아니라 제도의 개선을 통해 현실에서 구현 가능한 사회로 보았다. 이는 강재항이 유학자이면서도 사회개선 의지와 방향을 보인 것으로 평가할 수 있다.

그러나 그의 이러한 현실에 대한 비판적인 언급도 당시의 사상 경향에서 크게 벗어난 것은 아니었다. 강재항이 현실을 평가하는 기준도 역시 유교의 윤리와 도덕이었다. 나라를 잘 다스리는 방도도 교화를 밝게 하고 풍속을 순후하게 하고 법제를 세우고 도량을 바르게 하는[91] 유교적 방식에서 벗어나지 못하고 있다. 신분관에 있어서도 귀천貴賤·적서嫡庶·노주奴主의 엄격한 구별을 중시하였다.[92] 게다가 관리로서의 그의 백성관에서도 이러한 윤리도덕관이 작동하고 있

---

89 『입재집』 권11. 「雜識」. "爲治當以三代爲準則 然但當求其意而已 不可徒泥其跡 作人當以孔孟爲準則 然但當得其心而已 不可徒襲其故"

90 『입재집』 권16. 「義」. 〈政務私議-班祿〉.

91 『입재집』 권11. 「雜識」. "治國之道 不過明教化厚風俗立法制正度量 使民由之 而不自知焉"

92 『입재집』 권8. 「雜著」. 〈懷仁縣勸諭百姓文〉. "一 貴賤長幼嫡孽之分 天地之常經 古今之通誼也 近來紀綱凌弛 以賤凌貴 以少凌長者 往往有之 而至於嫡孽 又在骨肉之間 名分素定 而以孼凌嫡者 在在皆然 此則夷虜之風而禽獸之行也 此後卑幼逼尊長 庶孼凌嫡長者 面任登時來報 以爲懲治之地事"

으며, 백성의 곤궁을 구제하려는 시책조차도 결국은 예의의 수양에 귀결시키고 있다.[93]

요컨대 강재항은 당대의 현실을 이전보다 나빠진 것으로 인식하고 있다. 인물의 능력보다 가세를 중시하고 문벌 중심으로 돌아가고 있는 사회를 비판적으로 바라보고 있다. 과거의 폐단이 여전함을 개탄하고 북벌한 능력이 되지 않으면서 북벌을 주장하는 현실에 대해 비판적인 인식을 가지고 있었다. 삼대적 유교사회를 이상적으로 보았지만 제도적 측면에서 그대로 답습하는 것이 아니라 삼대적 정신의 계승을 중요하게 보았다. 그러면서도 유학자로서 노예와 주인 혹은 군주와 신하와의 차별을 강조하고 귀천과 적서의 엄격한 구별을 강조하고 있다. 이점에서 본다면 그의 현실비판은 삼대적 유교사회의 회복과 도덕적 사회의 재건이라는 범주에서 크게 벗어나지 못하였다고 할 수 있다.

6. 맺음말 -사학사적 의의-

강재항은 우리나라의 역사를 성리학에 바탕한 사론의 형식으로

93 『입재집』 권8. 「雜著」. 〈懷仁縣勸諭百姓文〉. "民生之困窮如此 奚暇於禮義之修"

평을 가하여 저술로 집대성한 『동사평증』을 편찬하였으며, 또한 중국사에 대해서도 별도의 사론을 문집인 『입재집』에 남기고 있다. 특히 『동사평증』은 사론의 형식으로 단군시기에서 고려까지의 전 역사를 다룬 책이다. 이는 당시 중국사를 중심으로 전개되었던 사론 역사학을 한국사에까지 영역을 넓힌 것으로, 강재항의 『동사평증』은 한국사에 대한 최초의 전문 사론서라고 할 수 있다. 『동사평증』에서 보여준 사론식 기술방식은 편년 혹은 통감식 역사 서술이 기존 자료를 편집하여 장절을 이루었던 것과는 다른, 역사기술의 새로운 면모를 보여준 것이라고 할 수 있다.

그런데 내용면에서 본다면 조선 후기 사론은 조선 전기에 비하여 양에 있어서 발전한 바가 있다. 그러나 역사지리를 중심으로 전개된 역사고증적 사론에 비하면 과도한 도덕과 윤리적 기준이 적용됨으로써 역사학이 윤리적 수준으로 떨어지고 천편일률적인 성리학적 도덕사관으로 전개되었다. 이때 사론에서 역사속의 인물을 포폄할 때 가장 중요한 판단 기준은 충절과 도덕이었으며, 이에 따라 권선징악의 선전을 가장 중요한 역사의 교훈으로 받아들였다. 그리하여 내성적인 자성을 강조하고, 개인적인 수양에 역사 문제를 귀결시키기도 하였다. 이와 같이 이 시기에 나타나는 사론은 윤리의식을 고양시키려는 성리학의 심화를 반영하고 있다. 또한 이들 사론에서는 대체로 국가와 개인에 있어서 정통을 강조하고 있으며, 정윤과 화이의 구별을 중요하게 여겼다.

이 논문에서 다루었던 강재항도 역시 그러한 사론의 조류를 그대로 지니고 있다. 강재항의 사론에 보이는 도덕주의적 측면은 당시 일반 사대부들이 자국의 역사를 어떻게 도덕사관에 의해 재해석하는가에 대한 한 예가 될 수 있을 것이다.

강재항의 『동사평증』에서 사실의 오류를 밝히는 사론은 전체 사론에서 차지하는 비중이 높지 않으며, 도덕적 교훈을 얻으려는 사론은 전체 사론의 대부분을 차지하고 있다. 강재항은 춘추의 서법을 적용하여 역사를 기술하려고 하였으며, 역사를 논평할 때는 불교와 참위를 비판하였으며, 유교의 예적 질서를 중시하였으며, 형정의 엄격한 집행을 중시하였으며, 정윤과 화이의 구분을 중시하였으며, 이러한 부분이 제대로 지켜지지 않았던 고려의 역사 진행을 매우 비판적으로 보았다. 고려의 역대 왕대는 군신간의 의리와 충절마저 무너진 것으로 간주하였다.

이러한 『동사평증』의 사론을 조선 전기에 나온 『동국통감』의 것과 비교하면 비록 고려를 부정적으로 보는 점에서는 동일하지만 박제상, 장보고, 무신난, 반무신난 등에서 보이듯이 정통 군주가 아닐 경우에는 신하의 행위에 대한 포폄이 달라져서 그 명분성이 더 강하게 작동하고 있다. 상제喪制나 출처出處에 있어서도 주자 가례나 강화된 수신 원칙을 적용하면서 『동국통감』보다 더 엄격한 도덕적 기준을 적용하고 있다.

이러한 특징은 강재항의 문집에 수록된 중국사에 대한 사론에서도 마찬가지로 나타난다. 개인의 절의적 측면에 대한 강조를 통한 윤리의식의 고양과 권선징악의 실행, 군주의 도덕적 행위와 예에 입각한 통치 행위의 칭송, 신하의 춘추와 충절에 대한 강조를 통해 도덕적 행위의 권계, 국가 흥망에서 형세의 중요성 강조 등은 한국사에 대한 사론에서도 중시하였던 것이었다.

이러한 사론에서 기반한 역사인식으로 인해 강재항의 현실비판은 삼대적 유교사회의 회복과 도덕적 사회의 재건이라는 범주에서 크게 벗어나지 못하였다. 그 결과 강재항이 보여주고 있는 도덕과 윤리에 입각한 현실비판들은 그 이념적 경직성으로 인해 새로이 변화하는 사회현실과는 동떨어진 모습을 보이기도 한다. 강재항의 사론에서 보이는 이념적 경직성은 역사 사론을 도덕학 혹은 윤리학의 수준으로 떨어지게 하였으며, 사론의 내용에 있어서도 현실과 유리된 고답적인 내용만을 고집하게 하였다. 강재항의 사론에서 보이는 이러한 과도한 이념성은 당시 사상계의 사상적 경향의 한 부분을 보여주는 것이며, 또한 향후 성리학에 입각한 역사 사론이 더욱더 천편일률적인 도덕 윤리의 길을 가게 될 것임을 예고하고 있다.

부록 〈표 1〉『동사평증』 사론의 주제와 논평

번호	주 제*	논 평
1	朝鮮故肅愼之墟	조선·부여·낙랑·예맥 등의 땅은 모두 숙신의 옛 땅임
2	三國遺事曰 天帝子桓雄	천제의 아들 환웅 등의 말은 호사가들이 두찬한 것임
3	夏禹氏會諸侯於塗山 夫婁朝焉	부루가 도산에 조회하였다는 것은 믿을 수 없음
4	檀君使彭吳奠國內山州	한무제 때 팽오로 하여금 예맥조선을 정벌하도록 하였으므로 단군 때라고 하는 것은 잘못임
5	檀君避箕子來封 移都唐藏京	단군과 기자는 떨어져 있어서 피하여 옮길 일이 없음
6	箕子與武王 生同年而死亦同年	기자가 무왕과 같은 해에 사망하였다는 것은 잘못 전해진 것임
7	箕子墓	기자묘에 대해서는 평양과 蒙에 있다는 두 설이 있음
8	箕子設八條之敎	八敎는 八政의 오자임
9	燕攻其西 取地二千餘里 至滿潘汗爲界	요동은 당우 이전부터 중국에 속하였으므로 조선 땅이 되지 않았으며, 만번한이 어디인지 알 수 없음
10	後漢書高句麗傳曰 其俗淫 皆潔淨自喜	관서의 풍속이 속되기는 지금도 그와 같음
11	又曰 婚姻皆就婦家	우리나라 풍속이 대체로 혼인시 여자의 집으로 감
12	又曰 馬韓作土室 形如塚	양호간 지금 민간의 거주도 塚처럼 만듦
13	又曰 辰韓嫁聚以禮	영남의 풍속은 가장 아름다워 추로지향이라고 불리움
14	其出於傳聞之訛	상고시기 여러 설화의 사람을 속이는 자취를 후인들은 깨닫지 못하고 있음
15	三國國號	삼국이 각기 흥기한 곳의 지명으로 국명을 삼았음
16	麗濟二國 先爲稱王	고구려와 백제는 신라보다 먼저 왕이라 칭하였음
17	靺鞨古肅愼氏之遺種	말갈은 하나이지만 말갈의 종은 여럿이며, 개마 이동 창해 이남에 잡거하였음

번호	주 제*	논 평
18	新羅始祖八年 倭來寇	왜환이 처음 보이며, 지금까지 끊이지 않음
19	王曰 幸災不仁 遣使吊之	동방 예의의 풍은 여기에서 시작됨
20	馬韓周勤 起兵牛谷城	마한의 周勤이 기병하자 백제왕이 정벌하였는데 역사서에 이를 討라고 하는 것은 서법에 맞지 않음
21	東扶餘王帶素從弟爲王	금와가 바위 사이에서 나왔다는 것은 망령된 말임
22	解婁本扶餘人也	해루는 부여의 종성임
23	敢犒左右 漢兵乃還	犒饋하였다는 것은 事大의 격식을 잘 안 것임
24	設伊伐飡等十七級官	신라는 왕의 칭호와 함께 관호가 모두 비루함
25	華麗不耐二縣侵新羅	한나라 건무의 때까지도 화려·불내 등 동방의 군읍이 여전히 남아 있었음
26	遣兵襲漢北平漁陽上谷太原	고구려가 중국을 공격하였으므로 수·당이 정벌을 일으킨 것은 이상할 것이 없음
27	句麗王解憂暴戾不仁 魯遂弑解憂	解憂는 포학한 군주로 시해당함이 마땅하나 杜魯 역시 시역의 죄를 면할 수 없음
28	新羅三姓授受	신라의 3성 수수는 요순의 수수와 거리가 멈
29	王率馬韓濊貊 圍漢玄菟	마한이 다시 나타나는데 언제 復國하였는지는 모름
30	遂成立 殺福章及王之二子伯固[illegible]荒	고구려 태조왕은 단지 선양의 이름만을 구하였을 뿐임
31	明臨答夫因民不忍弑遂成	명림답부는 무도하였던 수성을 죽인 것임
32	故國川王武男卒	발기가 형수인 우씨를 책하고 연우가 즉위하자 상국에 借兵한 것은 모두 바른 것임
33	勿稽子功大 見忌不見錄 勿稽子力戰 斬數十級 又不錄	물계자가 여러 차례 공이 있었으나 녹훈되지 못하였어도 원망하지 않음
34	東國通鑑 用曺魏年號	주자강목에 따라 촉한의 정삭에 맞추어 기록해야 함
35	東川王卒 國人莫不哀傷	근신이 따라 죽는 것을 중천이 금한 것은 잘한 것으로 예를 모른 것은 아님

번호	주 제*	논 평
36	鴛洛王坐知任女寵 國大亂	간쟁하는 신하의 말을 들어 여총을 내친 사례는 작은 일이 아님
37	訥祗怨之 遂弑王自立	실성과 눌지의 다툼에는 相讓의 풍이 없으며 시역한 눌지의 죄가 큼
38	堤上曰 鷄林臣 倭主知不可屈 遂燒殺之	박제상은 시역한 군주인 눌지에 벼슬하였기 때문에 지조에는 칭송하기 어려운 부분이 있음
39	禁殉葬	순장 금지는 현명한 일임
40	異斯夫修國史 李文眞修國史	두 나라의 국사에서 기사가 소략하고 차서가 없음은 애석함
41	圓光 入陳求法而歸 光敎以五敎	仁義를 위해 죽음으로 지킨다는 구절이 없는 것은 애석함
42	百濟王義慈 幼有孝友之行	효자충신하면서도 망국패가한 이는 의자왕임
43	唐陳大德使高麗 及還 悉陳高麗虛實	大德이 태종으로 하여금 隋의 전철을 밟게 하니 죄가 큼
44	蓋蘇文 東部大人大對盧之子也	개소문은 수중에서 태어났다고 천씨로 개칭하여 백성을 미혹함
45	蓋蘇文弑君	시역은 천하의 대악이므로 토벌하여 죽이는 것이 옳지만, 당 태종이 책명을 내린 것은 토벌하는 뜻을 잃어버린 것임
46	漢隋唐東征	중국에서 공격하는 海路는 방비에 더욱 철저해야 함
47	帝至安市城 進兵攻之	고연수가 고정의와 태종의 상책을 쓰지 않았으므로 패배하는 것은 당연함
48	安市城險而兵精	안시성주의 충의는 사람을 감동시킴
49	金春秋自唐還	김춘추가 당에서 돌아올 때 온군해의 충의로 화를 피함
50	金歆運等四人與百濟戰死 階伯盡殺家屬進與新羅兵	김흠운과 계백의 사망에 대해 권근이 비판한 것을 반대함

번호	주 제*	논 평
51	蘇定方與新羅共滅百濟	무열이 당을 치지 않음은 군주의 충후한 도를 보인 것임
52	劉仁軌鎭百濟	유인궤가 백제에 행한 것에는 고인의 풍이 있음
53	新羅人薛罽頭 百濟黑齒尙之	설계두와 흑치상지는 고인의 풍이 있는데도 다른 곳에서 공을 세우게 된 것은 애석함
54	蓋蘇文死 子男生代爲莫離支 爲鄕導擊高麗	군주를 시역한 연개소문이 죽고 아들이 다투었으니 고구려의 멸망은 마땅함
55	金欽純金仁問 將伐高麗 問計於庾信	김유신이 충신·교오를 존망의 징표로 삼고, 곡직을 승부의 근거로 삼고, 인·불인을 강약의 근본으로 삼고 있으니 신라의 흥기는 마땅한 것임**
56	三國興亡之由	고구려와 백제는 전쟁을 좋아하였으나 신라는 예양으로 나라를 다스려 일통의 공을 이룸
57	麗濟無後	고구려와 백제의 후예들이 없는 것은 하늘의 대갚음임
58	麗濟旣平之後 新羅不能恢遠略	신라가 일통한 후 원대한 계획을 수립하지 못하여 요해 이동이 우리 땅으로 들어오지 못함
59	唐徵新羅弩師仇珍山 造木弩 終不効其能	기갑을 잘 만든 자들의 제도를 지금 볼 수 없음이 유감임
60	咸亨元年 將百濟舊地割還	백제 옛 땅을 가져가려고 하는 것은 받아들일 수 없음
61	金庾信病篤 王親臨問之	김유신은 出將入相으로 임금을 도와 일통의 업을 이루었음
62	强首 佛世外敎也 願學儒	강수와 그 처의 유교적 배움과 행실은 뛰어남
63	唐勅賜浿江以南地	나려이래 압록강을 서쪽 경계로 하였으므로 이 때의 패강은 압록강임
64	立母弟憲英爲太子	동모제를 태자라 칭하는 것은 명분에 맞지 않으므로 태제로 함

번호	주 제*	논 평
65	孝成王在潛邸 與信忠圍棋栢下	효성왕이 바둑 친구 신충에게 함부로 이찬 벼슬을 준 것은 마땅한 일이 아님
66	殺淸海鎭大使張保皐	장보고는 모반한 자로 주살된 것이 마땅함
67	崔致遠上書王太祖 有鷄林葉黃鵠嶺松青之語	최치원은 신라의 신하이면서 고려 태조에게 상서를 보냈는데 순정한 신하라고 할 수 없음
68	泰封諸將 立王建爲王	왕건은 신라의 운이 끝나기 전에 즉위하였으므로 후주 조광윤의 예에 따라 기술해야 함
69	新羅之亡 猶知有君臣名義	군신이 협력하여 천명의 계책을 이어 나갔다면 구업을 회복할 수 있었을 것임
70	三國人相語 或引用經傳語	무인의 입에서 경전 격언이 나온 것에서 후세 문명의 조짐을 볼 수 있음
71	新羅宴安	신라의 군신들이 연회를 즐기다가 망국의 조짐을 알지못하고 드디어 망하게 됨
72	新羅終始興亡之由	고구려와 백제는 초창기에 예의가 없었으며, 신라는 유덕 군주가 들어서서 성대하게 되었으나 말년에는 천자를 侮慢하고 군신들이 연회를 즐기고 여주가 음난하는 등 려제와 다를 바가 없어서 망하게 됨
73	高麗自稱爲唐肅宗之後	고려 왕이 당 숙·선종의 후예라거나 당 귀족이라는 것은 근거가 없는 설임
74	麗太祖得國 亦非正道	고려 태조의 창업이 올바르게 이루어졌다고는 할 수 없음
75	泰封諸將 推戴王建 請行殷周之事	고려 태조가 추대받은 것은 송조의 것과 우열을 논할 수 없는 일임
76	弓裔以青州地饒多豪傑 欲盡殲之 麗祖卽位 盡釋之	고려 태조가 즉위 후 바르게 하였으니 홍함이 마땅함
77	宗偘狄鐵 以奸佞得幸弓裔 譖害良善	고려 태조가 간신을 가장 먼저 벤 것은 형벌을 잘 쓴 것임
78	致理之道 惟在求賢	고려 태조는 나라를 다스리는 요체를 알았음
79	堅金等欲誅青州人勤謙等	고려 태조의 살인을 하지 않으려는 마음은 올바른 마음임

번호	주 제*	논 평
80	太祖初立 贖鬻子千餘人 免三年租役	고려 태조가 조세를 면함으로써 국가가 흥하게 된 것은 당연함
81	柳問津朱瑄訪爭列	고려 태조가 서열로 다툰 이들을 다스리면서 예를 말한 것은 현명한 것임
82	太祖初立 卽設八關會 明年 遷都松嶽 先創十寺	팔관회와 사찰을 세워 후세 군주들이 신봉하다가 나라가 망하는데 이름
83	北蕃人面獸心 飢來飽去 於所過築館 城外待之	고려 태조는 이적을 대하는 법을 잘 알았음
84	庾黔弼以譖見流	고려 태조가 참소를 물리치지 못하고 유검필을 귀양 보내었음
85	崔凝病 太祖勸令食肉	고려 태조가 최응에게 식육을 권한 것은 불교의 숭봉이 과함을 보지 못한 것임
86	唐封王妃柳氏 爲河東郡夫人	당이 왕비 유씨를 하동군부인으로 봉한 것은 모칭한 것임
87	朴英規甄萱子壻也	박영규가 거취의 의리를 밝힌 것은 견훤으로는 불가하다는 징험임
88	甄萱寇新羅 弑景哀王	고려 태조가 견훤에게 죄를 주지 않고 厚待한 것은 거둥에 순수하지 못한 점이 있음
89	新羅李忩言守碧珍 麗祖使人誘之 忩言喜乃降	신라 신하인 이총언이 투항한 것은 나라에 하는 충절이 아님
90	契丹遣使來歸橐駝 史謂絶之已甚	거란에 화친하지 않은 것은 잘못이라는 주장은 맞지만 금산금시의 침입이 여기에서 연유하였다는 것은 무의미한 것임
91	太祖臨終 親製十訓	태조가 훈요를 남겼는데 이단 벽사의 말이 대부분을 차지함
92	王知規逆謀 與西京大臣王式廉謀 使式廉以兵入衛 執規殺之	고려 초기에 군약신강의 형세를 보여 정중부와 최충헌난의 조짐이 이미 나타났음

번호	주 제*	논 평
93	始定職散官各品田柴科	전시의 법은 세록의 뜻이 있었으며, 부인의 품에서 죽지 않은 것은 몸을 단속한 뜻이 있음
94	成宗嗣位 悉罷八關會	누대의 잘못을 고쳤으니 뛰어난 안목임
95	崔承老上疏 其條有二十八 而以佛教爲修身之本	불교로 수신의 본을 삼아야 한다는 최승로의 말은 잘못임
96	祀圓丘 配以太祖	원구단 제사는 천자의 예인데 고려가 행함은 참월한 것임
97	教文武有材者 聽詣闕自擧	士의 초빙은 여자의 혼인과 같은데 자천하라는 전교는 사대부를 대하는 도리가 아님
98	郁烝於景宗后 流於泗水縣	욱을 귀양보내는데 그친 것은 형을 제대로 시행하지 않은 것임
99	契丹來侵攻蓬山郡	서희의 싸운 후에 화의하자는 주장은 옳으며, 이지백이 팔관회를 다시 행하려는 것은 잘못임
100	成宗至海州 欲入徐熙幕	서희는 군주를 섬기는데 예를 다하고 또한 군주는 신하의 간쟁을 받아들인 것은 현명한 일임
101	穆宗母千秋太后 與金致陽通 成宗杖流遠地	김치양이 유배가는 데 그친 것은 고려의 형벌이 너무 관대한 것으로 이 때문에 강조의 난을 열게 됨
102	王寢疾 召西北面巡檢使康兆 使之入衛	김치양은 주살해야 함이 가한데도 어지럽게 바깥의 병사들을 불러들여 적성에서 화를 입기에 이름
103	康兆弑穆宗於積城 以自刎聞	목종이 적성에서 시해당하였으나 현종은 그 죄를 誅討하지 못하였으니 파천하게 되는 화는 불행이 아님
104	顯宗南奔 智蔡文扈從 備嘗艱險	남쪽으로 피난가던 중 후를 고향을 보내자는 의견에 대해 인의를 주장한 지채문은 고려 무신 중에서 卓識한 인물임
105	王至礪陽 將卒有離心	상을 주자는 의견은 장사의 마음을 불러일으키는 것임

번호	주　제*	논　　평
106	顯宗避丹寇南幸	거란의 침략이 끝난 후 죄를 중하게 지은 자도 단지 유배에 그쳤으며 심지어는 다시 발탁도 하여 정형이 문란함
107	顯宗歸自羅州 力行善政	현종이 파천에서 돌아와 선정을 베푼 것은 귀주의 승리를 점칠 수 있는 일임
108	顯宗生日 不受陳賀	현종이 생일날 하례를 받지 않으면서 축수 도량을 설치하게 한 것은 잘못임
109	皇甫兪義等 以增置軍額	장수들이 발호한 것은 과도하게 관대함을 정치의 요체로 삼았기 때문임
110	姜邯贊等 大敗契丹兵于龜州	을지의 살수와 강감찬의 귀주는 우리나라의 귀한 공적으로 우열을 논할 수 없음
111	德宗居喪 能盡子道	이제현의 평가와는 달리 덕종이 거상에서 아들로서의 도를 다하지 못하였음
112	以朴暹從顯宗避亂 圖形麟閣	朴暹의 형상을 그려 공신각에 두는 것은 잘못된 일임
113	創興王寺 門下省諫之	최유선이 사찰 남설을 간쟁했으나 끝내 그 역을 그만두지 않은 것은 잘못임
114	隕石于黃州 禮司言宋秦晉唐以降	운석이 떨어진 것을 항상 일어나는 일이라고 왕에게 아뢴 것은 하늘의 경고를 받들지 않은 것임
115	減三州軍器貢鐵 專供興王役	흥왕사 사역을 파하지 못하고 상하가 모두 불교에 빠져 있음
116	中書舍人鄭惟産請行封 之法	지금도 할봉·환봉 등의 폐단을 금할 수 없을 정도로 과거의 폐단이 심함
117	崔文憲九齋講學	문헌으로 表章된 최충 조차도 이적 금수의 행을 救正하지 못하는데 다른 사람은 말할 것도 없음
118	宋使安燾陳睦貪濆 時人稱呂侍郎端	왕안석 당인 송 사신 안도·진목의 탐욕은 괴이할 것도 없음
119	前朝禁娶大功親以上所 生 禁錮	왕실에서는 남매가 결혼하면서 민에게 대공복 사이에 혼인하는 것을 금하면 민이 따르지 않게 됨

번호	주 제*	논 평
120	文宗順宗薨	2왕 혼전에 제사 지낸 것이나 경을 받들어 法駕를 인도하게 한 것은 모두 중국의 제도를 따랐으나 이는 잘못된 것임
121	王弟 愔諫不可娶同姓	왕제들이 同姓에 장가가는 것의 부당함을 간하였으나 듣지 않음
122	金謂磾引道詵記 請建三都	참위 술수는 믿기 어려움
123	王弟釋死 名重遼宋 不可不服	석 후가 죽자 친복은 아니지만 명망때문에 복을 입는다고 하나 예가 아님
124	幸西京 守官郭尙享王	신하가 군주를 위해 향연을 연 것은 예가 아님
125	柳伸・庾祿崇獨言不可 崔弘嗣神色自若	유신・유녹숭, 최옹사 등은 뛰어난 안목과 바른 힘이 있었음
126	肅宗薨 中書舍人金緣如遼告哀 辭樂辭舞蹈	김연이 악과 무도를 거절한 것은 언행이 충신하고 독실함
127	宰相累請納妃 以未終制不許	예종은 허명을 좋아하면서 실행을 구하지 못하였음
128	郭尙以小吏 寅緣攀附 宣宗朝 官至承宣	곽상이 연줄을 타고 올라갔다고 하나 그의 업적을 보면 역사의 기술을 다 믿을 수는 없음
129	睿宗欲封曇眞爲師 以右諫議金緣爲使	김연이 왕사로 봉하는 것을 간쟁하였으므로 봉승하는 일을 맡기를 사양한 것은 올바른 일임
130	王視朝 百官以國恤不帶紅鞓 復令帶之	紅鞓을 다시 띠도록 하였는데 국휼에 예종이 지성으로 슬퍼하는 마음이 없었음을 알 수 있음
131	平章崔弘嗣請創西京龍 堰新宮 吳延寵上書力諫 尹瓘請伐女眞 金緣極言不可	오연총과 김연의 간청은 의리와 이해를 알았던 것으로 당시 쓰이지 않아 나중에 후회하게 됨

번호	주 제*	논 평
132	韓冲以都部署如遼 謁冠于宣州 佩釰升拜	文冠이 명을 받든 신하의 절에 대해 平受하였으니 원수의 기량이 있고, 韓冲도 이를 칭송하였으니 그의 氣量도 일반 사람들이 미칠 수 있는 것이 아님
133	遼人吊祭太后 百僚稱賀	요나라 사람들이 태후의 상에 조문한 것에 대해 오랑캐가 행한 예로서 이를 칭송함은 욕된 것임
134	睿宗尙章句游讌 知制誥崔瀹上書諫之 王怒左遷春州府	의종이 글과 연회를 좋아하여 망국의 화를 초래한 것은 예종의 시문을 좋아함에서 연유하였으니 경계해야 할 일임
135	宋頒大晟樂器	송 휘종은 소인의 말을 듣고 대성악을 만들었다가 나라가 망하게 이르렀으며 고려도 이로 인해 진작하지 못하였음
136	金主阿骨打遣使請和 金富轍上疏請許之	금주 아골타의 화친과 형제국 요구에 응하기를 소청한 김부철의 말은 의의가 있음
137	郭輿李資玄	곽여와 이자현은 간사함으로 명예를 낚는 자들임
138	重修安和寺 求題額于宋 徽宗聞之 爲書能仁之殿 命蔡京書靖國安和之寺與之	書法은 賤藝이며, 천자의 지위에 있으면서 외국 만이를 위해 題를 쓰고 또 재상으로 하여금 제를 쓰도록 한 것은 과한 일임
139	鄭克永使還 徽宗賜御筆詔書	어느 겨를에 어필을 내려줄 수 있으며, 직접 외이에게 내려 준 것은 과한 일임
140	仁宗卽位 議李資謙班次	논자들이 매번 서경에서의 공으로 김부식을 칭송하지만 이자겸의 반차와 예우에 대한 세 번의 상소에 비하면 미약함
141	仁宗欲誅李資謙	인종이 이자겸을 주벌하려고 할 때 신중하라는 말은 가하나 은혜를 끊을 수 없다는 말은 옳지 않음
142	李資謙罪止竄逐***	① 이자겸을 단지 외방에 쫓아내는데 그치고 있는데 고려조에는 형을 제대로 적용하지 못하였음 ② 당시 대신들도 대의로 청하여 죄를 밝혀 육시하였어야 함
143	金人以立張邦昌告諭	금이 장방창을 옹립한 것은 이적의 화로서 이것보다 심한 것이 없음

번호	주 제*	논 평
144	鄭知常以妙淸白壽翰爲聖人	김부식・임원개・이지저가 묘청에게 국병을 넘기는 데에 서명하지 않은 것은 탁식임
145	仁宗崇信妙淸	서경에 나아갈 때마다 하늘의 경계가 있었으나 몰아내지 않아 정토하게 이른 데는 인종이 어리석어 자각하지 못하였기 때문임
146	禁諸生治老莊之學	인종이 불교를 숭신하면서 노장을 금지하여 왕실이 모범을 보이지 못함
147	講中庸	인종이 강연에 중용을 강하도록 하였는데 뒤에 문교가 성하게 됨을 이에서 알아볼 수 있음
148	御龍舟于大同江 以睿宗忌月 樂懸而不作	예종의 기월이라고 악기를 걸어만 두는 것은 잘못이라는 정지상의 말은 옳으나 이로써 도성 사람들의 바람에 부응한다는 것은 옳지 않음
149	任元凱請誅妙淸	이존오와는 달리 묘청을 주벌할 것을 요청한 임원개는 자리를 보전하였으므로 두 군주의 우열을 알 수 있음
150	李仲文公裕林完論妙淸等 不報	이중・문공유・임완의 상소에 대해 단지 不報하는 데에 그친 것은 인종의 寬仁이 공민왕의 사나움과는 달랐음
151	金富軾破西京 慰諭軍民	김부식이 조급히 공격하지 않고 또 적의 수괴만을 주살하는데 그치고 군문들을 위유한 것은 너그럽고 현명한 것임
152	富軾西京之功	樂羊과 마찬가지로 김부식이 서경에 전역에 나갔을때 비방이 가득하였으나 인종이 신임하여 성공을 이루었음
153	詔諸章疏及公行案牘毋得稱聖神	인종이 성신이라는 호칭을 사용하지 않도록 한 것은 겸손하게 자기를 낮추는 뜻이 있음
154	加上九廟十二陵諡	고려가 갑자기 존호를 올려 조고의 공덕을 현창하려 함은 잘못되었음
155	高兆基	고조기가 김존중에 아부하여 지위를 유지하였는데 소인들의 지위를 잃어버리지 않으려는 마음이 이에 이른 것임

번호	주 제*	논 평
156	毅宗數下憂民詔	의종이 수차례 백성을 위무하는 조를 내려 말로만 인심을 얻으려 함
157	毅宗屈己從諫	의종이 간혹 모면책으로 간쟁을 받아들였으니 危亡의 화를 면하기 어려움
158	梁元俊出妻	양원준이 모의 봉양건으로 출처까지 한 것은 불인하다고 기롱하는 것에 대해 불인하다고 하는 것은 과한 것임
159	毅宗頒新令六條	의종이 반포하였던 신령 6조는 태조의 훈요에 있는 절목으로, 태조가 만들고 자손이 이은 것임
160	鄭仲夫等旣盡殺朝臣 廢毅宗立明宗	난을 일으킨 것은 정중부이지만 난을 성공할 수 있도록 한 것은 유응규이므로 유응규가 죄악의 괴수임
161	金使謂毅王當有臨川之患	의종이 연회를 그치고 嗜慾에 절제하였다면 川邊에서 죽는 일은 생기지 않았을 것인데 의종은 천명을 따르지 않음
162	玄德秀守延州	현덕수가 조위총의 공격에서 연주를 지킨 것은 역순의 리를 알지 못하고 이로운 세력에 따른 것임
163	崔均死西兵	최균은 나라를 위한 것이 아니라 정중부를 위해 죽었는데도 死자를 쓴 것은 잘못임
164	西兵起 玄德秀杜景升尹鱗瞻前後與西兵戰破之	현덕수·두경승·윤인첨은 정중부의 당여로 이들이 없었다면 정중부를 주벌할 수 있었을 것임
65	朴存威爲雲州人所戮	이의민이 의종을 시해할 때 함께 욕보인 박존위를 운주인들이 참한 것은 하늘이 반드시 벌한 것임
166	盧若純韓受圖	노약순과 한수도 등이 남적과 통하여 정중부를 토벌하려는 것은 의리상 족히 칭찬할 만함
167	房瑞鸞兄弟距西兵	선주와 의주에서 조위총 군에 저항한 방서란은 의리를 배반하고 적을 따른 것으로 천인의 주벌을 피할 수 없을 것임
168	金甫當趙位寵 討賊敗死	김보당과 조위총은 충신의사의 마음으로 기병하였으나 조위총의 경우 난을 이겨낼 재주가 없었으며, 순정하지 못한 부분이 있었음

번호	주 제*	논 평
169	自庚寅亂後 北人橫不可制 南賊亡伊亡所伊擧兵	정중부·이의민은 나라의 큰 도적이었는데 북인의 방자함이나 남적의 약탈은 그것이 더욱 확대되어 나온 것임
170	莊甫性不阿 面責將軍鄭存實	장보가 혼조에 있으면서 스스로 피해가지 못하고 잘못을 강하게 지적하여 죽게 되었음
171	李光挺崔忠烈文克謙奏請燈	이변이 나타나고 음양이 조화되지 않는 것은 군주를 시해한 무신들이 조정에 포진한 때문인데도 연등 월을 옮긴 것으로 상주한 것은 패려한 것임
172	鄭國儉捕水精峯賊 刑部郎趙聞識抗議殺之	정국검과 조문식이 행한 바는 마음을 든든하게 해 줌
173	于學儒不預庚寅之亂	우학유가 역란에 참예하지 않은 것은 현명함
174	洪仲方蹇直不阿 陳俊全活文臣	홍중방이 동반 권무직에 무반이 차지하지 못하게 하거나 진준이 문신을 살펴준 것은 사려깊은 것이었음
175	鄭邦佑爲西北面兵馬使 人以電吏不服	정방우가 電吏 출신이라고 사람들이 불복하였으니 동방의 문벌 폐단이 이와 같음
176	妖僧日嚴	요승 일엄에게 문극겸이 미복으로 가서 보았으니 식견이 없음
177	文克謙	문극겸은 난을 다스릴 의견도 없었고 반정을 일으킬 재주가 없으면서 수십년간 부귀만 누렸음
178	毅宗通於德寧公主	의종이 여동생인 덕녕공주와 통정하였는데 전조의 예로 보아 괴이할 것이 없음
179	前朝武臣之變	무신의 변은 김훈·최질에서 시작하여 정중부 등에서 이루어진 것으로 무신들이 서로 도륙하여 한 사람도 잘 끝낼 수 없었으니 후인에게 교훈이 됨
180	武臣伏誅	무신들은 서로 주멸하였으므로 하늘을 받들어 토죄한 것이 아니지만 고려사에서 伏誅로 특별히 적은 것은 이들이 가장 나쁜 자들이기 때문일 것임
181	私僮萬積等謀亂	정중부 등의 흉악함이 이르지 않은 곳이 없으니 도적이 중지되지 않음

번호	주 제*	논 평
182	韓惟漢	한유한은 최충헌이 일어나자 국가의 패망이 곧 다가올 것 같으니 멀리 나아가 난을 핑계대고 숨었던 것임
183	兵馬使金君綏	김취려가 양장이라고 하지만 자그마한 불만을 잊지않고 무죄한 이를 함정에 빠뜨려 원한을 다스리기 어렵게 됨
184	崔瑀殺金希磾	김희제는 사신의 재주가 있으나 최우의 복심이 되어 무고히 죽게 된 것은 擇木의 지혜를 잃어 버린 것임
185	趙冲金就礪朴犀金慶孫崔春命	전조 인물 가운데 재주를 가진 이가 많았는데 영걸한 군주의 밝은 때를 만났다면 그 공업을 말할 만 하였을 것임
186	崔瑀獻輦	최우가 수레와 관곽을 바친 것이 극히 사치하였는데도 고종이 기뻐 상 주기를 그치지 않으니 속마음도 없음
187	洪萬宗謂 金守緖之後至明萬曆間 又復强大稱帝建元	홍만종이 청을 금나라 守緖의 후예라고 하는 것은 망녕된 것임
188	金允侯射賊讓功	김윤후가 몽고 장수를 화살로 죽였으나 공을 다른 사람에게 사양함
189	琴儀李奎報	금의는 시문이 뛰어나고 사신의 재주가 있었으나 최충헌에게 아부하였으므로 수치로움이 심함
190	崔怡修國學 納米養賢庫	최이가 양현고에 쌀을 준 것을 당시인들이 달게 여긴 것은 수치스러움
191	權守平	권수평이 고려말 염치가 땅에 떨어진 시기에 전조를 돌려주고 견룡을 사양한 것은 절조를 잘 지킨 것임
192	崔沆殺金慶孫	김경손이 최항 계모의 친척이라고 살해당하였는데 당시 흉적이 나라를 담당하여 경손과 같은 이도 죽음을 면하지 못함
193	李藏用與黑的書論日本不可通	이장용이 원사 흑적에서 서신을 준 것은 이적을 막는 도를 깊이 안 것인데 도리어 죄를 받음

번호	주 제*	논 평
194	元世祖勅諭倭人	원 세조가 일본에 칙유하기를 단시 후세에 이름을 날길 뿐이라고 하였으나 외이와 사단을 만들어 난으로 망할 뿐임
195	三別抄之亂 鄭文鑑以下數人死之	삼별초의 난이 일어나자 정문감 이하 몇 사람은 몸을 던져 더럽히지 않았는데 군주가 발탁해 쓰지 않아 여기에 이른 것임
196	高宗容受直言 元宗卹戰亡孤兒	고종과 원종 두 왕은 중간 재질의 군주로 직언을 수용하고 처치하기가 이와 같았는데 이 때 이후 쇠약하고 난리가 더욱 심하였으나 백여년을 이어간 것은 저절로 그렇게 된 것이 아님
197	達魯花赤脫朶兒	達魯花赤 脫朶兒는 아플 때 약을 올리자 약을 먹지 않고 죽어 우리나라에 어려움을 남기지 않았는데 현명하였음
198	大府注簿姜渭贊文習武 卓之琪	나라 경비가 이와 같이 급하여 왕도 하루 저녁의 공양이 없을 지경이었으므로 당시 고려는 제대로 된 나라가 아님
199	以天變放囚 洪子藩不可	천변이 있다고 죄인들을 풀어주려는 것을 홍자번이 반대한 것은 선왕이 하늘의 뜻을 받들고 백성을 구휼하고자 하였던 마음을 잘 안 것임
200	初元世祖下詔令 衣冠從本國之俗 皆不更易	원이 처음에 본국의 의관을 금하지 않았는데도 본국이 스스로 호복을 입었으니 당시 풍속은 모두 오랑캐 모습이며, 또 호복을 입지 않았어도 마음은 이미 오랑캐임
201	印公秀勸仁宗開剃 王曰 吾未忍遽變祖宗之法 我死之後 卿等自爲之	원종의 말은 사람으로 하여금 비감하게 하나 스스로 강하지 못하고 암혼하여 다른 사람에게 제어당하니 개탄스러움
202	忠烈王尙主 爲之立府置僚屬 以安東京山府爲湯沐邑	공주를 위해 탕목읍과 부를 설치한 것은 본받을 것이 아니며 올바른 집안의 도를 잃어버린 것임
203	大府卿朴褕上疏 令臣僚許娶庶妻	처첩은 위로부터 차례로 줄여나가면서 가질 수 있도록 하면 못할 것도 없음

번호	주 제*	논 평
204	以鷹坊使譏 罷全羅道守臣及長興府使 李汾成諫之	왕이 아침에 선언을 듣고 따르다가 저녁에 참언을 듣고 따라 전후에 고칠 수 없으니 다스림에 도움되지 않음
205	太史言服色宜尚靑	선왕이 의복의 제도를 정한 것은 각기 법칙이 있어서 천지 자연의 수에 따른 것이지 방향의 색에 준한 것이 아니므로 청색으로 하자는 주장이 있었지만 시행되지 않음
206	金方慶入元見亡宋幼主後至事	덕우제가 잡혀 원에 들어온 모습은 처참한데 이것이 단지 유주의 죄 만이 아니며 고종과 광종 이래 화를 양성한 것임
207	公主與祭	공주가 제례에 참여하려고 하자 오윤부가 귀신을 핑계되면서 저지하였는데 그 뜻을 알 수 없음
208	金方慶田園遍一國	김방경의 정원이 온 나라에 퍼져있다고 참소를 받게 되었는데 私家의 부와 문객의 방자함이 이와 같으니 쇠난의 세에 이른 것은 당연함
209	元詔曰 爾國諸王氏娶同姓此何理也	고려 왕이 동성과 결혼하는 것을 원이 힐문할 지경이니 수치스러움
210	沈諹陳倜文應以直言獲罪	충렬왕 때 간쟁하는 신하들이 화를 면하지 못하였으니 왕이 왕답지 못함이 심함
211	白文節從元宗如元 林衍使其子及腹心 固要勿言廢立事 文節閣筆泣諫 王感悟 以實奏之	원종이 다시 복위한 후 원에 가서 이 일을 알리려고 하지 않았는데 백문절이 붓을 놓고 읍간하여 사실대로 알리도록 하여 역신이 마침내 죽게 되었으니 뜻에 맞는 사람임
212	忠烈王安平公主	안평공주가 왕에 한 말이 모두 선하니 왕이 진실로 좇았더라면 과오가 적었을 것임
213	伍允孚言天變可畏 請設消災道場 鄭可臣曰 天變豈浮屠法所能禳哉 盍請修德	오윤부의 진언이 다소 보익된 바가 있으나 도량을 설치하자는 데는 무식이 심하며 정가신의 말은 탁식임

번호	주 제*	논 평
214	崔守璜事佛甚篤 宴賀客不肉而素 林貞杞遺以白粲一舟不受 貞杞慚怒	최수황이 佞佛은 잘못이지만 쌀을 받지 않은 것은 옳은 것이며 양자는 별개로 보아야 함
215	忠宣王爲世子 聞康煦死	세자가 연두연비는 소인이 아첨하는 것이라는 것을 이미 알면서도 用人들에게서 물리치지 못한 것은 안타까운 일임
216	忠烈王時 朝多賢能	충렬왕 때는 조야에 현능한 자들이 많아 충열왕이 무도하였지만 망하는 데에 이르지는 않았음
217	右司諫秋適 不署閹人黃石良升鄕	추적의 풍채를 상상하니 은은하여 광택이 나는 것과 같음
218	忠宣王卽位 先治宮室	충선왕이 즉위하여 선정을 베풀지 않고 집과 궁을 크게 짓도록 하여 만민들을 시끄럽게 하였음
219	忠宣王禮遇李承休	이승휴는 부자·부부가 원수로 여기고 인륜이 무너졌는데도 그 잘못을 고치려는 한마디 말도 없었음
220	中贊廉承益棄官爲僧	염승익이 중이 된 것을 당시 사람들이 명기가 아깝다고 하였으나 애초 佛이 아니었다면 이와 같이 되지도 않았음
221	李混尹瑤	이혼이 동생을 행수로 삼지 않으려 한 것이나 윤보가 아들을 권무로 삼지 않으려는 것은 총명한 일인데 놀고 즐기는 것으로 이목이 흐려지게 된 것은 애석함
222	洪子藩元冲甲 圍王宮執吳祈	홍자번과 원충갑은 삼군을 동원해 오기를 잡아 나오면서 임금을 위협하였으니 전조의 군약신강의 폐가 이러한 데에까지 이르렀으며, 이를 최영이 다시 답습하였으니 망하게 됨
223	忠宣王烝於淑昌院妃 禹倬 白衣持斧 束藁上書諫	우탁은 난세에 처하여 더러운 군주를 섬기어 못하는 바가 없었는데 충선왕이 군주가 되자 몸을 사리지 않고 간쟁하였는데 말하고 침묵하는 때를 잃어버린 것임
224	白頤正倡程朱學	백이정이 성리학을 창도하였는데 공이 적지 않음
225	閔漬修史 心術不正 昭穆議 以朱子說爲非 作史者譏之	민지는 불에 아첨하여 요망불경한 설을 가지고 어리석은 습속으로 이끌었음

번호	주 제*	논 평
226	前朝祭享不敬	나라의 큰 일은 제사와 군사인데 제향이 정성스러운 뜻이 없으니 제사가 제사답지 못하고 나라가 나라답지 못함
227	忠宣王至西番 與宰相書曰 余以命數之奇 罹茲憂患	충선왕은 소행이 어그러지고 난잡하였으므로 토번으로 유배간 것은 스스로 취한 것임
228	蔡河中等 背忠肅 謀立瀋王	충렬왕과 충선왕 때는 육조와 오대와 같아서 호풍과 불교를 좋아하여 유술과 기강을 세우지 못하였음
229	宰相等 願廢忠肅立瀋王 上書中書省 請百官署名	권한공 등이 심왕을 세우려고 하였으니 죄가 매우 크며 일부 신료는 서경을 하지 않았으니 신료의 직분을 볼 수 있음
230	忠宣王敎謀立瀋王者 勿罪	채하중·권한공 등이 심왕을 세우려고 하였는데도 특별하게 사면해 버렸으니 난신적자를 징벌하지 않은 것임
231	李兆年諫王 不用而去	이조년은 여러 차례 간쟁하였으나 왕이 고칠 마음이 없자 몸을 던져 그 난잡함과는 같이 하지 않으려 함
232	忠穆王毁新宮 作崇文館	충목왕은 신궁을 없애고 숭문관을 지었는데 충목왕이 연소하고 대신들이 잘 도와줄 수 없어 명령에 잘못이 있음
233	忠穆王立 置整治都監 革忠惠王時弊政	전왕 失德에도 불구하고 앞에서 영합하고 뒤에서 찬양하는 것을 나는 부끄러워한다라는 崔宰의 말은 충성스러워 군신의 대의를 알았다고 할 수 있으나 과거에 잘못했다면 고쳐야 민과 나라가 살아날 수 있음
234	安子由攝事太廟 憫牛死不殺	안자유가 태묘에서 일하면서 희생을 죽이지 않을 정도로 기강이 엄숙하지 못하고 불교가 사람을 빠뜨림이 이와 같음
235	恭愍王初政	공민왕의 다스림에 뜻을 두면서도 권신과 간신을 내치지 못하고 태묘에 친향도 올리지 않고 직신을 파직하여 거둥이 이와 같음
236	普虛言不必信佛	보허가 군주가 해야 하는 도를 말하면서 반드시 佛을 믿을 필요는 없다는 말로 유가에게 아첨함은 가소로움

번호	주 제*	논 평
237	蔡河中下獄自殺	채하중이 감옥에서 자살한 것에 대해 이인복은 무고한 사람을 죽게 했다고 하였으며, 동국통감은 군주를 폐하려 하였던 인물이므로 주벌하는 것이 옳다고 하였는데 이것은 드러난 죄에 따라 보아야 함
238	司天少監于必興言玉龍記	우필홍은 옥룡기를 인용해 청의와 흑립을 사용하고 산에 소나무를 심을 것을 청하였는데 이는 술가의 탄망한 설임
239	學官上言侍夫子廟廷從軍無舊例	학관의 從軍 예가 없다는 말에 염제신 등이 그대들이 비록 공자를 모시지 않는다고 해도 공자가 어찌 도망갈 수 있겠느냐는 말이 사람들의 말에서 나올 정도로 고려조의 망함은 날을 헤아릴 수 있을 정도임
240	李澤將退 請毅宗睟容日夕瞻敬	이택이 의종의 모습을 청하여 매일 바라보고 경모하는 것은 외람되어 공경스럽지 못함
241	恭愍王避紅寇南幸	임진 적벽에서 연구를 짓고 영호루에서 관망하는 것은 무너진 집에서 통음하고 부서진 배에서 장가를 부르는 것임
242	恭愍王播遷 祿轉出納不任倉官 謂之祿轉色無端米	祿轉을 위해 관아를 두고 끊임없이 미를 거두어들여 백성의 원망을 샀으니 망하지 않을 수 없음
243	吳仁澤金達祥建議添設官爵 赴征將士 工匠賤隷 無不得	관작이 남설되어 공사천예에 이르기까지 이를 받지 않는 이가 없으니 난국 패망의 자취를 답습함
244	林堅味李仁任	소인 가운데 재주가 있는 자가 왕왕 있으니 상이 정도를 얻지 못하여도 재주가 뛰어난 이들이 나타날 수 있음
245	尹澤喪葬 不用浮屠法 李仁復臨死不念佛	윤택과 이인복은 伊川의 풍을 들었기 때문에 이단에 혹하지 않았음
246	恭愍王時 大明詔令	공민왕이 조령을 밝혀 안국보민하고 무궁하게 전할 수 있었는데 시해당하여 끝이 나게 되었으니 하늘의 돕는 덕을 받지 못한 것은 여러 신들의 죄임

번호	주 제*	논 평
247	恭愍母后	공민왕 모후의 현명한 말을 왕이 준행하지 않으니 불효가 큼
248	崔瑩誅林堅味廉興邦都吉敷李成林潘福海	임견미 등이 죄는 주벌함이 가하나 족당을 육살한 것은 과하니 고려조의 형정이 원칙이 없음이 이러함
249	崔瑩寇遼	최영은 태조에게 요동을 정벌하도록 하였으나 명의 힐책이 있자 오히려 태조에서 죄를 덮어 세우고 빠져나가려고 하였으니 이는 귀를 막고 종을 훔치는 것이므로 패함은 당연한 것임
250	辛禑	우왕은 방자하고 어그러졌으니 비록 공민왕의 친아들이었다고 하더라도 나라를 지킬 수 없었을 것임
251	趙浚均田䟽	조준이 전제를 회복하는 것을 우선 급한 일로 하였는데 고려의 전제가 제한이 있다하더라도 지금의 무제한과는 다름
252	尹紹宗敢言	윤소종은 감언을 잘 하였으나 노비건으로 폐신에 부탁한 일이 있었는데 신하가 자신의 행함에 있어 한가지라도 부정이 있으면 말을 하여도 따르지 않게 됨
253	鄭道傳	정도전은 임금이 자신을 불렀기 때문에 비가 내리고 그친다고 하여 하늘과 사람을 속임이 심함
254	麗季䟽章	고려 말의 소장의 언의와 문장이 지금 사람의 뜻과 비슷함이 있으니 일가의 정으로 말한다면 창시자임
255	麗季羣臣 敢言不諱	고려 말 군신들의 간쟁이 예리하여 숨기지 않았는데 오로지 군주를 공격하고 권신에게는 미치지 않은 모습임
256	高麗終始興亡之由	고려 왕은 제왕의 자질이 있었으나 제왕의 학이 없었으므로 고려 오백년의 치난을 이것으로 알 수 있음. 게다가 불교와 참위를 따르고 동성과 결혼해 금수의 행위를 면치 못함. 형정이 제대로 서지 않고 무신들이 횡행하였으며 충열·충선 이후에는 원에 있으면서 윤기가 문란해져 나라가 드디어 망하게 됨. 신라 시조의 인후와 태종 문무의 영무 총민과 고려 시조의 활달과 문종 인종의 공검으로 기자의 가르침을 밝히고 이었으면 동방의 동주가 되었을 것임

총 평

번호	주 제	논 평
1	肅愼檀君箕子之事	숙신・단군・기자의 일은 여러 책으로 기를 삼고, 위만조선・고구려・동옥저・북옥저・예맥・북부여・동부여・읍루・삼한은 그 이하에 편입하며, 사군이부를 그 끝에 덧붙이면 조리가 있게 될 것임
2	三國紀	기사가 복잡하고 근엄함이 없음. 여러 자잘한 일은 方技傳으로 하는 것이 좋을 듯하며, 일본서에서도 기록들이 있는데 적지 않게 빠진 것으로 보임. 재이 기사가 상세함은 하늘의 경계를 삼갔음을 볼 수 있음
3	高麗記	고려 부분은 삼국에 비해 자세하나 정사에 편입하는 것이 적절하지 않은 여러 설화는 편입하면서도 明將이 고려에 들어온 일은 수록하지 않았으며, 우・창・공양왕의 일은 모호하여 명확하지 않는 등 복잡하고 차례가 없음

* 주제는 『동사평증』의 본문에서 가장 핵심되는 용어를 축약하여 넣었다.

** 이 부분에 대한 안설은 현재의 『입재유고』에는 없는 것으로 되어 있으나 그 안설은 28b에 잘못 편집되어 있어서 순서를 바꾸어 이곳에 올렸다.

*** 이에 대한 안설은 두 편이나 있으나 대문의 글이 한 편이고 안설의 내용도 연관되므로 한편으로 계산하였다.

부록 〈표 2〉 『입재집』 사론의 주제와 논평

번호	주 제	논 평
1	論伊尹偏於任	伊尹은 성인이므로 직임을 담당할 수 있었으나 세상에 나아감에는 조금 편벽됨이 있음
2	論伊尹五就湯桀	伊尹이 다섯 번 탕과 걸에게 나아간 것은 스스로 임무를 담당한 것임
3	太王論	태왕은 성덕의 군주로, 商을 친다는 것은 三苗를 친다는 것임
4	泰伯論	태백은 천리의 올바름을 받아들여 인심의 안녕을 기하였음
5	泰誓論	무왕이 紂를 친 것을 성인의 마음으로 행한 것임
6	文王論	문왕은 신절을 잘 지켰음
7	論武王不立商王元子	무왕은 하늘과 땅에 응하여 상을 친 것인데 무왕이 상왕 원자를 세우지 않았다고 비난하는 것은 잘못임
8	論武未盡善	무왕이 지극히 선하지 않았다는 공자의 논의는 잘못된 것임
9	論漁釣非太公事	사기에 태공이 고기 낚다가 주 문왕을 만났다고 하였으나 현사를 높이는 예에 따라 이루어진 것임
10	論秦誓	진서의 진 목공의 후회는 천리의 공에 근거한 것이 아니므로 과실을 후회하는 뜻은 크나 선으로 나아가는 바는 극진하지 않음
11	論孟子非早孤	맹자의 어릴 적 부친이 없어 모친이 3번이나 교육을 위해 이사를 하였다는 말은 잘못된 것임
12	燕昭王論	연의 昭王이 郭隗를 맞이한 것을 지금까지도 현명하다고 하나 예를 다하지 않고 댓가를 구한 것으로 선왕의 선비를 취하는 도가 아님
13	藺相如論	인상여가 협박에 의해 화씨 구슬을 가지고 진 소왕에게 간 것을 구산 양씨는 失義라고 비판한 것에 대해 오히려 인상여를 옹호함
14	豫讓論	예양은 不忠不智하였으나 國士라고 할 수 있으며, 특히 지백을 위해 끝까지 복수하려고 한 것은 節義임

번호	주 제	논 평
15	論項羽不渡烏江	項羽가 烏江을 건너지 않을 것을 失計라고 하지만 건너고 건너지 않는 것은 흥망과 상관이 없음
16	論漢祖欲廢太子	한 고조가 태자를 폐하고 조왕 여의를 세우려고 한 것은 당시 대신들이 척씨였기 때문이라고 하나 한 고조는 천하의 본을 움직여 천하의 마음을 상하게 할 생각이 없었음
17	論樊噲	번쾌는 분명한 말과 깊은 논리로 거리끼는 바가 없었는데 전국에서 진한 사이에 번쾌와 같은 큰 절의에 이른 자가 없었음
18	論周勃	태위 주발이 북군에 여씨를 공격하도록 명령을 내린 것은 順人討賊한 것임
19	王衛尉論	한 고조가 소하를 하옥시키자 왕위위가 秦이 간쟁을 듣지 않다가 천하를 잃었다고 간하였는데 위위는 군자의 말이며, 혹 위위가 安國侯 王陵이라고도 함
20	東京論	왕윤이 동탁을 없애는 것을 가장 급한 일로 여겼으나 천하의 호걸 지사를 맞아들여 천하의 마음을 위로하고 이를 통해 천하의 逆命者들을 베는 국가를 위한 긴 안목이 없었음
21	王允論	王允이 蔡邕을 죽인 것에 대해 馬日磾가 왕윤을 비난하였으나 왕윤이 당연히 無後한 자이지만 왕윤이 채옹을 죽인 것을 정의가 아니라고 하는 것도 잘못임
22	劉先主論〔上〕	유비가 손권에게 빼앗긴 형주를 쟁탈하려고 하였으나 조조는 오히려 중원에 자리잡아 촉·오의 사이에서 기회를 살펴 천하를 차지하였으므로 형주가 천하 제패를 결정하였음
23	劉先主論〔下〕	선주가 荊州에서 孫權에게 패하게 되어 천하를 통일하지 못하게 됨
24	三國論〔上〕	삼국 대치의 형세는 조조가 촉과 오를 병탄하지 못하도록 함

번호	주 제	논 평
25	三國論[下]	삼국 대치의 형세는 촉으로 하여금 국가를 유지하도록 함
26	魯肅論	유비에게 형주 땅을 빌려주어 함께 조조를 막도록 노숙이 손권에게 권한 것은 유비와 조조가 다투고 있는 상황에서는 현명한 일임
27	晉宋論	동진과 북송이 때를 잘 취하지 못하여 망함
28	宋理宗論	彌遠은 寧宗이 죽자 태자인 竑을 폐하였는데도 理宗이 정토하지 않은 것은 같이 들었기 때문이며, 후일의 현명함은 의심할 것이 없음
29	堪輿論	堪輿는 어리석은 백성을 誑誘하는 것이 불교와 같은 것으로, 감여는 理를 해치고 敎를 상하게 하는 것임

18세기 영남의 한문학 :
봉화 지역을 중심으로

법전法田 진주강씨晉州姜氏와 해은海隱 강필효姜必孝 | 임규완

법전法田 진주강씨晉州姜氏와 해은海隱 강필효姜必孝

—

임 규 완

1. 들어가는 말

본고는 18세기 영남 한문학-영남소론-의 전개와 그 학문적, 문학적 성과를 살펴보는 것을 목적으로 하는 바, 해은海隱 강필효姜必孝(1764~1848)를 통해 그 일단을 살펴보고자 한다. 해은 강필효를 주목하는 것은 세 가지 이유에서이다. 먼저 그는 18세기에서 19세기에 걸쳐 살다간 영남의 대표적인 학자라는 점. 안동부 춘양현에서 나고 자랐고 또 그 곳에서 평생을 보냈다. 가문적 배경과 학문, 저술 등을 보건데 그 시대 안동권, 더 나아가 영남의 거벽이 되기에 손색이 없는 인물이라 할만하다. 다음으로 남인의 본거지인 영남에서 이례적으로 소론의 당색을 지니며 소론학맥의 적통이 되었다는 사실. 선대로부터 내려오는 소론의 가문적 배경이 강하게 작용하고 있으면서도 영남이라는 지역, 학풍과 괴리 없이 매우 조화롭고 융합적인 양상을 보여주어 영남소론의 한 전형이라 이를 만하다. 셋째 꼼꼼한 기록벽으로 매우 방대한 분량의 저서를 남긴 점. 정식 간행 문집 이외 자필 고본으로 남아있는 저서들이 상당한데다 주목할 만한 글들이 적지 않다고 판단되기 때문이다. 그럼에도 불구하고 안타깝게도 현재 해은은 학계에 정식적으로 소개되지 않았다. 근년에 그의 문집을 영인하면서 간략한 해제가 첨부된 것이 전부이다.[01] 해은의 학문적 위상, 저술 등을 보건데 결코 온당한 자리매김이 아니라고 본다. 이에 본고는 해은 연구의 단초를 열고자 하는 바, 우선 소론으로서의 가문적 배경과 생애와 교유, 저술과 학문경향 대해 개괄적으로 살펴보고자 한다.

2. 법전 진주강씨의 전통

법전 진주강씨는 병마원수를 지낸 이식以式을 시조로 하여 면면히 가문의 명성을 이어왔다. 조선으로 들어와서는 회중淮仲이 문형을 지내 가문의 명성을 드날렸고 그의 6세손 덕서德瑞는 문장행의로 이름이 있었다. 흡恰과 각恪은 덕서의 손자이다. 이들 형제는 병자호란이 일어나자 양친을 모시고 태백산 아래 춘양현 법전촌에 피난왔다가 난 후에 그대로 정착하게 되었는데 이들이 바로 법전 진양강씨의 입향조이다. 소위 태백오현太白五賢[02]의 일원으로 불리는 이들 형제는 난

01 강석근. 1996.「해은선생문집해제」. 경인문화사

02 태백오현 : 覺今堂 沈長世, 杜谷 洪宇定, 抱翁 鄭瀁, 潛隱 姜恰, 遜愚堂 洪錫

후 벼슬을 버리고 태백산 아래에서 수의자정守義自靖한 숭정처사崇禎處士로 세상의 기림을 받았다. 세칭 '법전강씨'는 바로 이들 형제의 후손들이 번창하며 가문을 빛냄에 따라 얻어진 별칭이었다. 해은은 아우인 각의 6대손이다. 각 이하 세계도를 나타내면 다음과 같다.[03]

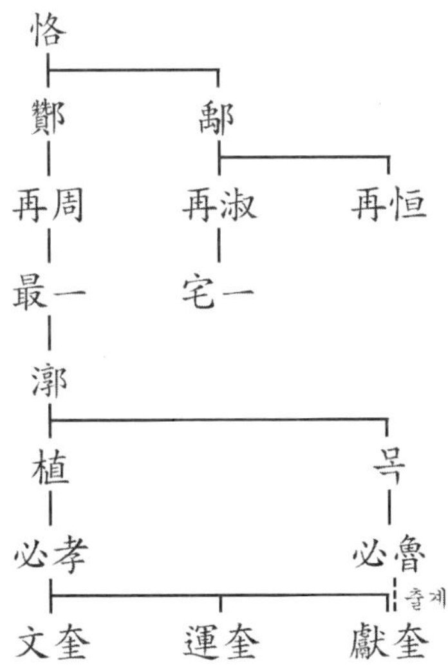

도은陶隱 각恪(1620~1757)은 형인 흡恰과 함께 병자호란 후 법전촌에 은거하며 시사時事를 통념痛念하고 경전독서로 세상을 보내 태백육은太白六隱으로 일컬어졌다. 왕연지행王延之行[04]으로 일컬어질 정도

---

03 韓國系行譜 의거

04 王延之行 : 王延之孝. 왕연은 晉나라 사람으로 효성이 지극하였다. 『晉書』 권88, 「孝友傳」 王延 참조. 왕연의 이야기는 『小學』에도 다음과 같이 수록되어 있다. "王延이 事親色養하더니 夏則扇枕席하고 冬則以身溫被러라 隆冬盛寒에 體常無全衣나 而親極滋味하니라"

로 효성이 지극하였으며 절의로 후일 이조참의에 증직되었다. 윤광소가 묘갈을 찬하였으며 해은이 편집하고 필사한 문집이 전한다. 장남은 찬鄼(1647~1739), 차남은 우郵(1651~1720)이다. 성건재省愆齋 찬鄼은 경학행의로 중망이 있었으며 수질壽秩로 첨지중추부사를 지냈다. 처음 태백오현 중 한 사람인 포옹抱翁 정양鄭瀁에게 배웠다가 이후 명재明齋 윤증尹拯의 문인이 되었다. 해은의 가문이 소론이 된 것은 여기에서 연유한다. 4권 1책의 간행문집이 남아 있고 우리나라 선현들의 문적을 분류별로 모은 『현인문적』 3권과 예서禮書를 만들었다고 전해진다. 통덕랑을 지낸 잠계潛溪 우郵의 아들이 재숙再淑과 재항再恒이다. 재숙(1677~1758)은 문장과 필법으로 명세하였으며 무신란에 창의하였다. 호가 설죽당雪竹堂으로 문집이 있다하나 현전 여부는 미상이다. 재항(1689~1756)의 자는 구지久之, 호는 입재立齋·뇌풍거사雷風居士이다. 일찍 과업科業을 버리고 회명자은晦名自隱하며 학문에 깊이 침잠하였다. 후일 학행으로 천거되어 회인현감 등에 제수되었으며 20권 10책의 문집과 『추원록追遠錄』·『동리평증東吏評證』 등의 저술을 남겼다. 명재의 문인으로, 각의 후손들이 모두 소론이 된 것은 이러한 사승적 배경이 작용한 것이다. 파서琶西 택일宅一(1726~1808)의 생부는 재항, 백부인 재숙에게 입계하였다. 효우 지극한 입재가 자신의 하나뿐인 아들을 기꺼이 큰 형에게 보내 후사를 잇게 하였다. 파서는 윤광소의 제자로 평생 『소학』을 즐겨 소학동자라 일컬어졌다. 성리학에 침잠하였으며 수직으로 동지중추부사를 지냈다. 문집이 있다하나 현전여부 미상이다. 최일最一의 아들 사옹俟翁 곽漷(1716~1794)은 성리학을 깊이 연구하였으며 향리 유림 활동에도 적극적으로 참여하였다. 만년에 음직으로 가선대부에 올랐으며 이만수가 지은 묘갈명이 있다. 태백포의太白布衣 식植(1747~1830)은 해은의 부친으로 일생 향리에 은거하였으며 윤광소를 만나 그의 덕용과 학식에 감복해 아들 해은을 문하에 보내기도 하였다. 1782년 영남에서 윤증의 사면을 요구하는 상소를 청할 때 선두에 서서 활동하였다. 윤광안, 정지순, 이만수 등과 교유하였고 이상황이 묘갈을 찬하였다. 부친 곽漷의 유고 『세고권지일世稿卷之一』에 이어 『세고권지이世稿卷之二』로 전해지는 문집이 있다. 해은의 종제 필로必魯(1782~1854)는 문과를 거쳐 승지를 지냈다. 관직 50년 동안 매우 청렴하였으며 만년에는 초옥을 짓고 책 읽는 것으로 자오自娛하였다. 호는 노와魯窩·작약산인芍藥山人이다. 헌규獻奎(1797~1860)는 해은의 셋째 아들로 필로의 후사로 입계하였다. 어려서 가정의 훈도위에 여러 책들을 두루 보았고 1822년 진사시에 입격하여 성균관에 들어갔다. 사우로 지낸 이는 이양연, 이한응, 성수묵 등이 있으며 문장이 웅건준위雄建俊偉하다는 평을 들었다. 독서하는 여가에 명산을 유람하며 유기遊記를 남겼는데 그 중 「유금강산록遊金剛山錄」은 금강산 유기 연구의 좋은 자료가 된다. 호는 농려農廬·수소재守素齋·함일당涵一堂이며 저서로 10권 5책의 문집과 『춘추의례春秋義例』·『삼례고증三禮攷證』·『춘추문목春秋問目』·『주역참동계연설周易參同契演說』[05] 등이 있다. 아울러 헌규의 재종형제 면규冕奎, 세규世奎, 그리고 삼종형제 명규命奎, 진규晉奎가 있다. 면와俛窩 면규(1804~1862)와 부오재負誤齋 세규(1809~1861)는 각각 문과 급제, 승지, 교리 등의 벼슬을 지냈고 명규(1801~

---

05 『周易參同契演說』에 대해서는 김윤수, 1990, 「『周易參同契演說』(「東丹寶鑑」)과 農廬 姜獻奎」, 『도교문화연구』 4집, 한국도교문화학회 참조

1867)는 성근묵, 강운의 제자로 8권 4책의 문집을 남겼다. 호는 류계柳溪 · 정눌거사靜訥居士이다. 역암櫟庵 진규(1817~1891)는 성근묵의 제자로 문과 급제하여 예조참판을 지냈다. 1881년 영남만인소의 소수 이만손을 대신하여 상소문을 작성하였고 문집 17권 7책을 남겼다.

아울러 흡의 세계도를 간략히 살펴보기로 한다. '법전강씨'란 명칭은 이 두 집안을 아우르는 말이기 때문이다.

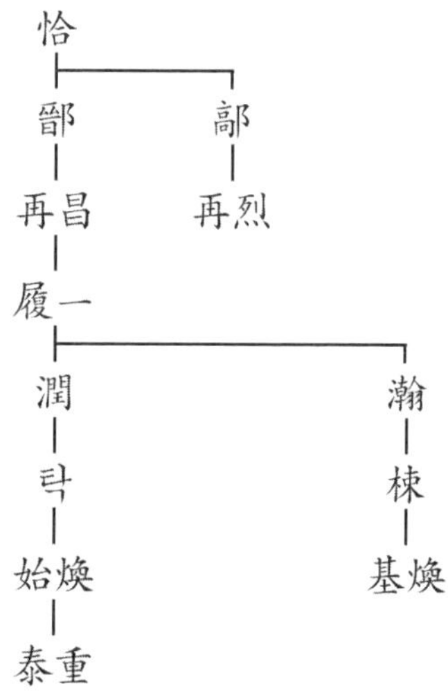

잠은潛隱 흡恰(1602~1671)은 어려서 신흠의 문하에서 수학하였고 성균관 유생으로 우牛 · 율종향栗從享의 소청을 주도하였다. 효성이 지극하여 남구만이 추천하여 성현찰방을 지냈고 이후 산음현감에 제

수되었다. 병자호란 후 통분을 누를 길 없어 아우 각과 함께 부모를 모시고 태백산 아래에 성잠촌星岑村에 정착하였다. 이조참의의 증직과 함께 정민貞敏의 시호가 내렸다. 그의 손자인 재열再烈(1647~1729)의 호는 괴천槐川·류간柳澗이며 권상하와 교유하였다. 문교文教와 함께 무략武略을 강조하였으며 4권 2책의 문집을 남겼다. 권상하의 문인 이일履一(1677~1727)은 강의고고剛毅孤高한 절조가 있었고 그 아들 윤潤(1711~1782)은 문과에 급제, 승지를 지냈다. 여러 벼슬이 내려졌으나 모두 사양하고 전리에 돌아가니 퇴계와 이세동궤異世同軌라는 기림이 있었다. 유천柳川 한瀚(1719~1798)은 김원행의 제자이며 수직으로 가선대부에 이르렀다. 그의 또 다른 호인 금래헌今來軒은 영조가 내린 것이다. 시환始煥과 기환基煥, 그리고 두환斗煥은 재종간으로 백록白麓 시환(1761~1813)은 문집을, 송간松澗 기환(1778~1812)은 문과 급제하여 감찰을 지냈고 문집을 남겼다. 기헌起軒 두환(1781~1854)은 문과 급제하여 대간에 올랐고 문집 1책을 남겼다. 시환의 아들인 태중泰重(1778~1862)도 문과 급제하여 참판을 지내 가문의 명성을 이었다. 문집이 전한다.

이상에서 살펴보았듯이 '법전강씨'는 17세기 법전에 정착한 이래 대대로 문한이 끊이질 않고 벼슬에도 많이 올라 영남에서 손꼽히는 명문으로 자리 잡았다. 흥미로운 사실은 형인 잠은 흡의 계통은 노론을, 아우 도은 각의 계통은 소론을 표방하여 가학을 이어왔다는 점이다. 그래서 각각 당대 노소론의 대표적 문인들과 사우 관계가 활발하게 이어졌다. 영남의 여타 문중에 비해 관직에 많이 진출할 수 있었던 것도 이러한 배경과 무관하지 않으리라 생각된다. 그렇다면 붕당 의식이 강화되고 모든 준거가 이에 의거하게 되는 18세기 이후 이들의 관계와 대외적인 혼맥은 어떠하였을까? 물론 이들 또한 붕당에서 자유로울 수 없었다. 사우 관계와 선대부터의 교의交誼로 인해 각각의 색목을 지니며 경색된 모습을 유지한 것도 사실이다. 그러나 불통의 폐쇄일변도가 아닌 한 집안의 후손이라는 유대감은 있었던 듯하다. 해은만 보더라도 족형인 시환과의 예禮에 관한 서찰이 있고 시환의 아들 태중泰重 등과 태백산을 유람하고 지은 시들이 있다. 혼맥 같은 경우 다소 눈길을 끌만하다. 도은의 낙남이후 두 아들 찬과 우의 혼사는 모두 영남 남인의 대표적 집안과 맺어졌다. 바로 충재 권벌의 후손인 안동권씨와 퇴계의 숙형叔兄 징澄의 후손인 진성이씨이다. 이후 영남 명문가와의 혼맥이 과갈로 얽혔으니, 해은만 하더라도 외가가 진성이씨 난은懶隱 동표東標 집안이며 부인은 학봉 김성일의 후손 의성김씨이다. 물론 소론 명문가와 혼사가 없는 것은 아니지만 대부분의 경우가 영남의 범위 안에서 이루어지고 있다. 도은의 후손이 영남 남인 문사들과 매우 밀접하게 교유하면서 문자수응이 활발하였던 것은 모두 이러한데서 기인한다고 보겠다. 이렇듯 도은 계열의 유연하고도 현실적인 혼맥은 이 집안이 어떻게 영남에서 자리 잡고 마찰 없이 녹아들게 되었는지를 확인할 수 있는 중요한 실마리로 법전강씨, 더 나아가 남중소론南中少論[06]의 한 특징으로 꼽을만하다. 흡의 후손 같은 경우도 별반 다르지 않다. 노론가의 혼인도 있지만 세대가 갈수록 영남 남인 집안과의 혼맥이 과갈로 얽혀

06 색목은 소론이지만 영남에 거주하면서 친남인적인 성향을 보이는 인물, 또는 가문을 일컫는 말이다. '노론소북', '소론소북'이란 말이 기실 사용되었다는 점에 착안하여 필자가 붙여 보았다. '노론소북', '소론소북'이란 말에 대해서는 김영진. 2011. 『조선후기 당파보 연구 - 북보를 중심으로』. 『한국학논집』 44집. 계명대학교 한국학연구원. 307쪽 참조.

상당히 친남인적인 성향을 띠게 되었으니 이 점이야말로 여타 동당同黨의 가문과 구별되는 '법전강씨'만의 큰 특징이라 하겠다.

3. 해은 강필효의 생애와 교유

1) 생애

강필효는 1764년(영조 40) 부친 식植과 진성이씨 사이의 장남으로 태어나 1848년(헌종 14) 85세를 일기로 몰하였다. 초명은 세환世煥이고 자는 중순仲順, 호는 해은海隱·법은法隱이다. 어려서 중부 강익에게 『천자문』을 배우고 이후 『소학』과 『효경』으로 평생 생활의 준칙으로 삼았다. 11세에 지은 절구를 보고 외조부 누실陋室 이중연李重延(1711~1794)이 '이 아이는 반드시 은거할 것이고 당대에 이름이 날 것이다'라는 이야기를 하였다. 누실은 동표의 손자이며 눌은 이광정의 제자로 문학중망文學重望의 평을 들은 당대의 명사이다. 21세 때 향시를 다녀 온 뒤 과거에 대한 생각을 완전히 접고 위기지학에 전심하였다. 이듬해 부친의 명으로 노성魯城의 소곡素谷 윤광소尹光紹에게 나아가 가르침을 청하였다. 35세 때 안동부사 오태현吳泰賢의 추천으로 별천別薦에 올랐고, 36세(정조 23)에는 경전과 주자의 글 연구에 전심하는 사람을 천거하라는 어명에 이시수의 추천으로 피선되었다. 이로 인해 해은의 명성이 전국적으로 알려지게 되었다. 이듬해 법계서당法溪書堂을 지어 강학의 장소로 삼았다. 40세에는 어사 권준權晙에 의해 학행유일로 천거되어 순릉참봉에 제수되었으나 부임하지 않았다. 이듬해 4월 성정주成鼎柱와 그의 조카 성도묵成道默, 성퇴묵成退默이 내방하여 함께 청량산을 유람하였고, 6월에는 성긍주成肯柱의 부탁으로 청송·우계 부자의 문집 중간을 감정勘訂하였다. 44세에 관찰사 윤광안尹光顔의 요청에 의해 달성의 향음주례에 참가하여 介가 되었는데 운집한 인원이 천여 명이었다. 입재 정종로鄭宗魯가 빈연시賓筵詩를 지어 그를 기렸다. 51세에 세자익위사 세마에 제수되었으나 부임하지 않았다. 8월에 아우 필로와 함께 울진을 유람하였고, 10월에는 노성의 동문들이 소계素溪에 모임을 가진다고 해 참석하였고 귀로에 단양의 류희柳僖와 성긍주를 방문하였다. 54세에 안동부사 윤노동尹魯東의 요청으로 향음주례에 참가하여 빈賓이 되었다. 그 때의 일기와 강록을 부사가 이시수에게 보냄에 답하기를 이와 같은 사람을 조정에 들이지 못함은 유사의 허물이라고 하였다. 이듬해 경산과 영덕의 수령인 성근묵成近默, 윤홍규尹弘圭의 청으로 경주를 유람하고 귀로에 옥계계곡과 내연산을 차례로 들렀다. 57세 3월에는 이병원李秉遠과 단양을, 10월에는 종제 필로가 고성의 고을 원으로 있어 계부季父를 방문차 들러 한산도 및 진주를 구경하였다. 61세 9월에는 이야순李野淳과 족질 태중泰重과 함께 태백산을 유람하였고, 10월에는 이태순李泰淳, 이병원李秉遠 형제 등과 갈천葛川의 김희주金熙周를 방문하여 함께 청량산으로 유람을 하였다. 79세에 조지서 별제, 80세에 수질壽秩로 통정대부, 돈녕부도정 등에 제수되었으며 10월에는 도산서원으로 가 퇴계선생문집 중간본을 감교勘校하였다. 84세에는 금강산으로 가는 막내 헌규에게 전송시를 지어주었다. 양부養父가 있는 회양淮陽으로 근행勤行가는 길이었다. 해은이 평생 추구한 구도지지求道之志와 조도지묘造道之妙를 이 시를 통해 알 수 있다고 그의 묘문에서 특별히 기록하였다.

白髮寒棲桂樹叢	백발이 되도록 쓸쓸히 계수나무 떨기[隱士]에 살다가
未酬淸債又秋風	맑은 빚[道通]도 아직 갚지 못하였는데 또 가을바람이 이네.
溪堂石枕遊仙夢	시냇가 초당에서 돌베개 베고 신선으로 노니는 꿈을 꾸니
夜夜金剛第一峯	밤마다 금강산 제일봉이라네.[07]

2) 교유

교유 관계를 살펴보기로 한다. 우선 그의 스승은 앞서 언급하였던 소곡素谷 윤광소尹光紹(1708~1786)이다. 소곡에게 나아가기 전 외조부 이중연, 중부 익에게 배웠다. 소곡은 이조판서 동규東奎의 아들로 일암一庵 윤동원尹東源, 경암敬庵 윤동수尹東洙의 학문을 이어받은 소론의 적통이었다. 평생 명재 윤증과 스승 일암, 경암 및 우계牛溪 성혼成渾과 관련된 사문사斯文事를 담당하였으며 그 학문을 연구, 정리하였다. 해은이 소곡에게 나아갔던 것은 부친의 명에 의해서이다. 해

07 해은선생문집 행장, 가승 등등

은의 부친 식이 만년에 소곡을 만나보고 그 덕용과 학식에 탄복하고 아들인 해은을 보낸 것이다. 해은은 소계에 반년 가까이 있으며 『심경』·『근사록』·『대학』·『예기』·『성학집요』 등을 배웠다. 귀향할 때 윤증의 표지標識가 있는 『오자근사록』과 『율곡집』 2권을 주면서 『근사속록』의 완성을 부탁하였다. 이 때 윤광소는 '내 도가 남으로 내려간다'고 주위 문인들에게 말을 하였다고 전한다. 그리 길지 않은 시간이었지만 해은은 스승의 지우와 가르침을 잊지 않고 평생을 그리워하였다. 소곡 사후 동문들과 유고를 부집裒輯하고, 유사遺事와 묘비명을 찬하였다.

가까이 지낸 이로는 성혼의 후손인 성정주成鼎柱, 성긍주와 외가의 이한중, 이한응 및 이야순, 이태순의 진성이씨, 대산 이상정의 손자인 이병운, 이병원과 인근 풍정楓井의 전주이씨 이치적李致迪, 이치형李致馨, 이치정李致楨, 그리고 김희주, 유희 등이 있다. 공경公卿으로는 이상황, 이시수, 윤광안 등이 있다. 이 중 몇 몇을 살펴보면 기옹棄翁 성정주(1746~1806)는 해은의 제자 근묵의 부친이다. 벼슬은 현감에 그쳤다. 산수유람을 매우 좋아하여 금강산, 사군四郡, 부석사, 희방사 및 청량산 및 도산서원 등을 유람하였다. 해은과 만난 것도 아우 긍주의 임소인 단양에서 나와 청량산을 함께 구경한 것에서 비롯되었다. 유고가 있다고 하나 현전여부는 미상이다. 인암仁巖 성긍주(1755~1815)는 정주의 아우로 밀양부사를 지냈다. 풍기군수로 와서 해은과 만났고 아들과 조카를 보내 집지하도록 하였다. 청송·우계 부자의 문집 중간 감정勘訂을 해은에게 부탁하였으며 해은과 단양의 산수를 유상하기도 하였다. 이러한 우의로 인암은 해은의 아들

헌규의 관례에 빈이 되기도 하였다. 형 정주와 마찬가지로 산수 유람을 좋아하여 금강산, 속리산 등 명승지를 두루 다녔다. 만년에 단양에 터를 정한 것도 그 뜻이었다고 한다. 이러한 인연으로 기옹과 인암의 사후 행장을 모두 해은이 찬하였다. 해은의 내제內弟인 이한중李漢中(1775~1836)은 성품이 고항高亢하고 방외의 기상이 있었던 인물로 녹문산鹿門山에 은거하며 학문과 시문으로 이름이 있었던 인물이다. 호는 녹문산인鹿門山人·자봉거사紫峯居士이다. 경암 이한응(1778~1864)은 한중의 재종형제로 한중과 마찬가지로 일찍부터 과거에 대한 생각을 접고 학문에 몰두하였다. 조실부모하여 백조伯祖인 이중연李重延에게 글을 배웠다. 수질로 돈녕부도정에 제수되었으며 시문과 글씨로 이름이 높았다. 문집 13권 6책이 전해온다. 해은의 제자로는 성근묵(1784~1852), 성퇴묵(1784~1832), 성수묵(1792~)과 노성의 윤정진尹鼎鎭, 윤자면尹滋冕(1808~), 그리고 같은 고을의 김소金熽(1789~1870) 등이 있다. 이 중 과재果齋 성근묵은 해은의 학통을 이어받아 소론의 적맥이 되었다.

4. 저술과 학문경향

1) 저술

현재 해은의 저술은 38책이라는 방대한 분량으로 남아있다.[08] 진지하고도 성실한 학자적 태도에서 기인한 것이겠지만 무엇보다 그는 꼼꼼한 기록벽의 소유자였다.

> 어릴 때부터 읽은 책은 종이 머리에다 箚記를 남겨 환하게 고거하게 하고 몽당붓, 잔글씨라도 정연하여 문란하지 않았다.[09]

우선 문집부터 살펴보도록 한다. 해은의 문집은 해은 사후 47년이 지나 손자 면冕과 증손 제濟가 1895년 24권 13책으로 간행하였다. 본집 20권 11책, 부록 2권 1책, 속집 2권 1책으로 이루어져 있다. 원래 22책으로 정리하여 출간하려던 것을 간추려 13책이 되었다 한다. 아울러 간행본에서 제외된 글들을 다시 간추려 『해은별고海隱別稿』 4책으로 필사하였다. 해은의 단독 저술, 또는 편찬서를 연보에 의거하여 정리하면 다음과 같다.

『함연문답函筵問答』·『영귀록詠歸錄』(23세), 『수반선수晬盤先授』(26세),

---

08 후손가에 전한다. 동국대 강석근 교수에 의해 경인문화사에서 영인하였다.(전게 주1 참조) 대부분이 수록되었지만 일부는 부득이 다음을 기약하는 저술도 있다고 하였다. 본고는 경인문화사 본을 저본으로 하여 여기에 수록된 저술과 『海隱先生年譜』에 기록된 저술을 참작하여 서술하였다.

09 강필효. 『海隱先生文集附錄』 권1. 「遺事」 "自少所讀之書 紙頭箚記 歷歷考据 禿筆細字 井井不紊"

『배권록栝棬錄』·『성추록省楸錄』(27세), 『가례후편家禮後編』·『이례정의二禮訂疑』(28세), 『주문경설朱門經說』·『자성록自省錄』(32세), 『시습록時習錄』(33세), 『칠정지절七情之節』(34세), 『계당야화溪堂夜話』(39세), 『육례대략六禮大略』(40세), 『청량록淸凉錄』(41세), 『오자지결五子旨訣』(42세), 『근사후록近思後錄』(44세), 『화수정화花樹情話』(45세), 『백록동규연의白鹿洞規衍義』(47세), 『가숙아언家塾雅言』·『소계회화록素溪會話錄』·『홍정회화록紅亭會話錄』(51세), 『숙애록淑艾錄』(52세), 『법문지결法門旨訣』·『도경圖經』(53세), 『동유록東遊錄』(55세), 『용사연의容思衍義』·『니문지결尼門旨訣』(56세), 『남유록南遊錄』(57세), 『전가팔범傳家八範』(60세), 『(고역古易), (효경孝經), (대학大學), (향당편鄕黨編), (홍범洪範)고이考異』·『성학지남聖學指南』·『태백동유록太白同遊錄』·『갈천회화록葛川會話錄』·『청량동유록淸凉同遊錄』·『생조수시生朝壽詩』·『석척록夕惕錄』(61세), 『학적學的』·『동원회화록東園會話錄』·『산재회화록山齋會話錄』(72세), 『법계회화록法溪會話錄』(80세),『가학연원록家學淵源錄』(81세)

이외 『산재청람山齋淸覽』·『해은선생연보海隱先生年譜』가 있다. 상기 열거된 저서의 성격을 간단히 살펴보도록 한다.

『함연문답』·『영귀록』은 스승 윤광소에게 나아가 배웠던 것과 왕래할 때의 유람을 정리한 것이다.

『수반선수』는 고인들의 교자양정教子養正한 말들을 모아 장남 문규의 돌에 맞춰 편찬하였다.

『배권록』·『성추록』은 모부인 이씨의 상을 당하여 지은 글들이다. 『가례후편』은 주자의 편지 속에 있는 예의禮疑의 문답問答을 분류하여 초출抄出한 것이고, 『이례정의』는 『의례儀禮』와 『서의書儀』의 번거로운 것을 산삭하고 요체를 모은 글이다. 동이同異를 고찰하고 권략闕略을 보충하여 절충한 것이다.

『주문경설』은 『주자대전朱子大全』 중에서 경전에 관련된 글만을 분류, 휘차彙次하여 번용煩冗한 것은 버리고 정요精要한 것을 모아 4편으로 만든 것이다. 「학용설學庸說」, 「논맹설論孟說」, 「제경설諸經說」, 「성리잡설性理雜說」의 순서로 되어 있는데, 현재 사서四書만이 전한다. 해당 조목에 『주자대전』의 판차板次를 쓰고 필요한 경우 간단한 주석이나 관련기록을 찾아 고열考閱하도록 해 놓았다.

『자성록』은 성현의 언행에서 일용日用에 관련된 것을 뽑아 만든 것이다.

『시습록』은 『심경』·『근사록』 및 사자육경의 원위源委와 의의疑義를 스승과 선유설先儒說 및 자신의 의견을 보태어 서술한 글이다.

『칠정지절』은 낙민洛閩 이래 제현들의 글 중에 절마지훈切磨之訓을 휘집彙輯하여 만든 것이다.

『계당야화』는 제자 성근묵·성퇴묵이 성리性理의 글 중 상목常目할 수 있는 것을 만들어 달라고 요청한 것에 응해 준 것이다.

『육례대략』은 정자程子가 편찬한 『육례대략』이 전하지 않음에 정자의 뜻을 취하여 서술하였다.

『청량록』은 성정주와 성도묵·성퇴묵이 찾아와 청량산을 유람하자고 하여 동행한 기록이다.

『오자지결』은 성근묵·성퇴묵이 배우러 왔다가 떠날 때 주정장주周程張朱의 글 중에 가장 절요한 것을 모은 것이다.

『근사후록』은 정암·퇴계·우계·율곡의 글과 명재의 글을 합하여 성계星溪 왕우汪佑의 『오자근사록五子近思錄』의 의례에 의거하여 만든 책이다. 소곡에게 나아가 배울 때 스승이 해은에게 부탁한 것으로 22년 만에 완성하였다. 원래 윤선거가 기획한 것으로 아들 명재가 이어받아 편찬하려다 미완성하여 소곡에까지 전해진 것이었다. 그 전에 명재가 박세채, 박태보, 임영 등에게 부탁하였으나 이루지 못하였고 최석정이 다시 원고를 취합하고자 했으나 또한 완수하지 못하였다. 그렇기에 이 일은 소론으로서는 하나의 숙원 사업이었다. 해은에 의해 완성된 이 책은 백년 뒤인 1907년 14권 2책으로 간행되었다.

『화수정화』는 족인들의 친목 도모와 효학斅學의 규모를 정한 것이다. 『백록동규연의』는 주자의 『백록동규白鹿洞規』의 뜻을 확장시킨 것이다. 『가숙아언』은 집안사람들이 지켜야 할 일 등에 관해 남긴 말이다.

『소계회화록』은 노성으로 가 소곡의 사손嗣孫 윤정진 및 동문 사우들과 어울린 기록이며, 『홍정회화록』은 소계에서 귀향할 때 성정주가 있는 단양의 사인암을 방문하고 남긴 기록이다.

『숙애록』은 주자서朱子書 중에 왕복정폄往復訂砭한 글들을 절약節約하여 경성警省의 자료로 삼고자 만든 것이다.

『법문지결』은 역대성현의 글 중에서 심心과 관련된 수양의 글들을 모은 것이다.

『도경』은 인근에 있는 유명산有明山에 유명산암有明山庵을 짓고 난 뒤 주위 인사 및 자손들의 제벽題壁과 「궐리회도闕里檜圖」에 차운한 글이다.

『동유록』은 경주와 옥산서원을 방문하고 남긴 기록으로, 별도의 제목이 있지 않아 필자가 임의로 명명하였다.

『용사연의』는 사람의 지양용공持養用工은 구용구사九容九思만한 것이 없기에 경전 중에 용사容思와 관련된 것을 모아 분문휘편分門彙編한 것이다.

『니문지결』은 명재 윤증의 유고 중에 경지經旨를 발휘한 것을 편차하고 심신에 간절한 것을 절략節略하여 『근사록』의 14편목에 따라 분류 편술한 것이다. 이는 스승 소곡의 부탁으로 『근사후록』의 후편의 성격을 지닌다.

『남유록』은 고성의 수령으로 있는 종제 필로와 계부를 방문하여 한산도 및 진주 일대를 돌아본 기록으로, 서명은 필자가 명명하였다.

『전가팔범』은 수신치인의 방도 8가지를 서술한 것이고, 『(고역), (효경), (대학), (향당편), (홍범)고이』는 해당 경전들의 부분을 다시 편차하여 분절分節한 것이며, 『성학지남』은 여러 성현들의 말씀 중에 심성정心性情에 관련된 글에 자신의 의견을 붙여 내외편으로 만든 것이다.

『태백동유록』은 이야순과 족질 강태중과 약속하여 태백 일대를 돌아본 것이며, 『갈천회화록』, 『청량동유록』은 이태순, 이병운, 이병원, 강필로, 강태중과 함께 청량산 유람을 약속하고 갈천에 이르러 그 곳의 김희주를 방문하여 함께 유람한 기록이다.

『생조수시』는 해은의 회갑일에 가족과 친인척 및 문생들의 시를 모은 것이다.

『석척록』은 치심수신에 관련된 글을, 『학적學的』은 학문에 관련된 글을 모아 자신 및 제생諸生들에게 보이고자 한 것이다.

『동원회화록』, 『산재회화록』, 『법계회화록』 등은 해은의 가까운 벗들과 자질, 문생들이 모여 시를 주고받고 강의를 기록한 것으로 『법계회화록』 속의 「도경圖經」은 법계서실에 있는 글씨에 대한 품평과 유래가 적혀있다.

『가학연원록』은 소곡의 현손 윤상덕尹相德이 해은에게 면계勉戒의 말을 청함에 소곡의 언행을 모아 건네준 글이다.

이 외 『산재청람』은 해은이 거주하는 법전의 서실과 그 주변을 시문으로 읊은 것이고 『해은선생연보』는 1924년에 출판된 1권 1책의 연보로 『근사후록』과 같은 목활자를 사용하고 있다.

이상으로 해은의 저술을 살펴본 바, 크게 몇 가지 성격으로 분류된다. 성리제설性理諸說을 모은 것과 예서禮書 및 유람과 회화會話 등의 기록이 그것이다. 여기에는 불과 1~2장에 걸친 단편적 내용에서 1, 2책의 분량에 이르기까지 다양하다. 이 중 해은이 가장 심혈을 기울였고 후학들이 가장 중요하게 언급하는 저술은 『근사후록』·『니문지결』·『주문경설』이다. 성리설과 경학에 관계된 저술로 해은의 학문적 관심과 지향을 여실히 살필 수 있는 부분이다. 유람록 같은 경우 『청량록』·『소계회화록』·『동유록』, 57세 때 이병원과 단양 사인암을 둘러 본 것과 『남유록南遊錄』은 해은문집에 『사유록四遊錄』이란 이름으로 모아 같이 수록되었다.

해은의 문집에서 한 가지 주목되는 점은 서序, 발跋의 분량이 대단히 많다는 점이다. 특히 여러 문적을 보거나 읽고 난 뒤 적은 서

書~후後, 독讀~후後의 기록들이 많아 관련 정보 및 이해에 적지 않은 도움을 주고 있다. 간행 문집에는 상당 부분이 누락되었기에 초고를 적극적으로 활용할 필요가 있다.

2) 학문경향

해은의 학문적 성격, 지향점 등을 이해할 수 있는 두 가지 키워드를 제시하여 학문경향의 일단을 살펴보고자 한다.

먼저 저서가 말해 주듯 해은은 주자학에 정통한 학자였다.

> 근원은 六經, 문로는 史書이고 子·史百家에 범람한 것은 견문을 넓힌 것이었다. 말씀하기를 "주자서는 여러 책들을 집대성한 것이니 독실히 좋아하고 전적으로 숭상하여 구절마다 通透하고 단락마다 爛熟하여야 한다."[10] 사자육경과 심경 근사록 등의 책은 모두 자신의 말처럼 외우고 종신토록 잊지 않았다.[11]

사서와 육경은 근원과 문로이기에 이에 대한 강조는 당연한 것이었지만 해은의 경우 특히 주자서朱子書 및 성리性理 제서諸書에 대한 강조가 두드러진다. 그의 묘도문에서 하나같이 주자서를 애호하여 심도 있게 연구, 실천하였음을 특기한 것도 그의 학문적 성격을 잘 드

---

10 강필효, 『海隱先生文集附錄』 권1, 「遺事」 "根源則六經 門路則四書 而其汎濫乎子史百家者 廣其聞見也 謂朱子書 總大典集大成 篤好而專尙 節節通透 段段爛熟"

11 강필효, 『海隱先生文集附錄』 권1, 「가장」 "凡於四子六經心近等書 擧皆如誦己言 終身不忘"

러낸 것이라 할 수 있다. 무엇보다 정조가 주자학에 밝은 사람을 추천하라고 하였을 때 이시수에 의해 천거된 것은 해은의 학문적 성격 및 지향점을 단적으로 알 수 있게 해 준다. 그렇기에 당시 양학洋學에 대해서도 사설邪說의 횡류橫流가 홍수나 맹수보다 심하다고 하면서 이는 모두 성도聖道의 불명불행不明不行으로 말미암은 것이라 진단하고 자수自修에 힘써서 육경사자정주六經四子程朱 문자 읽기를 권장하였다.[12] 아울러 그는 투철한 대명의리론자였다. 시헌서에 있는 청나라 연호는 반드시 오려 버리고 그 곳에다 명나라 연호를 쓰고, 글을 지을 때 반드시 숭정기원후 몇 년이라고 적었다는 기록,[13] 인근의 대명산의 대명암에서 모임을 가지며 명에 대한 추모의 글을 남기는 등의 기록은 대명의리에 충실한 그의 일단을 엿볼 수 있다. 이러한 대명의리는 기실 태백육은의 후손으로서 충분히 예상되는 모습이기도 하다.

다음으로 해은은 소론의 학통을 이어받은 학자이다. 그는 「총론성현總論聖賢」을 저술하여 역대 도통道統의 계보를 서술하였다.[14] 여기서 해은은 퇴계이후 우계와 율곡에 이어 곧바로 명재를 놓고 다음으로 소곡을 놓으며 마무리를 하고 있다. 명재에 대해서는 윤황과 윤선거를 이어 파산적전坡山嫡傳이라고 하며 아울러 도산과 석담의 학문을 사숙하여 연원이 바르고 문법이 엄정하다고 하였다.[15] 명재를 퇴

12 강필효. 『海隱先生文集附錄』 권1. 「행략」 "嘗聞洋學之迷溺侵畔 歎曰 邪說橫流 甚於洪水猛獸 然實由聖道之不明不行 …중략… 辭闢之道 在於自修 案上只看六經四子程朱文字"

13 강필효. 『海隱先生文集附錄』 권2. 「보유」 "憲曆上 帖黃年號 必剔去之 改書明朝年號 凡製文字 必書崇禎紀元後幾年"

14 강필효. 『海隱別稿』 권7. 「總論聖賢」. 경인문화사. 1996.

15 강필효. 『海隱別稿』 권7. 「總論聖賢」. 경인문화사. 1996. "先生家學 如八松魯西 節義道學 具全於前 又得坡山嫡傳 而私淑於陶山石潭之學 淵源正而門法嚴"

계와 우계·율곡 모두에 연원을 두고 있다고 설정한 것이다. 해은의 대표적 저술인 『근사후록』은 이러한 인식이 가장 잘 드러난 것이라 하겠다. 그러면 여기서 한 가지 의문이 떠오른다. 성리설의 경우 퇴계와 율곡이 달랐던 점을 어떻게 해결했을까? 더더구나 그는 영남 퇴계학맥의 중심지역에 살았고 그의 인척 및 교우 또한 퇴계학맥의 정통 계승자들이었다.

> 사단칠정은 모두 情인데도 理之發, 氣之發이라고 말하는 것은 이것은 四七의 純理兼氣를 말하는 것으로서 주장하여 발하는 것이 다릅니다. 지금 理에서 발한다 氣에서 발한다라고 말하면 좇아 발하는 것이 다릅니다. 주장하는 것, 따르는 것이 같습니까? 다릅니까? - 중략 - 辯論에서 만약 發見의 즈음에 主理主氣의 같지 않음이 있다고 말씀하신다면 어느 누가 그것을 그르다고 할 자가 있겠습니까마는 만약 氣에서 발한다고 한다면 두 갈래 길의 의혹이 없지 않아 논란의 소지를 열어놓는 것입니다. 그렇기에 退陶선생이 고치고 다시 고친 것은 비록 高峯 栗谷이 감히 따르지 않은 것이 있지만 그러나 퇴계 율곡 두 분의 설이 모두 주자의 말에서 나왔으나 서로 같지는 않습니다. 비유하자면 산을 봄에 가로로 보면 嶺이 되지만 옆으로 보면 봉우리가 되니 산이 같지 않은 것이 아니고 仁智의 견해가 다른 것입니다.[16]

경암[敬庵] 이한응에게 답한 서찰이다. 경암은 이동표의 후손으로 퇴계학맥의 정통에 서 있는 인물이다. 사단칠정에 대해 논변을 하였던 바, 경암은 칠정을 '기지발[氣之發]'이라고 주장하였던 듯하다. 이에 대해 해은은 그것에 동의할 수 없다고 말한다. 사단도 칠정도 모두 정[情]이라고 하였다. 이것을 이원화하여 이와 기에서 각각 발한다고 말하는 것은 잘못이라고 하였다. 두 사람의 논쟁은 마치 퇴계와 고봉의 논쟁을 연상시키는 듯하다. 확실히 해은은 서인으로서 율곡의 학설을 따르고 있는 것이다. 다만 퇴계학통의 분위기와 정서를 감안해서인지 표현의 강도는 상당히 완곡하다. 그리고 퇴계와 율곡 모두 주자 설에 근본한 것으로 견해의 차이가 있을 뿐이라고 하여 상호 대립, 갈등의 관계가 아니라 모두 수용 가능하다는 유연한 입장을 보여 주고 있다. 『근사후록』의 범례에서도 퇴계와 율곡의 학설이 다름을 인정하며 각자의 설을 제시한다고 한 것도 이와 같은 맥락이다.[17]

해은의 이러한 유연한 입장은 다른 사상을 바라보는 입장에서도 그대로 적용된다. 해은은 불교, 도교에 대해서도 깊은 이해를 갖고 있었다. 승려들에게 써 주었던 시[詩], 서[序], 발[跋] 및 『주역참동계[周易參同契]』를 재편성하고 주해를 남긴 것[18] 등이 그것을 말해 주고 있다. 비록

16 강필효. 『海隱先生文集』 권6. 「答李仲模漢膺」 "四端七情 皆是情也 而曰理之發氣之發 是言四七之純理兼氣者 而其所主而發者 不同也 今曰發於理 發於氣 則是所從而發者 不同矣 其所主所從 同乎異乎 -중략- 辯論若曰 發見之際 有主理主氣之不同云爾 則人誰有非之者 若曰發於氣 則不無二岐之惑 而是啓爭端 故退陶先生 所以改而復改者 雖有高峯栗谷之所不敢從 然退栗兩先生說 皆本朱子語 而各自不同 譬如看山 橫看成嶺 側看成峯 山非不同 而仁智之見不同矣"

17 강필효. 『近思後錄』. 「近思後錄例」. 경인문화사. 1996. "四七說 退溪栗谷兩先生說 雖不同 然此是義理大頭腦處 故兩存之"

18 다른 잡서는 보지 않았지만 『參同契』만은 애독하였다는 아들 강헌규의 증언(『農廬集』 권9, 「本生先考海隱府君家狀」 및 강필효·강헌규에 의해 『古文參同契』의 주해서가 이루어졌음이 확인된다. 구체적인 것은 김윤수 전게논문 참조.

불佛, 도道 자체에 대한 긍정보다 유교적 사고로 수렴되는 모습을 보여주고 있기는 하지만 유학 일편향이나 그 외 다른 사상에 대한 배척이나 외면이 아닌 모습은 그의 학문세계가 매우 넓고 다양하다는 것을 잘 보여주고 있다고 하겠다.

5. 나가는 말

해은은 18~19세기를 살다간 전형적인 영남의 학자로서 일생을 학문연구에 매진하며 방대한 분량의 저서를 남겼다. 그리고 퇴계학맥을 이은 영남의 본고장에서 이례적으로 소론의 색목을 가지면서도 영남 남인들과 조화로운 모습을 보여주었다. 소위 '법전강씨'를 대표할만한 인물로 꼽히는데, '법전강씨'는 병자호란 후 강흡·강각 형제가 태백산 아래 법전에 정착한 이래 대대로 문한과 벼슬이 끊이지 않는 명문의 지위를 획득함으로서 생겨난 별칭이었다. 형인 강흡의 계열이 노론으로, 아우인 강각의 계열은 소론으로 각기 색목이 나뉘어 서로 다른 길을 갔지만 활동 지역과 혼맥 등을 바탕으로 영남의 학풍, 분위기와 긴밀히 밀착하여 영남의 색채를 강하게 띠는 것은 여타 동당과는 다른 그들만의 독특한 모습이었다. 해은은 강각의 후손으로 전통주자주의를 강하게 고수하며 대명의리론을 견지하였다.

주자학에 특히 밝아 주서천에 올랐으며 그가 남긴 대부분의 저술들 또한 경전과 성리서에 관계되는 내용들로 채워져 있다. 아울러 해은은 명재 윤증, 소곡 윤광소에 이어 소론의 적통이 되었고, 또 이를 제자인 과재 성근묵에게 넘겨주었다. 학문적 성격만을 놓고 본다면 순정주자학풍이라 이를만하다. 다만 명재에서 소곡까지 '사士'와 '대부大夫' 사이를 오가며 중앙과의 소통이 항상 열려 있었던 반면 해은에 와서는 '士'로서의 모습만 남게 되어 '재야' 학자로 머물게 되었다는 점이 차이라면 차이일 것이다. 이런 점에서 같은 소론이라도 수도권에 거주하며 사환이 이어지고 혼벌婚閥을 형성한 경화거족의 소론학계와는 완전히 층위를 달리하게 된다. 18~19세기 조선이 당도한 사회와 학계의 경·향 분기라는 커다란 추세 속에서 경화학계를 중심으로 소론학계가 재편되어 그 외연과 개성을 넓혀나갔던 반면 가장 보수적인 색채를 유지하며 소론주자학의 학통을 이어나간 것이 해은으로 이어지는 계보였다.[19]

한편 본고에서는 다루지 못했지만 앞서 언급한 것처럼 해은의 저작에는 서序, 발跋과 독후감 형식의 서書~후後, 독讀~후後의 기록들이 상당히 많이 있다. 소장하였던 서화나 서책 등을 보고 난 뒤 적은 기록들로 흥미로운 내용들이 적지 않다. 일자日者 최천경崔天擎, 필공筆工 한량후韓良後(정홍택鄭弘宅의 제자)의 기록은 짧지만 희귀하다. 당대 독서경향이나 소장 자료, 그리고 그에 대한 인식 등을 살필 수 있어 유용하다. 추후 연구를 기대해본다.

---

19 자세한 것은 유봉학, 1998, 「경향학계의 분기와 경화사족」, 『조선후기 학계와 지식인』, 신구문화사, 104~105쪽 참조.

18세기 영남의 한문학 :

봉화 지역을 중심으로

해은海隱 강필효姜必孝의 한시漢詩 연구研究:
유람시遊覽詩를 중심으로 | 장호중

해은海隱 강필효姜必孝의 한시漢詩 연구研究: 유람시遊覽詩를 중심으로

—

장 호 중

1. 머리말

해은海隱 강필효姜必孝(1764~1848)는 1764년 11월 12일 경상도 안동부 춘양면 법전촌(현재 경북 봉화군 법전면 척곡리 양촌)에서 출생했다. 중부仲父인 겸재謙齋 강익姜榏(1751~1815)과 외조부 누실陋室 이중연李重延(1711~1794)에게 나아가 가학家學을 익혔다. 그 후 21세(1784) 때 향시鄕試에 응시했다가 돌아와 탄식하기를 "이곳은 이욕利慾을 조장助長하는 장소이다."라고 하고는 마침내 과거 공부를 그만두고 위기지학爲己之學에 전심專心하여 조선 후기 소론小論을 대표하는 유학자로 성장했다.

그는 일찍이 22세(1785)에 주자학 공부를 위해 충청도 노성魯城(현재의 논산)의 소계素溪로 가서 소곡素谷 윤광소尹光紹(1708~1786)의 문하에 들어가 『대학大學』과 『예기禮記』를 강습하고 『심경心經』과 『근사록近思錄』 등의 책을 읽음으로써 청송聽松 성수침成守琛(1493~1564)

→ 우계牛溪 성혼成渾(1535~1598) → 팔송八松 윤황尹煌(1571~1639) → 노서魯西 윤선거尹宣擧(1610~1669) → 명재明齋 윤증尹拯(1629~1714) → 일암一庵 윤동원尹東源(1685~1741) → 소곡素谷 윤광소尹光紹(1708~1786)로 이어지는 소론학맥을 이어 그 학통을 과재果齋 성근묵成近默(1784~1852)에게 전수했다.

참고로 강필효가 교유했던 주요 인물들의 면면을 소개하면 아래와 같다.

판서를 지낸 반호盤湖 윤광안尹光顔(1757~1815), 참판을 지낸 초암草庵 이태순李泰淳(1759~1840), 참봉 광뢰廣瀨 이야순李野淳(1755~1831), 대산大山 이상정李象靖(1711~1781)의 손자인 현감 이병원李秉遠(1774~1840), 병조참판을 지낸 갈천葛川 김희주金熙周(1760~1830), 『언문지諺文志』를 지은 서파西坡 유희柳僖(1773~1837), 소론으로 1809년에 『우계집』을 간행하였으며 밀양부사를 지낸 인암仁巖 성긍주成肯柱(1755~1815), 성긍주의 형으로 부여현령을 지낸 기옹棄翁 성정주成鼎柱(1746~1806), 방외方外의 기상을 지녔던 내제內弟 녹문鹿門 이한중李漢中(1775~1836), 도정都正을 지낸 경암敬庵 이한응李漢膺(1778~1864), 회갈헌悔葛軒 이치형李致馨(1775~1847), 만곡晩谷 조술도趙述道(1729~1803), 족숙인 송서松西 강운姜橒(1773~1834), 병조참판을 지낸 족질 유하柳下 강태중姜泰重(1778~1862), 호조참판을 지낸 임연臨淵 이양연李亮淵(1771~1853) 등이다. 그의 문하에서 수업했거나 출입했던 인사로는 성근묵成近默(1784~1852), 성수묵成遂默(1792~1850), 김소金熽(789~?), 소곡의 사손嗣孫인 윤정진尹鼎鎭, 윤정진의 아들인 숙여肅如 윤자면尹滋冕 등이 대표적이다.

이와 같이 강필효는 당색과 지역을 초월하여 다수 인사들과 폭넓은 교유를 통해 조선 후기 성리학의 내재적 발전을 위해 노력했다. 그 과정에서 강필효는 85세에 고종명하기까지 38책의 방대한 필사본 유고를 남겼고,[01] 『근사후록』 등 수많은 저술을 남겼으며, 20여 차례가 넘는 유람을 통해 백여 수에 달하는 유람시와 3편의 유람록을 남겼다.

강필효는 크게는 조선 후기 유학사나 작게는 소론학맥의 전승맥락에서 결코 간과할 수 없는 인물이다. 『해은집』에 대한 해제는 여러 편 이루어진 바 있지만[02] 지금까지 강필효에 대한 연구는 매우 저조한 편이다. 조선유학사를 논한 개설서에서 강필효의 이기설理氣說을 언급하였지만[03] 아직까지 심도 있는 논의에 이르지는 못한 듯하다. 한국도교사에서 강필효 부자父子의 위상을 언급한 글도 있는데, 강필효를 이한중李漢中, 강헌규姜獻奎 등과 함께 고문참동계古文參同契를 연구한 '태백산파太白山派'로 규정하기도 했다.[04]

그밖에 강필효의 저작을 단편적으로 소개한 글도 있다. 조선시대 『심경부주』 주석서를 해제하면서 강필효를 율곡학파에 넣고 그의 「심경心經, 시습록時習錄」을 소개했다.[05] 조선시대 중용도설을 논하면

---

01 그 손자 강면이 산정·재편하여 1895년 목판으로 간행했다. 분량은 원집20권, 부록 2권, 속 2권 합 7책으로 총 998판이다.

02 영남대. 1988. 「해은속집 해제」. 민족문화논총 4권 『영남문집해제』. 영남대학교 민족문화연구소; 강석근. 1996. 「해은문집 해제」. 경인문화사. 서울대 규장각 한국학연구원에서도 『海隱先生遺稿』를 해제한 바 있다.

03 현상윤. 1982. 『朝鮮儒學史』. 정음사.

04 김윤수. 1990. 「周易參同契演說(東丹寶鑑과 農廬 姜獻奎」. 韓國道教思想硏究叢書 Ⅳ. 『한국도교사상의 이해』. 도교문화학회.

05 홍원식외. 2007. 『조선시대 심경부주 주석서 해제』. 예문서원. 이 책에서는『心經後論後說』을 쓴 윤광소를 제4장 '양명학파 및 실학파'에 넣고, 그의 문생인 강필효를 제2장 율곡학파에 넣었는바, 다소 문제가 있어 보인다. 좀 더 세밀하게 보면, 윤광소와 강필효는 우계학파

서 강필효의 '중용도'를 소개하였고,[06] 조선에 항복한 왜장 김충선金忠善의 『모하당문집慕夏堂文集』을 고찰하면서 강필효의 「서序」가 소개된 바 있으며,[07] 강필효의 '독서차제讀書次第'에 대한 견해를 언급한 글도 있다.[08] 또한 부분적으로 강필효의 한역시가漢譯詩歌나 구곡시九曲詩 창작에 대해 관심을 보인 논고도 몇 편 보인다.[09]

필자는 수년전부터 강필효의 문학과 저작에 대해 관심을 가지고 『해은연보[10]』와 그의 시문 자료를 검토해왔다. 앞서 언급했듯이 강필효의 본색은 도학자, 이른바 성리학전공에 있다. 따라서 그가 창작한 수많은 한시나 산문도 엄격히 말해서 그의 도학적 지향에서 벗어나지 않고 그 속에 포괄되는 것으로 봐야 한다. 그러므로 강필효의 한시연구는 그의 성리학 연구에 후속되어야 강필효의 도학가적 특질이 잘 드러날 터이지만, 도학과 문학의 상호 연계성에 대해서는 추후에 보완된 논의를 이어가기로 한다. 이 글에서는 유람시에 주목하여 그 경개와 특징을 개괄함으로써 향후 강필효 연구에 이바지하고자 한다.

이 글에서 말하는 '유람시'는 산수유람을 포함하여 강필효가 자신의 거주지인 법전을 떠나 일정한 목적 아래 일정 기간 여행을 하면서 도상에서 느낀 감흥이나 귀가 후 여흥을 담은 시편을 가리킨다.

의 범주에서 논해야 하지 않을까 한다.

06 최석기. 2013. 『조선시대 중용도설』. 보고사.

07 김선기. 2011. 「항왜 김충선(사야가)의 모하사상 연구」. 박사학위논문. 부산외국어대학교.

08 김상호. 1995. 「晩翁 徐命瑞의 讀書段階論 比較硏究」. 『한국도서관·정보학회지』 22. 한국도서관. 정보학회.

09 김명순의 「이황 시조의 한역에 대하여」(『시조학논총』 28. 한국시조학회. 2008) 및 이종호의 「한국 구곡문화 연구의 현황과 과제: 구곡경영과 구곡시의 전개를 중심으로」(『안동학연구』 10. 한국국학진흥원. 2011)가 이를 대표하는 논문이다.

10 鄭丙朝. 1925. 「海隱年譜」. 法溪書塾.

강필효의 유람시는 당시 비슷한 시기에 살았던 다른 영남 학자들의 그것과 상당한 차이가 있다. 본론을 통해 그 차이점이 어느 정도 드러날 것이다.

이 글의 텍스트는 한국문집총간속韓國文集叢刊續 제108집에 수록된 『해은유고海隱遺稿』의 저본이 된 목판본으로 하고, 필요에 따라 종손 강석하 소장 필사본을 참조했음을 밝혀둔다.

2. 강필효의 유람과 한시 창작

1) 유람 생애의 대강

강필효는 22세에 윤광소 문하에 찾아간 것을 기점으로 해서 80세에 도산서원을 탐방할 때까지 모두 20회가 넘는 원유遠遊를 수행했는 바 그 경개를 도표로 제시하면 아래와 같다.

유람기간	나이	유 람 지 역	유람동기 및 목적	관 련 인 물
1785. 11 ~1786. 03	22 ~23	충남 素溪	소곡 윤광소 문하에 수업을 청하기 위해 감	윤광소
1803. 10	40	경북 풍기	풍기 향음례에 빈객으로 초청 받아 감	성긍주
1804. 03	41	경북 풍기	풍기 향음례에 빈객으로 초청 받아감	성긍주
1804. 04	41	경북 안동 청량산	청량산 유람	성정주, 성도묵, 성퇴묵, 강익
1805. 06	42	충북 단양 사인암	성긍주의 셋째 아들 수묵의 관례에 빈객으로 초청 받아감	성긍주
1807. 10	44	경북 달성	달성 향음례에 빈객으로 초청 받아감	윤광안, 정종로
1810. 05	47	경북 안동 수석정	친구 찾아감	이야순
1810. 10	47	충북 단양 수운정	놀러감	성긍주
1813. 06	51	경북 죽진, 선사仙槎, 고산 서원, 망양정	바다 경치 완상, 성리론 강론하려 감	강필로, 윤동조
1813. 06	51	경북 청량산	청량산 두 번째 유람	계부季父 강목
1813. 06	51	경북 천상川上, 임천사, 백운정	명승지 유람	
1813. 10	51	충남 노성 소계, 유봉, 반주, 조대, 응사암	학맥의 시원지 답사	윤정진, 동문들, 윤자만, 윤증, 윤광안, 윤영규, 이구현
1813. 10	51	충북 단양	귀로에 유람	유희, 성긍주와 아들삼형제

유람기간	나이	유 람 지 역	유람동기 및 목적	관 련 인 물
1817. 02	54	경북 안동	안동향음주례에 빈객으로 초청 받아 감	윤노동, 이만수
1818. 03	55	경북 경주, 옥산, 계정, 옥계, 내연산, 축산도	경주 유람 요청 받음. 『옥산강의』를 강론.	이언적, 성근묵, 윤홍규, 윤증, 이병원, 이인행, 유회문, 서활, 이희운, 김맹후,
1820. 03	57	경북 군위	군위 향음주례에 빈객으로 초청 받아감	서병순
1820. 03	57	충북 단양, 구담, 도담삼봉, 사선암 등	시우당에서 『오자지결』 강론	이병원, 성퇴묵, 강필로, 이정병
1820. 10	57	경남 소호, 고성, 세병관, 진양, 봉황산, 한산도, 충렬사, 진주 촉석루,	계부 강목 문안, 유람	서경렴, 강목, 강필로,
1821. 01	58	경북 선유정, 운곡서당, 천전, 사빈서원, 도연서원, 청량사	여강서원의 원장 자격 운곡서당에서 모임을 베풀고 중용, 대학 강론	
1824. 09	61	경북 태백산	태백산 유람	이야순, 강태중
1824. 10	61	경북 안동 갈천정, 청량산	청량산 세 번째 유람	김희주, 이태순, 이병운, 이병원, 강필로, 강태중
1826. 10	63	충남 노성	윤광소 이장 모임 참가	
1843. 10	80	경북 도산서원	퇴계 선생 문집 중간본 교감	이정순, 이휘양, 이언순

이 중 중요한 몇 가지 유람을 살펴보면 다음과 같다.

22세 때 윤광소 문하에 수업을 청하기 위해 충남 노성 소계로 다녀와 〈영귀록〉을 남겼고, 41세 때 성정주, 조카 성도묵, 성퇴묵과 중부仲父인 강익과 함께 청량산 유람을 하고 〈청량기행〉을 남겼다. 51세에는 울진으로 가서 바다 경치를 완상하고 고산 서원孤山書院으로 가서 성리론을 강론했다. 또 51세에 30년 만에 소론 학맥의 시원지인 노성으로 가서 동문을 만나 회포를 풀었으며, 55세에 경산현감으로 있던 제자 성근묵과 영덕현감 윤홍규尹弘圭(1760~1826)로부터 경주 유람을 요청 받고 경주, 옥산, 내연산 등을 유람했다. 57세에 고성현감으로 있던 사촌동생 강필로를 찾아가 그 곳에 가 있던, 계부 강목께 인사를 드리고 나서 세병관, 한산도, 충렬사, 진주 촉석루 등을 유람하고 《기행록》 을 남겼다.

61세에는 이야순, 강태중 등과 함께 태백산을 유람했다. 같은 해 이태순, 이병운, 김희주 등 영남 남인들과 함께 청량산을 유람하게 된다. 특이한 점은 41세에 소론 인사들과 유람했을 때는 〈청량기행〉을 남겼으나, 남인들과 세 번째로 청량산을 유람했을 때는 유람록은 없고 한시 20여 수만 남겼다는 점이다. 80세에 퇴계문집 중간본을 교감하기 위해 도산서원을 다녀왔는데 일찍이 소론계 출신으로 도산서원 원장을 역임한 바 있기 때문이었다.

2) 유람을 보는 관점

평생에 걸쳐 수십 차례의 나들이를 하였기에 강필효는 나름대로 유람의 의의에 대한 관점을 지니고 있었을 것으로 본다. 강필효의 유람관이라고 할까 아니면 유람의식에 대해서는 태백산 유람을 두고 주로 전개되고 있다.

> ① 내가 비록 仁者나 智者가 좋아하는 것에 부끄럽지만 산을 유람하는 것은 책을 읽는 것과 같아서 얕음과 깊음에 따라 각각 얻는 바가 있다. 그러므로 물 하나 산 하나를 살피게 되면 곧 心身에 유익함을 깨닫게 된다.[11]

> ② 산을 유람하는 것은 독서와 같아서 깊고 얕음을 모두 스스로 체험할 수 있다. 그대가 잘 보고 묵묵히 인지하며 정신이 모이고 마음이 융화된다면, 오직 조물주가 이처럼 우연이 아님을 볼 뿐만 아니라 여행할 때 배움을 잊지 않으면 또한 도를 깨달을 수 있을 것이다. 무릇 태백산의 중후하면서 옮기지 않음으로 體를 삼고, 黃池의 두루 흘러 막힘이 없는 것으로 用을 삼고, 穿川이 조화롭게 흘러 통하는 것을 神으로 삼아라. 그 사물을 보고 도를 생각하고 이것을 통하여 저것을 인식하는 것이 곧 성인께서 (산수를) 가져다가 비유한 뜻이다. 공자가 '어진 이는 산을 좋아하고 지혜로운 이는 물을 좋아한다[仁者樂山, 智者樂山].'라고 한 뜻과 시냇

11 姜必孝. 1996년. 『海隱文集』 卷5. 「海隱年譜」. 경인문화사. "吾雖慚仁智之樂, 然遊山如讀書, 淺深各有所得, 故觀一水一山, 便覺心神有益."

가에서 '흘러가는 것이 이와 같음이여. 밤낮으로 그치지 않는구나[逝者如斯夫, 不舍晝夜].'라고 한 탄식도 이것을 취했을 따름이다. 그리고 (주자가) '太山이 높기는 하지만 태산 꼭대기의 위는 벌써 태산에 속한 것이 아니다[太山高矣. 太山頂上, 已不屬太山].'고 한 말에 이르면, 진실로 (비유로 취한 의미가) 다함이 없게 될 것이다. 이번 여행에서 우뚝이 정상에 서서 내 말을 생각하고 내 뜻을 이해하지 않겠는가![12]

③ 장차 태백산에 오르면 다만 기세가 높고 구불구불한 것만 보이고 따로 기이하고 특별한 광경은 없을 것이다. 또 산꼭대기에 이르면 천하가 가히 작아 보일 것이니, 도체에 비유할 수 있을 것이다. 내려와 황지에 임해보면 다만 하나의 펼쳐진 못이 깊고 푸르러 대수롭잖은 듯이 보아 넘길 것이나 그 물이 고여 강의 원류가 되어 은하수를 형상했으니, 이 어찌 우연이겠는가? 비록 孔淵과 穿川의 기이한 장관과 黎花와 栢川의 그윽한 모습은 모두 그보다 못할 것이다. 무릇 산을 유람하는 것은 독서와 같아서 깊고 얕은 것이 모두 저절로 얻어지는 것이다.[13]

---

12 『海隱別稿』 卷3. 「送李令公來卿(泰淳)李愼可(秉遠)遊太白序」. "遊山如讀書, 深淺皆自得行矣. 我子善觀而默識, 神會而心融, 則不惟見造物者之若是不偶然, 而行李不忘學, 亦可以喩道矣. 夫以太山之重厚不遷爲體, 黃池之周流無滯爲用, 穿川之造化流通爲神, 則其覽物思道, 因此識彼, 卽聖門取譬之意, 而二樂之義, 川上之歎, 亦是之取爾. 至若太山雖高, 頂上已不屬太山, 則儘無窮矣. 是行也, 巋然立頂上, 思吾言, 而領吾意者, 否耶."

④ 첫째, 태백산에 올라 원대하게 관망하라. 그러면 홀로 완상하는 가운데 장탄식을 발하게 될 것이니, 반드시 시력을 다해 멀리 바라다보는데 달려 있다. 둘째, 孔淵을 보고 그 신묘함을 궁구하라. 그리하면 공중에서 생황소리[笙竽]를 내며 하늘의 비밀이 드러날 터이니, 반드시 묵묵히 마음에 부합하는 것이 있을 것이다. 셋째, 黃池에 다가서 보라. 평범하게 땅에 고인 물이 꼬리는 남서쪽 머리는 동북으로 향하여 길게 뻗어서 형세가 마치 은하수와 같을 것이다. '만약 나뉠 때 달라짐을 안다면, 장차 합할 때 한가지란 것을 알게 될 것'이니[14], 관찰하는 자는 의당 깨침의 목소리를 낼 것이다. 다음으로 穿川을 관찰하라. 특별히 갈라진 언덕 사이로 물이 치켜 샘솟고 地軸이 가팔라서 어슴푸레 龍門山・積石山 같은 것을 아침저녁으로 만나게 될 것이다.[15]

①은 강필효가 61세(1824) 9월에 태백산을 유람하며 쓴 글인

---

13 『海隱別稿』 卷3. 「送金李二庚友遊太白序」. "將登太白, 只見磅礴蜿蟺, 別無奇特觀, 及到頂上, 天下可小, 道體可喩矣, 下臨黃池, 只一演泓深碧 尋常地看過, 而若其渟而爲江源流, 而象天漢, 夫豈偶然哉, 雖以孔淵穿川之奇壯, 黎花栢川之窈窕, 皆其下風, 夫遊山如讀書, 深淺皆自得."

14 주자가 지은 「分水鋪詩」에 "물의 흐름은 이곳저곳 없는데〔水流無彼此〕 땅 형세는 동쪽 서쪽이 있도다. 〔地勢有西東〕 만약에 나뉠 때의 달라짐을 안다면〔若識分時異〕 합할 적에 한가지란 것도 알걸세〔方知合處同〕"라는 시가 있다.

15 『海隱別稿』 卷3. 「送趙奎應星復遊太白序」. "先登太山, 以大其觀, 則抱孤賞發長歎, 必有在於吳門白馬之遠矣. 次窺孔淵, 以窮其神, 則仰空韻笙竽 玆焉發天秘, 必有冥會於心矣. 次臨黃池, 尋常地泓演, 而尾坤首艮, 勢若天漢. '若識分時異, 方知合處同', 觀者, 宜下一轉語矣. 次觀穿川, 特地掀湧分崗, 勢絶地軸, 恍若龍門積石, 朝暮遇之者矣."

데, 공자의 '인지지요仁智之樂'를 산수유람과 연결하고 나아가 유산遊山을 독서讀書에 비유하여 천심淺深에 따른 소득의 정도를 논했다. 말하자면 동일한 서책을 읽더라도 독서의 깊이에 따라 그로부터 얻어지는 공효가 확연하게 달라진다는 생각으로 속 깊은 산수체험을 통해 산수의 진정한 가치를 터득해야 한다는 주장을 폈다. 그래서 일수일산一水一山을 제대로 관찰하면 그에 상응하는 심신心神의 유익有益이 있을 것이라고 말한 것이다.

②는 61세(1824) 때 태백산을 유람하러 가는 이태순李泰淳과 이병원李秉遠에게 써준 송서送序의 한 대목이다. 여기서도 산수유람과 독서를 연결지어 논하고 있음이 확인된다. 즉 학문독서와 산수편력을 이원화하여 이해하지 않고 일원적으로 수용하여 유람이 학문의 연장선에 있음을 계속 환기시키고 있다. 강필효는 구체적으로 태산의 중후함을 체體로 보고 황지의 주유周流함을 용用으로 보며, 천천穿川의 조화로운 유통을 신神으로 보라고 했다. 이어서 주자가 일찍이 임택지林擇之에게 답한 편지에서 한 말을 인용하였는데, '태산'과 '정상'은 도체道體(공맹의 도학)와 사업事業(요순이나 문왕의 정사)을 비유한 것으로 천하를 경륜하는 사업이 아무리 위대하다고 해도 종당에는 한량이 있을 뿐이나 도체(진리의 세계)는 무궁하다는 것이다. 주자의 이 말은 맹자가 〈진심장구상盡心章句上〉 제21장에서 "천하 가운데에 서서, 사해의 백성을 안정시킴을 군자가 즐거워하나, 나의 타고난 본성에는 들어있지 않다〔中天下而立, 定四海之民, 君子樂之, 所性不存焉〕."고 한 대목과 연결 지을 수 있다. 천하를 경륜하는 정치사업은 나의 본성이 아니라는 말이나 주자가 든 태산과 정상의 비유 등은

모두 도학공부를 제일로 생각해야 한다는 의지의 표현으로 보인다. 이처럼 공자나 주자가 산수를 이끌어서 자신의 사상을 전달하는 도구로 삼았음을 거론한 까닭이 있다. 요컨대 산수라는 형상에 집착하지 말고 그 너머에 존재하는 영원불변하는 도체(진리의 본체)를 탐구하는 것이 유람의 최종목표가 되어야 한다는 신념 때문이었다.

③은 두 동갑내기 친구인 김옥녀金玉汝와 이진경李晋卿의 태백산 유람에 부치는 글이다. 태백산 정상에 섰을 때 무엇을 느껴야 하는가에 대해 논했는바, 바로 그 자리에서 기이한 경관을 찾지 말고 '진리'의 본체인 '도체道體'를 생각하라고 한다. 그리고 낙동강의 원류인 황지의 흐름을 바라보면서 은하수와 같이 푸른 하늘 곧 진리의 세계로 진입하는 단계로서의 위대함에 경탄하라고 주문하고 있다. 나머지 천천의 기이하고 장엄함이나 백천의 그윽한 풍경미에 매몰되지 말라는 경고이다. 그리고 끝에 가서 예의 독서와 유산을 비교하는 논리를 잊지 않았다.

④는 조성복趙星復(1772~1830)의 태백산 유람에 부친 글이다. 여기서는 매우 구체적의 태백산 유람의 경관점을 네 가지 부분(승경)으로 나누어 산수유람의 요령을 적시하였다. 산 정상에서부터 시야를 아래로 집중하면서 공연, 황지, 천천이 지닌 산수미적 특이성을 하나하나 묘사해나가는 방식이 이채롭다. 결국 '물길의 나뉨과 합함'에 대한 사색은 만물의 이치는 하나이며 그것이 여러 갈래로 나뉘어 각각의 형상을 드러낸다는 성리학의 '이일분수理一分殊'의 깨달음으로 이어져야 한다는 주장이다. 천리의 발현을 산수자연의 드러남으로부터 깨달아야 산수유람의 흥취가 하나의 도학적 가치로 승화될 수 있

다는 생각이 모든 글에 관철되어 있다.

요컨대 강필효의 유람관은 여타 산수취향이 강한 문인들에게 보이는 산수미의 탐닉에 기울지 않고 학자의 본분을 망각하지 않은 선에서 산수와 도학을 일원적으로 이해하려 노력한 점이 특징이다.

강필효의 산수유람과 원유遠遊는 조선 팔도의 형승을 기록한 글에 붙인 서문, 〈팔역형승지서八域形勝志序〉에 잘 드러난다. 그는 어려서부터 멀리 유람할 뜻이 있었으나 몸이 글방에 얽매여 한 걸음도 문 밖에서 활동할 겨를이 없었다고 했다. 오직 22세에 충남 니성으로 윤광소에게 배움을 청하기 위해 찾아 갔을 때 계룡산과 속리산을 조망하며 정신을 집중하여 눈길을 모았을 뿐이었다고 진술했다. 그러다가 40세에 비로소 청량산을 유람했고, 50세 이후에는 동쪽으로 동해(울진)로 가서 일출을 보았으며, 남쪽으로(경주)가서 반월성의 웅장함을 보았고, 옥산서원과 옥계계곡을 유람했다. 이어서 서쪽으로 죽령을 넘어 단양의 8경을 유람했고, 또 남쪽으로 한산도를 찾아서 제승당에 오르고, 진주로 들어가 촉석루에 올랐다. 또 61세에는 비로소 그토록 그리던 태백산에 올라 황지와 천천을 둘러보았다고 술회하고 있다. 이즈음 강필효는 자신의 유람이 태백산에서 그치고 한양에 이르지 못한 것을 못내 아쉬워했다. 뿐만 아니라 형세가 빼어나 세상에 이름난 풍악산(금강산)과 송경松京 그리고 여러 명산대천을 두루 살펴보지 못한 것을 한으로 여겼다.[16]

---

16 『海隱別稿』 卷3.「八域形勝志序」. "余自少小有遠遊之志, 而絆已於書塾, 未暇作門外一步. 惟鷄龍·俗離弱冠遊學時眺望, 而凝神注目而已. 四十始遊淸凉. 五十以後. 東臨滄海觀日出, 南遊月城·盤礴·玉山·玉溪, 西踰竹嶺遊五巖三潭. 又南遊閒山島, 登制勝堂. 入晋州, 登矗石樓. 六十一始登太白山, 觀黃池. 遊穿川, 其遊止此耳. 每自念山谷鄙人, 跡不到漢陽. 且域中形勝之名世者. 如楓岳·平壤·松京及其餘名山大川, 散在八寓者, 無由一見. 過此以往 將成搩上物."

이런 와중에서 어느 날 족고조부族高祖父인 설죽雪竹 강재숙姜再淑(1677~1758)이 엮은 《유선록遊仙錄》을 얻어 보고, 그 책에 기록된 선인들의 유람기를 통해 와유臥遊하면서 새로운 안목을 갖추게 된다. 그가 본 유람기를 도표로 제시하면 아래와 같다.[17]

순번	작 자	유 람 장 소	비 고
1	倪謙	漢江	天使 記
2	唐皐	平壤	天使 記
3	董越	蔥秀	天使 記
4	稼亭 李 穀 秋江 南孝溫 恥齋 洪仁佑 魯西 尹宣擧 明齋 尹 拯	楓岳	記 錄
5	秋江 南孝溫 懶齋 蔡 壽 雷溪 兪好仁 農喦 金昌協	松京	記
6	定齋 朴泰輔	濟都	
7	藥泉 南九萬	溫泉 北陽	記
8	於于 柳夢寅	白頭山	於于野談
9	藥泉 南九萬	咸興十景・耽羅十景	叙
10	龍洲 趙 絅	白馬山城	

17 앞의 글. “日得見族高祖雪竹翁所輯遊仚錄, 於漢江, 得倪天使謙所記, 平壤, 得唐天使皐記, 蔥秀, 得董天使越記, 皆詞約而意盡, 言近而喩遠, 不唯模寫形勝, 如身到而目歷也. 實有都人士, 行歸于周, 萬民所望之感矣. 次於楓岳, 得稼亭・秋江・恥齋・魯西・明齋諸先生信筆, 松京, 得南秋江・蔡懶齋・兪雷溪・金農喦諸公記. 濟都遊覽, 有定齋信筆. 溫泉北陽, 有藥泉所記, 白頭山,有柳夢寅於于野談, 咸興十景・耽羅十景, 有藥泉叙. 歷白馬山城, 有趙龍洲記, 妙香, 有曺芝山記, 瑞石山卽無等山, 有高霽峯錄, 頭流山, 有佔畢・濯纓・南冥諸賢所錄. 伽倻, 有濯纓・寒江記. 智異, 有秋江日課, 丹陽山水, 有林霽光・退陶先生記. 青鶴山, 有栗谷先生記. 水落・天柱. 有西溪詩序. 俗離, 有無名氏錄. 華陽, 有金農喦小記. 錦山, 有南晦隱記. 海雲, 有秋江序. 周王山, 有李師傅煥記. 叢石, 有安謹齋記. 海山, 有任萬休記. 五臺, 有金三淵錄.”

순번	작　자	유람장소	비고
11	芝山 曺好益	妙香山	
12	霽峯 高敬命	瑞石山(無等山)	
13	佔畢 金宗直 濯纓 金馹孫 南冥 曺　植	頭流山	
14	濯纓 金馹孫 寒江 鄭　逑	伽倻山	
15	秋江 南孝溫	智異山	智異山日課
16	林霽光 退溪 李　滉	丹陽山水	
17	栗谷 李　珥	靑鶴洞	
18	西溪 朴世堂	水落山·天柱山	詩序
19	無名氏	俗離山	
20	農嵒 金昌協	華陽洞	
21	晦隱 南鶴鳴	錦山	
22	秋江 南孝溫	海雲臺	序
23	李　煥	周王山	師傳
24	謹齋 安　軸	叢石亭	
25	萬休 任有後	海山亭	
26	三淵 金昌翕	五臺山	

강필효는 위 산수유기 가운데서 중국 사신들의 기록을 예찬하여 "사詞는 간략하면서 뜻은 곡진하고, 말은 천근하면서 비유는 심원하여, 오직 형승만을 그려냈을 뿐이 아니어서 마치 몸소 가서 하나하나 눈으로 직접 보는 것 같이 매우 생동감이 있었다."[18]고 평했다.

18 앞의 글. "皆詞約而意盡, 言近而喩遠, 不唯模寫形勝, 如身到而目歷也."

강필효는 이밖에도 합천陜川 홍류동, 안의安義의 삼동三洞이 세상에서 점차적으로 이름을 드러내고 있지만 전인들의 믿을 만한 기록이 없어 유감이라고 했다. 그는 위에 든 기록들을 통해 유람의 대체大體를 잘 살필 수 있다고 믿었다. 그래서 나머지 빠진 승경에 대한 기록은 생략해도 좋다고 했다.[19]

강필효는 앞에서 열거한 유기나 유록에서 묘사한 승경처를 직접 찾아가 보지 못한 것을 아쉬워하면서도 예전에 노성에 가서 윤광소에게 수학할 때를 떠올렸다. 그때 '옛 선현들은 유람하는 것을 달갑게 여기며 않았다.'는 대목을 두고 윤광소와 나눈 대화가 생각났다.[20] 윤광소는 이렇게 말했다.

> 천하의 좋은 산수를 다 구경하는 것이 비록 도움이 없지 않을 것이나 한결같이 좋아하기만 한다면 방탕에 흐를 것이고, 또한 조예와 성취가 옛사람에게 미치지 못하면서 옛날사람의 묵은 자취에 급급해 한다면, 어찌 자기 공부에 실질적인 소득이 있겠는가? 나는 옛사람들에게 미치지 못하는 탄식이 산수를 보지 못한 탄식보다 몇 곱절이나 된다. 자네는 젊다. 앞으로 스스로 내면을 수양하여 외물을 사모하지 않으며, 한결같이 務實을 위주로 한다면, 집 뒤의 산이 곤륜산처럼 높다고 생각할 수도 있고, 마루 앞의 물이 하해처럼 넓고 깊다

---

19 앞의 글. "其餘. 陜川之紅流・安義之三洞. 皆稍稍名世者. 而未得如前人信蹟, 爲可歎. 然 大觀略盡, 其餘可畧耳."

20 앞의 글. "仍記昔在素溪函筵縱言. 及古昔先賢不屑爲遊觀."

> 고 생각할 수 있으니, 비록 죽을 때까지 유람하면서 본다고 해도 어찌 이것보다 더 나은 것이 있겠는가?[21]

윤광소의 당부 역시 성리학자답게 산수의 아름다움을 자연경계에서 찾지 말고 내 마음 속의 도덕적 경계의 높이에서 찾아보라는 것이다. 나의 도덕적 완성도가 공자가 말한 '인'과 '지'를 담보해 낼 수 있다면, 앞산이 곤륜산이라 해도 그만이고 앞 시내가 황하요 바다라고 해도 그만인 것이다. '인'과 '지'의 실상도 갖추지 못한 처지에서 산수를 죽을 때까지 유람한 들 얻어지는 소득은 그리 크지 않을 것이라는 경고이기도 하다.

윤광소의 생각은 그대로 강필효에게 전이되고 있음을, 우리는 앞서 그의 유람관을 살피면서 목도할 수 있었다. 그것은 별달리 새로운 것은 아니나, 성리학자의 유심주의적 유람관, 산수관을 전혀 이탈하지 않고 있어, 역시 강필효의 유람시 일반도 그러한 도학적 성향을 띠게 될 것이라는 추측이 가능하다.

---

21 앞의 글. "觀盡天下好山水. 雖不爲無助. 然一向好着, 則不免於盪. 且造詣成就不及古人. 而急急於古人陳迹. 有何實得於自己工夫者耶. 吾則不及古人之歎, 倍簁於不見山水之歎矣. 子則少小矣. 行將自修於內, 無慕乎外, 一以務實爲主. 則屋後之山. 可想崑崙之峻極, 堂前之水. 可想河海之渾涵. 雖終年遊歷所見. 寧有過此者耶."

3. 강필효 유람시의 세계

강필효 유람시의 세계를(호서 및 영남) 도학연원의 심방, 산수자연의 예찬, 역사회고의 단상 등 세 가지로 나누어 고찰하고자 한다. 굳이 이렇게 나눈 이유는 그의 유학자로서의 유람 생애가 이 세 가지 방면과 겹치고 있다고 보기 때문이다.

1) 도학연원의 심방

주지하듯이, 강필효는 자신의 도학연찬을 위해 선대로부터 학연이 깊은 호서지역의 명재 윤증 학통의 후계자인 소곡 윤광소 문하를 왕래했다. 그런가 하면 자신이 거주하고 있던 지역, 즉 안동과 예안의 퇴계 이황 학풍도 외면하지 않았다. 퇴계 뿐 아니라 퇴계가 존숭한 경주 양동의 회재 이언적의 학문적 탐토探討에도 유의하였다. '연원'이란 '사물의 근원'이다. 나의 학문 또는 학문하는 방법이나 태도는 자득自得을 통해 획득될 수도 있지만 전통시대 그것은 일정한 맥락 안에서 이루어지는 것이다. 이른바 학파적 전승관계를 중시했다. 비록 이를 창조성이 결여된 무비판적 계승, 의양依樣이라고 평가절하하는 이도 있지만, 자득으로 나아가기 위해서는 반드시 통과해야 하는 과정으로 봐야 한다는 관점도 있다.

강필효는 조선 유학의 길, 유학자의 길을 반듯하게 걸어간 선비이다. 그 길은 선택할 수 있는 성격의 것이 아니라 태어날 때부터 주어진 것이었다. 그는 조선 중기 학술사를 빛낸 우계 성혼의 학문 전통을 계승한 명재 윤증의 학통을 충실히 전수받는 것을 지상과제로 생각했다. 우암 송시열 시대에 이르게 되면, 호서 유학은 우계 성혼과 율곡 이이 양대 계파로 나뉘게 된다. 당파상에서도 우계는 소론계, 율곡은 노론계로 나뉜다. 그리고 이 양파는 숙종에서 경종, 영조대를 거치면서 정치적 대립과 갈등으로 상호 적대감이 깊어져갔다. 그 결과 1728년에 일어난 무신란戊申亂에서 보듯이, 소외된 소론계 및 남인계 일부가 연합하여 노론의 일당전제를 타도하려는 움직임을 보이기도 했다.

강필효의 도학심방은 그런 의미에서 매우 의미심장한 것이다. 더욱이 그는 영남 안동지방에서 누대에 걸쳐 세거世居한 명문 소론가 출신이었다. 안동은 영남 남인의 중심지인데 그 속에서 도산서원 원장까지 역임하면서 일정한 지도력을 발휘했다는 사실은 일반 소론계 출신들과 변별되는 강필효만이 지닌 특이점이라고 할 수 있다. 강필효를 통해 우리는 노론의 일당전제에 대항하는 소론과 남인의 제휴를 목도할 수 있거니와 우계학과 퇴계학-회재학의 소통도 읽어낼 수 있다.

(1) 호서 유학의 연원 심방

18~19세기 호서 유학은 앞서 언급했듯이, 회덕의 우암 송시열과 니성의 명재 윤증 계열로 나뉘어져 있었다. 1669년(현종 10) 병자호란 때 강화성을 지키다 돌아온 윤선거가 사망하자 그의 아들인

윤증이 스승 송시열을 찾아 묘갈명을 부탁했다. 이때 송시열은 박세채의 행장을 보고 그대로 옮기고, 자기는 별로 할 말이 없다고 적었다. 그 후 명재가 여러 번 고쳐줄 것을 청했으나, 우암은 두 차례에 걸친 개찬문改撰文에서 자구만 손질하고 내용은 고치지 않았다. 이에 사제지간이었던 두 사람의 관계가 적대적인 관계로 바뀌었다. 또한 그에 따라 당시 집권하고 있던 서인西人은 노론과 소론으로 분열되었다. 훗날 이를 '회니시비懷尼是非'라 부른다. '회니'란 논쟁의 지역적 배경이 된 곳이 회덕懷德(송시열)과 니성尼城(윤증)의 첫 자에서 유래한 것이다. 강필효를 말할 때 호서 유학의 중심지는 회덕(대전시)이 아니라 니성, 즉 오늘날 충남 논산에 한정된다.

강필효는 소론 학맥의 시원지인 니성으로 찾아가 윤광소 문하에 들어간 기쁨을 다음과 같이 표현했다.

幾回山斗此心傾	몇 번이나 스승을 향해 내 마음 기울였나
幸得今來拜叔程	이제 와서 다행히도 선생님을 찾아뵈오니
妄意爲山起一簣	함부로 산 이루고자 한 소쿠리 일으켰지만
精誠到處雪分明[22]	정성이 이른 곳에는 눈처럼 분명해지리

22 『海隱文集』 卷13. 「四遊錄」 上.

강필효가 22세 되던 해 11월, 폐백을 가지고 노성으로 윤광소 문하에 나아가 수업을 청했다. 윤광소의 허락을 받고 물러나서 쉬러 가는데 문 밖에 눈이 쌓여 이미 땅에 가득했다. 문득 옛날 송나라 양시楊時와 유작游酢의 '정문입설程門立雪' 고사가 떠올라 시를 지었다. 이 시에서 '산두'와 '숙정'은 윤광소를 가리키는 시어이다. 드디어 꿈에 그리던 윤광소의 가르침을 통해 주자학을 완전히 이해해 내고야 말겠다는 포부를 드러내었다. '산을 이루겠다.'는 발언이 그것이다.

『서경』「여오旅獒」에서 "아홉 길의 산을 쌓아 올리다가 한 삼태기의 흙을 덜 부어 일을 망쳐 버린다〔爲山九仞, 功虧一簣〕"라고 했고, 『논어』「자한子罕」에서는 "비유컨대 산을 만드는 데 마지막 흙 한 삼태기를 더 붓지 않아 산을 이루지 못하고 중지함도 내가 중지한 것이며, 비유컨대 땅을 평평하게 만드는 데, 처음 흙 한 삼태기를 부어 나가는 것도 내가 나아가는 것이다〔譬如爲山, 未成一簣, 止, 吾止也. 譬如平地, 雖覆一簣, 進, 吾往也〕."라고 했다. 주자의 말대로[23] 배우는 사람이라면 쉬지 않고 힘써야 한다. 그래야 작은 것을 모아 큰 공을 이루게 된다. 만일 중도에서 포기하면 지금까지의 노력이 수포로 돌아간다. 중도에 포기하거나 계속 나아감은 남에게 달려 있는 것이 아니다. 모두 내가 어떻게 하느냐에 달려 있을 뿐이다.

여기서 '산의 완성〔爲山〕'은 곧 '학문의 완성〔爲學〕'을 의미하고 '한 소쿠리를 일으킴〔起一簣〕'은 소곡 문하에 입문하여 도학공부를 시작한다는 뜻이며, '정성精誠'은 도학연찬을 위해 쉼 없이 노력한다는 의미이다. 그렇게 정성을 기울이다 보면 어느새 어두웠던 이치가 눈

23 朱熹의 『論語集注』를 참조.

처럼 분명하게 드러날 것이기 때문이다.

사실 강필효 가문과 윤광소 가문의 인연은 강필효의 5대조인 성건재省愆齋 강찬姜酇(1647~1729)으로부터 시작된다. 강찬이 윤증을 사사하여 경학經學을 가학으로 전수하였다. 이때부터 강필효 집안은 소론 가문이 되었다. 또 강필효 가문과 윤광소의 인연은 윤광소가 안동부사로 부임해왔을 때부터 시작되었다. 그 뒤 윤광소가 벼슬에서 물러나 노성에 거주할 때 아버지로부터 윤광소가 안동부사로 있을 때 행했던 향음주례 등에 관한 여러 이야기를 듣게 된다. 그 후 윤광소를 흠모해오다가 가르침을 청하는 아버지의 편지를 가지고 노성으로 가서 제자가 되기를 청했던 것이다.

平生欽慕未摳衣 평소에 흠모하면서도 직접 모시지 못했더니
多幸如今拜影祠 다행히 오늘 영정을 모신 사당을 배알했네.
俯仰宮墻疑立雪 사당 안을 둘러보다 제자가 되고픈 마음에서
恭吟吾祖及門詩[24] 삼가 우리 선조께서 급문할 때 시를 읊어본다.

이 시는 유봉酉峯[25]으로 가서 윤증의 영정을 모신 사당〔影祠〕을 배알하고 나서 선조인 성건재省愆齋 강찬姜酇의 급문及門 시에 차운한

24 『海隱遺稿』 卷1. 「謁明齋先生影幀, 伏次先祖省齋公及門詩」.
25 酉峯 : 明齋 尹拯의 호이면서 영당이 있는 충남 노성지역의 지명이다.

작품이다. 강필효는 평소 부모로부터 소론의 영수였던 윤증과 강찬의 사제관계 및 양가의 세의에 대해 이야기를 들으면서 성장했다. 그래서 노성으로 찾아가 윤증의 영정을 직접 배알하고 문득 '정문입설程門立雪' 고사를 떠올려 제자가 되고픈 마음을 드러내었다.

千里從師溯絶學	천리라 스승을 따라 끊긴 학문 소급해보니
學庸心近是傳心	대학·중용·심경·근사록이 심법을 전하였거니
冬春講業兼言志	겨울과 봄 동안 학문을 강하고 시를 지으니
不信人間有古今[26]	세상에 고금이 있다는 말 믿지 못하겠노라.

윤광소는 수업을 마치고 고향으로 돌아가는 강필효에게 『오자근사록五子近思錄』 4책과 윤증이 제비를 표한 『율곡집』 2책을 주었는데, 그때의 감흥이 위의 시에 잘 나타나있다. 당시에 강필효는 충청도 니성 소계에 있는 윤광소의 집에서 11월부터 다음해 3월까지 약 100여 일 동안 『대학』·『중용』·『심경』·『근사록』 등을 중심으로 성리학 수업을 받았다. 이를 통해 고인의 심법이 변함없이 후대에 계승되고 있다는 확신을 갖게 되었다.

26 『海隱文集』 卷13. 「四遊錄」 上.

風雪尋師一紀前	삼십년 전 한 겨울 스승을 찾아오니
下帷當日獲周旋	독서하시던 당일 바로 가르침 주셨지
重來不禁樑摧淚	다시 오니 돌아간 스승님 생각에 눈물이 나
獨抱遺經二十篇	홀로 성현의 경전 이십 편을 끌어안았네.
西林回首意茫然	서림으로 머리 돌리니 생각이 멍해져서
尙憶淸齋講學年	서재에서 강학하던 시절을 추억해 보네.
小子至今迷所向	소자는 아직도 향할 곳 몰라 헤매는데
摳衣何處聽心傳[27]	어디서 스승 만나 전하는 심법을 들어볼까

이 시는 51세(1813) 10월에 30년 만에 소론 학맥의 시원지인 노성을 찾아가 돌아가신 스승 윤광소를 추모하며 읊은 작품이다. 이때 윤광소의 사손嗣孫인 윤정진尹鼎鎭이 주자가 광풍정光風亭에서 행했던 고사를 본떠 소계 옛 집에서 주연을 베풀어 동문들과 시를 수창하며 서로 막혔던 회포를 풀었다고 한다. '하유下帷'란 서한西漢의 학자 동중서董仲舒가 장막을 드리운 채 강론을 하였으므로 제자들 중에서도 그 얼굴을 한 번도 보지 못한 자가 있었으며, 독서에 심취한 나머지 3년 동안 집의 뜨락을 내다보지도 않았다는 고사에서 나온 시어이다.

27 『海隱文集』 卷5. 「海隱年譜」. 「次退溪先生凝思臺韻」.

윤광소가 독서삼매에 빠져 있다가 강필효의 방문을 받고 그 자리에서 사제의 인연을 허락한 광경을 추억하며 스승의 부재에서 오는 회한을 잘 표출하였다.

> 元禮仙舟得再攀　원례가 타던 신선 배에 다시 올랐더니
> 孤帆遲出暮雲端　저녁구름 끝으로 돛대 하나 천천히 나온다.
> 況是西湖佳景裏　더구나 이 서호의 아름다운 경치 속임에랴
> 煩公題刻照林巒[28]　그대가 시를 짓고 새겨 산천을 빛내주시오

이 시는 소계에서 며칠 머문 후 윤광안을 찾아가 백마강 가에 있는 조대釣臺 응사암凝思巖 아래에서 배를 띄우고 함께 노닐 때 지은 작품이다. 윤광안은 경상도관찰사로 있을 때 우암 송시열의 사당을 허물었다는 이유로 북해로 귀양 갔다가 사면되어 돌아와 반주盤洲에서 한가히 노닐고 있었다. 그때 윤광안이 반주 강가에 정자를 세우고 '삼의三宜'로써 편액을 하고 강필효에게 '삼의당' 기문을 지어주기를 청했다. 기구와 승구에서 윤광안과 함께 배를 타고 유람한 것을 후한의 이응李膺과 곽태郭泰의 고사와 연결하였다. '원례元禮'는 이응李膺의 자이다.

곽태郭泰는 가난하고 미천한 시골 사람으로 학식이 해박하고 언변

---

28 筆寫本.『海隱遺稿』卷1.「往盤洲, 與尹止軒復初泛舟釣臺凝思巖下口占一絶」.

이 유창하였는데, 낙양洛陽에 가서 당시 명사인 이응과 만났다. 그러자마자 그의 인정을 높이 받아 오래 사귄 벗처럼 절친한 사이가 되었다. 나중에 곽태가 고향으로 돌아갈 때 낙양성의 선비들이 모두 강변에 나와 그를 전송하였는데, 이응과 단둘이만 배를 타고 마치 신선처럼 강을 건너갔다고 한다. 여기서 강필효는 겸손하게 윤광안을 '이응'에, 자신을 '곽태'에 비유하면서 절친한 사이였음을 강조하였다. 강필효는 백마강가의 아름다운 풍경을 예찬하고 그 강가에 윤광안의 삼의당이 있음을 특별히 언급했다. 여기에서 '서호西湖'는 중국 절강성浙江省 항주杭州에 있는 서호가 아니라 백마강이다. 서호에 견줄 정도로 경치가 매우 아름다웠다는 뜻을 지닌 시어로 볼 수 있다. 결구에서는 시를 지어 삼의당 주변의 풍광을 예찬하여 이를 시판에 새길 것을 주문했다.

호서 유학의 연원을 심방하면서 남긴 작품들에서는 윤증에서 윤광소로 이어지는 학풍을 이어받아 나가고자 하는 의지가 담겨 있다. 이는 윤광소 사후에도 변함없이 추구되었는데, 현지에서 동문인 윤정진이나 윤광안 등과 교유를 통해 우의를 돈독히 하고 있는 데서 확인할 수 있다.

(2) 영남 유학의 연원 심방

영남의 유학은 회재 이언적과 퇴계 이황에 이르러 하나의 이론유학으로 성립을 본 바 있다. 회재와 퇴계는 우계학통을 계승한 강필효에게 낯설거나 이질적인 학자가 아니었다. 회재나 퇴계시대에는 이른바 동서분당이나 학파분립이 없었다. 화담 서경덕의 학풍이 당시 젊은 지식인들에게 일정한 영향을 주었지만 이론유학자로서 영향력은 그렇게 크지 않았다. 훗날 소론 노론으로 분립한 우계학파나 율곡학파의 연원인 우계나 율곡 역시 회재나 퇴계를 선학으로 존경했다. 따라서 우계학파의 계승자인 강필효가 회재와 퇴계를 경시하거나 외면할 하등의 이유가 없었다. 오히려 자신의 거주지를 기반으로 그들의 학문적 후예들과 교유의 폭을 넓혀 유대를 공고히 해나갔다.

강필효의 본격적인 영남 유학의 연원 심방은 41세 때인 1804년 4월, 청량산 12봉을 유람한 것이라고 할 수 있다. 이때 성정주(1746~1806) 및 그 조카 진묵, 퇴묵과 강필효의 중부인 강익 등이 동행했다. 필사본 『청량기행』을 보면 당시의 정황을 구체적으로 알 수 있다.

『청량기행』의 일부가 『사유록』에 실려 있다. 강필효는 탁영담 폭포에서 최치원의 「독서대시讀書臺詩」를 떠올리며 시를 지어 고운孤雲을 추모했고, 총명수, 풍혈대, 김생굴, 축융봉을 바라보며 주자를 향한 존모의 마음을 표현했다.

坡山百代仰山斗　파산을 백대토록 태산북두처럼 숭앙했고
門外忻瞻長者車　문 밖 장자의 수레 기쁘게 바라보았지.
移到淸凉承誨語　청량산으로 옮겨와 가르침을 받자오니
案頭全勝十年書[29]　책상머리 십년독서보다 훨씬 낫구나.

이 시는 4월 6일부터 4월 8일까지 청량산을 유람하고 청량사에서 아침밥을 먹은 뒤 성정주를 배송하며 지은 시이다. 기구에서 '파산坡山'은 경기도 파주坡州로 소론의 연원이라고 할 수 있는 청송 성수침과 우계 성혼 부자가 살았던 곳을 가리킨다. 도입부에서 '파산'을 등장시킨 것은 동행했던 성정주를 의식한 설정이다. 성정주는 파산 출신으로 강필효보다 한참 연치가 높은 분이다. 파산을 태산북두처럼 숭앙한다는 것은 강필효가 우계학파의 일원임을 자임한 발언이다. 우계의 학문이 노성의 윤선거 집안으로 전수되어 소론의 연원이 된 까닭에 강필효는 우계후손들과 친밀한 관계를 유지했다. '장자의 수레〔長者車〕'는 본디 한나라 진평陳平의 고사에서 나온 말이다. 진평이 젊었을 때 일이다. 부자인 장부張負라는 이가 가난하게 살고 있던 진평을 범상치 않은 인물로 보고 그의 뒤를 따라가 보았다. 오막살이에 떨어진 자리로 문을 달았으나, 문밖에 장자長者들이 찾아 왔던 수레바퀴 자국이 많았다. 그래서 장부는 자기의 손녀를 진평에게 시집보냈다고 한다. 이 고사에 따르면 시에서 '장자의 수레'는 우계 성혼을 따르는 이름난 인물들의 출입을 가리킨다고 할 수 있다. 하지만 '기쁘게 바라보는' 주체가 누구인지는 분명치 않다. 아마도 여기서는 강필효가 자신의 누추한 집을 방문해준 성정주 일행을 '장자의 수레'로 표현한 것으로 봐야 실제에 부합할 것 같다. 그래야 다음 구절에서 자리를 '청량산으로 옮겨와' 가르침을 받는 일이 자연스럽게 연결될 수 있다. 강필효가 성정주로부터 무엇을 배웠을까? 우계 성혼의 학풍을 전수받았을 것이다. 때문에 그는 파산의 적통인 성정주의

---

29 筆寫本. 『淸凉紀行』. 해은종손 강석하 소장본.

가르침이 홀로 한 십년독서보다 효과적이었다고 했다.

강필효는 앞서 자신의 유람관에서 밝혔듯이, 유람을 단순한 놀이의 차원이 아닌 강학의 연장으로 보았던 것이다.

歸雲遙指丈人烏　구름은 멀리 어른 좋아하는 곳 가리키는데
怊悵蹇驢失半塗　나귀가 절뚝거려 중도에서 그르쳐 아쉽구나.
爲誦魯翁坡院什　이를 위해 노서옹의 파산서원 시를 외우며
寒栖堂下拜摳趍[30]　한서당 아래에서 절하고 가르침을 청하노라.

이 시 역시 청량산 유람을 마치고 아침을 들고 난 뒤 성정주가 강필효에게 도산서원에 함께 가자고 권했을 때 지은 작품이다. 강필효도 성정주 일행과 한서암으로 가서 역락서재亦樂書齋를 보고 싶었지만 타고 갔던 말이 시원치 않아 포기하고, 광뢰교廣瀨橋 주변의 백석탄白石灘 가에 이르러 작별하며 아쉬움을 시로 달랬다. 기구에서 흘러가는 구름이 어르신이 좋아하는 쪽으로 향한다고 해서 도산서원 행을 성정주가 희망했음을 암시했다. 승구에서 자신의 나귀가 시원치 않아 도산서원까지 동행하지 못하는 아쉬움을 드러내었다. 전구에서 우계 성혼의 외손인 노서 윤선거가 일찍이 파산서원坡山書院 죽우당竹雨堂과

30 앞의 글.

우계서실牛溪書室을 보고 성혼을 존모하여 '백 년 동안 사문斯文이 망하지 않았으니, 나는 이 언덕에서 늙고 싶구나〔百年文未喪, 吾欲老斯邱〕.'라는 구절을 지었던 사실을 상기하였다. 결구에서는 도산서원으로 가지 못하고 중간에 한서당에서 성정주에게 가르침을 청한다고 했다. '한서당'은 아마도 예안 상계의 퇴계 서쪽에 있던 한서암寒棲庵를 말하는 것 같다.

청량산은 퇴계 이황이 오가산吾家山이라고 했듯이, 당시 영남 남인의 성지순례 코스의 하나였다. 그런데 강필효는 그 청량산을 유람하면서 파산의 청송 성수침과 우계 성혼 그리고 노성의 노서 윤선거를 떠올렸다. 성수침은 퇴계가 명철보신의 전형으로 추켜세운 인물이다. 성수침과 이황은 붕당이 생기기 전에 활동하였기에 굳이 당색을 가지고 서로 시비할 처지가 못 된다. 이 점이 이황의 청량산이나 도산에서 성수침의 파산이나 노성의 윤선거를 쉽게 연상할 수 있게 만든 요인으로 작용했다. 그리하여 강필효는 자연스럽게 이황의 학풍을 존숭하는 방향으로 자신의 학문을 확충해 나갈 수 있었다.

霞山之石膩而琇兮	자하산 돌 매끄럽고 아름다움이여!
茲非碩人之漱歟	여기가 현인이 양치하던 자리 아니랴.
洛水之流淸而氿兮	낙천의 물 맑고도 깊게 흐름이여!
茲非碩人之枕歟	여기가 현인이 누웠던 자리 아니랴.
闕里賢孫兮於焉棲息	현인의 후손이 여기서 살고 있으니
願言從子兮徜徉遺躅[31]	그대 따라 현인의 자취를 찾고 싶네.

이 부賦는 47세 때인 1810년 5월에 퇴계의 후손인 이야순을 수석정漱石亭으로 찾아갔을 때 지은 작품이다. 이때 강필효는 이야순과 함께 강가의 반타암으로 가서 이황이 남긴 자취를 생각하며 이황의 '자하산의 형승은 하늘이 열어 준 것〔霞山形勝得天開〕'이라는 구절을 외우며 존모의 정을 드러냈다. 강필효는 자하산과 낙동강 상류인 낙천 주변의 풍광을 예찬한 뒤 이황을 현인인 '석인碩人'으로 지칭하며 존모의 감정을 드러내었고 이황이 살던 곳을 '해동궐리'로 보고 그 계승자인 이야순을 따라 교유하고자 하는 소망을 표출하였다.

강필효는 55세(1818) 3월, 경산현감으로 있던 제자 성근묵과 영덕현감 윤홍규로부터 경주 옥산玉山 유람을 청하는 편지를 받는다. 옥산은 강필효가 평소에 유람하고 싶어 하던 곳이었다.

강필효가 경주 옥산에 이르러 회재晦齋 이언적李彦迪의 사당을 배알했을 때, 이언적의 후손으로서 모인 사람이 30여 명 정도 되었는데, 서로 주고받은 한시와 〈기행록〉이 전한다. 계정溪亭에 이르러서는 성근묵과 함께 머물러 『옥산강의玉山講義』를 강론했다. 강론을 마치고 강필효가 성근묵에게 말했다. "우계께서 일찍이 학자들에게 말하기를 「진기의 편지」와 『옥산강의玉山講義』를 익숙하게 읽어 외우면 명리名利에 관한 이론이 정미한 데 이르지 못할까 근심하지 않아도 된다고 했었다. 이것은 그대 집안의 법문이니 열심히 살피는 것이 좋겠다."라고 말했다. 그리고 나서 「옥산서원제명록후玉山書院題名錄」를 썼다. 이처럼 강필효는 영남 유현의 유적지에 가서 성혼의 발언을 이끌어와 상호

31 筆寫本. 『海隱遺稿』 卷1.「訪漱石翁, 携手出江上盤巖, 道古而寫景, 時方暮春山花綻, 岸柳舒青嵐未了, 乃口誦老先生, 霞山形勝得天開之句, 與一時騈畓到吾躬之聯, 俛仰遺躅不勝感歎, 酒後歌詠以志勝」.

학문적 소통을 시도했다.

尼老何年訪此祠	이로께서 어느 해 이 사당을 찾았던가.
欲尋徽躅更躑躅	아름다운 자취를 찾고자 다시 서성이네.
暮春沂水吟歸輿	늦봄 기수에서 읊조리며 돌아가는 홍취
心法相傳實在茲[32]	서로 전한 심법이 진실로 여기에 있거늘.

이 시는 옥산서원을 떠날 때 명재 윤증의 시를 차운해서 성근묵에게 준 작품이다. 기구에서 '이로尼老'는 윤증을 가리킨다. 언젠가 윤증이 옥산서원을 방문했던가 보다. 승구에서 윤증의 자취를 찾으려 서성이는 모습을 그렸다. 전구에서는 공자의 제자 증점의 '영이귀詠而歸' 기상을 이끌어와 결구에서 그것이 곧 고금에 서로 전하는 심법이라고 설파했다. 여기서도 의례적으로 도입부를 자기 학맥의 연원을 환기시키는 시구로 장식했다.

竹栢靑葱護古祠	푸르고 무성한 죽백이 옛 사당 수호하는데
當年尼老此躑躅	당시에 이로께서 이곳에서 서성이셨겠지

32 『海隱文集』 卷5. 「海隱年譜」. 「次明齋先生韻」.

澄心臺下長流水	징심대 아래로 길게 시냇물 흐르거니와
分派同源正若茲[33]	정녕 이처럼 물결 나뉘어도 근원은 같습니다.

이 시는 강필효의 윗 시에 대해 제자 성근묵이 차운해서 화답한 작품이다. 회재 이언적을 모신 오래된 사당 주변 풍경을 묘사한 뒤 '이노' 즉 '윤증'이 옥산서원를 방문했던 사실을 떠올렸다. 그리고 이어서 징심대 아래로 길게 흐르는 물을 바라보며 도학이 분파되어도 근원은 같다는 소통 의지를 천명했다. 아마 이러한 소통의지는 강필효를 비롯한 당시 소론계 학자들의 공통된 심리였다고 본다.

이상에서 본 바와 같이 강필효는 영남 유현(퇴계 이황과 회재 이언적)의 본거지를 탐방하는 자리에서 호서 유현(청송 성수침, 우계 성혼, 노서 윤선거, 명재 윤증)을 의도적으로 상기하는 방식을 한시 창작에서 즐겨 운용하였다. 주목할 만한 대목은 그가 영남유학과 호서유학을 차별적으로 인식하려 하기보다는 오히려 '분파동원分派同源'임을 강조하여 상호 소통의 영역을 확장하려고 노력했다는 것이다. 학통(소론)은 호서의 윤증 쪽을 계승하면서도 거주지가 영남인 관계로 현지 학문전통을 적극적으로 수용하는 열린 자세를 보여주었다고 할 수 있다. 그 결과 양쪽을 대립이 아닌 소통 가능한 학문영역으로 바라보는 시야를 유람시에서 엿볼 수 있다.

이 점은 강필효 유람시의 가장 큰 특징이며 동시대의 다른 유학

33 『海隱文集』 卷5, 「海隱年譜」, 「次退溪先生凝思臺韻」.

자에게서 쉽게 찾아 볼 수 없는 부분이라고 할 수 있다. 청량산에서 성혼을 떠올리고 노성에서 이황을 떠올리면서 양현兩賢의 학덕을 추모하는 자세는 지역과 학통을 초월하는 강필효의 순결한 도학자로서의 금도襟度를 잘 드러내 주고 있다. 이런 자세는 41세 때인 1804년 6월에 성수침과 성혼의 문집을 교감하고, 80세 때인 1843년 10월에 도산서원으로 가서 이황의 문집 중간본을 교감한 것에서 재확인할 수 있다.

2) 산수자연의 예찬

산수자연은 한시의 일반적인 소재이다. 중국의 위진남북조 시대에 이르면, 『시경』이나 『초사』에서 주관적인 정감의 형상화를 위해 산천초목山川草木 조수어별鳥獸魚鼈 등이 시의 소재로 등장하게 된다. 이른바 도연명陶淵明의 전원시와 사령운謝靈運의 산수시가 그것이다. 이러한 산수전원시의 전통은 당송시에 그대로 수용되어 발전을 보았으며, 우리 조선의 시인들도 그러한 전통을 중시하여 즐겨 산수 전원시를 창작하였다. 특히 주자는 도연명의 작품을 좋아하여 '평담平淡'한 시풍을 도학자의 일반적 시학규범으로 정립시켰다. 그런가 하면 도학성향이 강한 작품에서는 산수와 자연은 도체道體의 표현물로 인식되어, 본래의 산수미와 자연미가 성리학적 이념의 구속을 받기에 이른다.

조선의 많은 성리학자들의 산수자연 예찬은 기본적으로 주자의 「남악창수록南岳唱酬錄」의 영향을 받아 유람시를 창작했다. 강필효도 예외는 아니어서 유람을 하며 산수자연을 예찬한 시를 많이 남겼다.

淸凉謠曲藉人口	청량산 노래 사람들 입에서 자자하거니와
觀盡諸山興不窮	모든 산을 다 구경해도 흥이 가시지 않네.
箇裡欲兼仁智樂	거기서 산수의 즐거움을 겸하고자 하여
斜陽閑坐水聲中[34]	석양에 한가롭게 앉아 물소리를 듣는다.

이 시는 41세(1804) 때 청량산을 유람하며 지은 시인데 청량산에 대한 예찬과 유람의 흥취를 표현했다. 이황을 비롯한 선현들이 예찬한 청량산 노래가 사람들 사이에 자주 불려지고, 청량산 12봉을 모두 구경해도 홍이 가라앉지 않는다고 했다. 그만큼 청량산은 아름다워 볼거리가 많다는 것이다. 강필효는 청량산을 통해 요산요수樂山樂水의 효과를 아울러 누리고자 했다. 사실 이황도 말했지만, 청량산은 산은 뛰어나지만 물이 외곽으로 흘러 산수를 겸하기 어려운 단점이 있다. 그래서 이황은 도산에 터를 잡아 서당을 경영했다. 강필효도 청량산 열두 봉우리를 다 둘러보았지만 물소리를 들을 수 없었기에 그 아쉬움을 덜어내고자 저녁 늦도록 물을 찾아 귀를 기울이고 있다.

---

34 筆寫本.『淸凉紀行』.

枕下飛泉不盡流	머리 밑으로 폭포소리 끊임없이 들리는데
簷端雲物管誰留	처마 끝에 아름다운 경치 누가 남겨 놓았나.
老仙竟日巖根坐	늙은 신선이 온종일 바위 끝에 앉았으니
門掩江湖落木秋[35]	강호에 가을 깊어 문 닫고 낙엽소리 듣네.

이 시는 47세(1810) 10월에 풍기군수를 역임하고 단양 사인암에 살고 있던 성긍주를 찾아갔을 때 지은 작품이다. 그때 성긍주와 함께 사인암舍人巖 위에 있는 수운정水雲亭으로 놀러 가서 감흥을 노래했다. 기구에서 수운정에서 베개 아래로 쉼 없이 들려오는 폭포소리를 느낀다. 승구에서는 처마 끝에 펼쳐진 수운정 주변의 아름다운 풍광에 매료되었음을 말했고, 전구에서 사인암 바위 끝에 앉아 있는 사람을 늙은 신선에 비유했다. 아마 사인암에 은거하는 성긍주를 지칭하는 것 같다. 결구에서는 날씨가 쌀쌀해져 낙엽이 떨어지자 찾아오는 손님이 없어 외롭게 문을 닫고 추흥秋興을 즐기는 모습을 그렸다. 이 작품은 회화성이 높다. 원경遠景에서 근경近景으로 시선을 이동해 가면서 한 폭의 수묵 산수화를 그린 듯한 느낌을 준다.

始聞海納汙	들거니 바다는 모든 오물을 용납한다.

35 『海隱遺稿』 卷1. 「水雲亭口呼, 贈成仁巖穉堂」.

今見水如天　지금 보니 물이 하늘과 같이 푸르구나.
千載桴浮歎　공자가 탄식하며 바다에 뗏목 띄울 때
由歟與後先[36]　중유여! 함께 자리를 다투고 싶구나.

이 시는 51세(1813년) 8월에 사촌 동생인 강필로와 함께 선사仙槎(울진의 옛 이름)를 유람했을 때 해산海山의 뛰어난 경치를 바라보며 지은 작품이다. 당시 울진의 선비들이 강필효에게 수업을 청하는 이가 매우 많았다고 한다. 그들의 요청을 받아 강필효는 해상유람과 성리학 강의를 하기 위해 울진을 찾게 된다. 강필효는 해상유람을 마친 후 매월당梅月堂 김시습金時習, 서파西坡 오도일吳道一, 만휴晩休 임유후任有後 등을 제향 하는 고산서원孤山書院으로 가서 그곳에 소장된 성리학 서적을 꺼내 명교당에서 강론하기도 했다.[37]

시에서 강필효는 세상의 온갖 더러운 것을 포용하는 바다의 관대함을 말하고 그럼에도 불구하고 바닷물이 하늘처럼 맑고 푸르다고 예찬했다. 이어서 『논어』「공야장」에서 공자가 "나의 도가 행해지지 않으니 뗏목을 타고 바다를 건너 떠나가고 싶다. 그때 나를 따라올 자는 아마도 유일 것이다〔道不行, 乘桴浮于海, 從我者, 其由與〕."라고 말한 대목을 이끌어와 자신의 심회를 표현했다. 즉 공자가 한 것처럼 어지러운 세상을 버리고 차라리 바다에 뗏목을 띄우고 멀리 떠

36 『海隱遺稿』 卷1. 「與從弟穉可, 入仙槎觀海」.
37 강필효는 1813년 남쪽으로 천상川上을 유람하며 여러 명승지를 돌아보고 임천사臨川社에서 얘기를 나누다 백운정으로 자리를 옮겨 그림을 그리게 하고 승경을 기록했다. 가을에는 사촌 아우인 필로와 제자인 윤동조와 함께 동쪽 바닷가로 유람하여 죽진竹津 옛 성에 이르러 일출을 보고 망양정에 올라 현판의 어제시御製詩를 차운하였다. 또한 「孤山書院, 會話口占一絶」, 「竹津古城上, 並仙槎使君, 觀日出」 등의 시를 짓고 「孤山書院會話錄後」도 남겼다.

나고 싶다는 뜻을 표출한 것이다. 이 시는 결국 19세기적 상황, 즉 서학의 침투와 도학의 위기를 바라보는 유교지식인 강필효의 시대인식의 일단을 드러낸 작품이다.

강필효는 57세(1820) 때 사촌아우 필로 및 이병원과 함께 문경새재를 넘어 단양의 5암巖과 3담潭을 유람한다. 제자 성근묵이 단양군수로 있었다. 스승이 왔다고 주연을 베풀었는데, 단양으로 귀양 와 있던 이정병(금파)이 자리를 함께 했다. 술자리를 마친 후 사암에 있는 성수묵의 서재에서 하룻밤 정담을 나누었다.

이 때 이황이 읊은 도담島潭과 구담龜潭 시를[38] 차운했다.

水中何物噴轟雷	물속에서 누가 우레 소리 쾅쾅 뿜어내어
屓贔奇形特地開	특별한 곳에 장대하고 기이한 형상 열었나.
料得此江通碧海	짐작컨대 이 강이 푸른 바다와 통해서
巨鰲頭戴蓬山來	큰 자라가 머리에 봉래산 이고 왔구나.
爲濯塵纓倚碧瀾	푸른 물결에 풍진 찌든 갓끈을 씻어내니
淸風一陣拂衣寒	한 줄기 청풍 불어 옷자락이 시원하다.

38 『退溪集』 卷1. 「島潭二絶」. "何年神物動雲雷, 絶境中間巨石開, 萬古不隨波浪去, 巍然如待使君來." "一棹扁舟放碧瀾, 橫穿三島鏡光寒, 泝洄欲盡西崖勝, 須傍東邊白玉灣."

更將餘興拏舟去　다시 여흥을 타고 배를 저어 떠나가니
玉筍奇觀又玉灘[39]　뛰어난 옥순봉 여울 또한 옥처럼 희다.

첫 수는 구담봉의 장대하고 기이한 형상을 바라보며 구담봉의 생성과정을 상상력과 전해오는 설화를 동원하여 재미있게 그려내었다. 둘째 수는 풍진에 찌든 갓끈을 씻고 푸른 물가로 나아가 한 줄기 맑은 바람을 맞으며 산수의 흥취를 고조시켜 가다가, 마침내 배를 타고 옥순봉 아래로 나아가 옥순봉의 기이한 경관과 옥 같이 맑고 깨끗한 여울을 예찬하였다.

강필효는 61세 때인 1824년 9월, 이야순과 족질인 참판 강태중과 태백산과 공연[孔淵], 황지[潢池] 그리고 천천[穿川] 등지를 유람했다. 그때 주자의 「산북기행」 12수를 차운했다. 첫 번째 시를 보자.

朝登太山陽　아침에 태백산을 남쪽에서 오르고
暮宿太山陰　저녁에 태백산을 북쪽에서 묵었네.
不有塵外想　속세를 벗어나고픈 생각이 없다면
詎能仙界尋　어찌 신선세계를 찾을 수 있을까
日觀高幾許　정상은 높이가 얼마나 될까
信步恣登臨　발길 따라 마구 올라가보네.
形勝與人勝　경치 좋고 동행한 사람도 좋으니

39 『海隱遺稿』 卷1. 「與李淸河(愼可)遊丹山, 次退翁龜島二韻」.

淸遊豁此心[40] 멋진 놀이로 마음이 확 트이네.

수련에서 아침에 태백산에 올랐다가 저녁에 내려와 숙박한 사실을 밝혔다. 함련에서는 태백산을 오르는 일을 속세를 탈출하여 신선세계로 진입하는 거룩한 행위로 보았다. 경련에서 강필효는 중국 태산의 정상인 일관봉日觀峰(1,536m)을 빌려서 태백산의 최고봉인 장군봉將軍峰(1,567m)을 비유했다. 아무리 태산이 높다지만 하늘 아래의 뫼이므로 오르고 또 오르면 못 오를 리 없다는 생각으로 정상을 향해 발걸음을 옮긴다. 다만 율시의 특징인 3-4, 5-6구에 대우법對偶法이 적용되지 않은 것은 매우 이채롭다. 아마도 시상의 전개를 자연스럽게 이끌어가기 위한 변칙이 아닌가 싶다. 미련에서 경치도 좋고 함께 산행한 사람들도 좋았기에 태백산행이 성공적으로 이루어졌음을 '활심豁心'이란 말로 자축했다.

또 태백산행을 마치고 공연孔淵과 낙동강의 시원지인 황지를 묘사한 시를 지었다.

行行到穿川　길을 떠나가서 천천에 이르니
鑿山如華屋　멋진 집처럼 산을 뚫어 놓았네.
不借五丁力　오정역사 힘도 빌리지 않았으니
定是神鬼築　틀림없이 귀신이 쌓은 것이리라.
石嵒疑官谷　돌 굽이는 은거지 왕관곡 같고
銀瀑似漱玉　은폭은 옥을 씻은 것 같네

40『海隱遺稿』卷1. 「偕李健之・族姪聖登, 同遊太白山, 次晦翁山北記行韻, 十二首」. 其一.

是以魯翁記　그래서 노옹께서 기록하여
留與後人讀[41] 후인이 읽도록 남겨 주었네.

황지黃池를 구경한 후 천천穿川으로 가서 천천의 모습을 그렸다. 함련에서 그렇게 멋진 천천은 인간의 힘으로 만들 수 있는 것이 아니라 틀림없이 귀신이 쌓은 것 같다고 하여 극찬을 아끼지 않았다. '오정역사五丁力士'는 신화에 나오는 다섯 명의 역사力士를 말하는데, 그들의 힘을 빌려 험준하기로 유명한 촉도蜀道를 닦았다고 한다. 경련에서는 돌 굽이를 바라보며 당나라 사공도司空圖가 삼휴정三休亭을 짓고 은둔했던 왕관곡王官谷에 비유하여 천천을 은자가 살기에 아주 좋은 곳으로 보면서 아울러 은폭의 아름다움을 예찬했다. 미련에서 노서 윤선거가 남긴 천천에 관한 기문을 상기하면서 자신의 유람이 노성의 학맥을 계승하는 차원에서 이루어졌음을 확인시켰다.

頂上直來萬里風　정상에 오르자마자 만 리 바람 불어와서
側身窮宇盪心胸　궁벽하게 지내는 가슴을 후련히 씻어주네.
謳吟晦老詩三復　주자의 시를 세 번 되풀이하여 읊어보니
宛坐衡山第一峯[42] 완연히 형산 제일봉에 앉아 있는 듯하네.

---

41 『海隱遺稿』 卷1. 같은 시. 其六.
42 『海隱遺稿』 卷1. 「祝融峯次晦翁韻」.

61세(1824) 10월, 강필효가 이야순·김희주·이병운·이병원·강운·강필로·강태중과 청량산에 들어와 여러 경관을 두루 유람하고 주자의 시에 차운한 작품이다. 축융봉 정상에서 만 리 밖에서 불어오는 시원한 바람을 맞으며 가슴속에 쌓였던 여러 근심 걱정을 씻어버리고 있다. 강필효는 유람하기 전에 기억하고 있던 주자의 축융봉[43]시를 다시 여러 번 반복해서 외웠다. 이를 통해 중국 형산 제일봉(축융봉)에 앉아있는 것 같다는 동일시 효과를 누리고자 했다.

十二重峯勢欲迷	열 두 봉우리 형세를 분간하기 어렵지만
後先筇屐得攀躋	다투어 지팡이를 짚고 올라갈 수 있었네.
定知險路終難盡	정녕 험한 길은 끝까지 오르기 어려움을 알아
轉到山菴始有梯	돌아서 암자에 이르자 사다리가 보이네.
喚醒西臺霜月滿	환선대[44] 서쪽으로 가을 달 가득차고
遺歌東巘白雲棲	유가헌 동쪽에는 백운이 끼었구나.
如今八士同行樂	오늘 여덟 선비 함께 산행을 즐기고
未覺離罇日欲低[45]	이별주 드느라 날 저문 줄 모른다네.

43 朱熹. 「醉下祝融峰」. "我來萬里駕長風, 絶壑層雲許盪胸, 濁酒三杯豪氣發, 朗吟飛下祝融峯."

44 喚醒 : 普賢之西巖, 曰喚仙臺.

45 『海隱遺稿』 卷1. 「入淸凉, 歷覽諸勝, 敬次退溪先生入山韻. 時同遊者李健之·金公穆·李際可秉運·李愼可 秉遠·族叔持憲(㰒)·從弟稺可(必魯)·族姪聖登(泰重)及余凡八人」.

역시 청량산 유람을 노래한 작품이다. 수련에서 겹겹한 청량산 12봉의 형세를 분간하기 어렵지만 일행 8명이 다투어 산을 오르는 모습을 그렸고, 함련에서는 험난한 산행 코스를 뒤로 하고 사다리가 있는 산 암자 쪽으로 방향을 선회한 사정을 그렸다. 경련에서는 보현암 서쪽에 있는 환선대와 유가헌 주변의 분위기를 묘사했고, 미련에서는 일행 8명이 함께 등산하는 즐거움을 누리며 해가 저무는 것도 느끼지 못하고 이별의 술잔을 기울이고 있다. 8명이 동행한 청량산에서 강필효는 따로 기행록을 남기지 않은 듯하다. 다만 앞에 든 두 수를 포함해 한시만 19수[46]가 전할 뿐이다.

이 밖에도 산수자연을 노래한 작품이 필사본에 대략 일백여 수 보인다. 강필효는 기본적으로는 성리학자(도학자)의 본색에서 이탈하지 않으려 노력했기에 그의 산수 유람시는 낭만적인 정조가 우세한 일반 시인들의 그것과는 차이가 난다. 그 점에서 그의 시의 품격을 '평담平淡'하다고 말한다 하더라도 무리가 없을 것 같다.

강필효는 산수 유람을 하면서 음주가무를 수반한다던지 심심풀이로 음풍농월을 즐기는 호방한 풍류형 문사가 아니었다. 그는 유람의 과정 속에서도 도학자로서 자기정체성을 잃지 않으려 애썼다. 그래서 유람을 통해 강학의 효과를 얻으려 했다. 당시에 경화문인京華文人들은 동유東遊열기에 힘입어 금강산이나 관동팔경을 유람하고 그 과정에서 수많은 한시와 유록을 창작했다. 그러나 그들의 유람시에서는 도학적 흥취를 찾아내기 어렵다. 도리어 산수의 아름다움에 도취되어 거기에 몰입하려는 경향이 강하다. 강필효는 일정한 미적 거리를 유지

46 筆寫本. 『海隱遺稿』 卷1. 「葛川亭次板上韻」, 「嗅仙庵次鹿門翁韻」, 「遊淸凉, 謹次退陶先生入山韻」. 「又吟, 絶句近體, 各一首」, 「淸凉諸勝, 次松翁韻, 11首」, 「還自太白, 更遊淸凉」.

하면서 산수를 대하여 완물상지玩物喪志하지 않도록 유의하였다. 그 미적 거리 안에서 도학적 질서를 찾아내고 아울러 학맥의 확인을 수행해나갔던 것이다.

3) 역사회고의 단상

과거의 미래는 오늘이고 오늘의 나를 알자면 지난 과거의 역사를 알아야 한다. 조선의 선비들은 남다른 역사의식의 소유자들이었다. 공자의 정명正名과 포폄褒貶을 중시하는 춘추필법에서 볼 수 있듯이, 유자들의 역사를 향한 정의로운 글쓰기는 살신성인殺身成仁의 엄숙한 마음자세와 견줄 만큼 강렬하고 굳센 것이었다. 역사에 부끄럽지 않은 삶을 살겠다는 그들의 의지가 극단에 이르러 '사화史禍'라는 형태의 참혹한 죽음으로 이어지기도 했다. 그로 인해, 그들은 유람의 도상에서 마주치는 지난 시기의 흔적들을 그냥 스쳐 지나가지 않았다. 유적을 향해 말을 걸어보기도 하고 지난 역사와 대화를 나눠 보고자 하기도 했다. 그 과정에서 탄생한 작품을 우리는 '회고시懷古詩' 혹은 '영사시詠史詩'라고 한다.

강필효는 유람을 통해 지난 시기의 역사를 회고하며 자신의 감회를 붙인 작품을 적지 않게 남겼다. 먼저 1818년 경주 유람 시에[47]

47 55세(1818) 3월에 제자인 경산현감 성근묵과 영덕현감 윤홍규로부터 경주 유람을 청하는 편지를 받는다. 청하에서 배를 타고 섬들을 유람하며 경주에 이르러 신라 서울의 경치를 두루 돌아본다. 숭덕전과 황남전을 찾은 뒤에 옥산에서 회재 이언적 사당을 배알하고 양동의 여러 이름난 선비들을 만나 옥계를 유람한다. 원근에서 온 이들이 30여명이나 되었다고 한다. 이 여행에 경산 수령 성근묵과 영덕 수령 윤홍규, 이병원과 그의 두 형, 유회문(1758~1818)이 와서 회동했다.

조성복趙星復(1771~1830)의 시에 차운한 작품을 예로 들어본다.

好古吾生晩　내 옛 것을 좋아하는 취미가 있지만 만년에야 생겨
鷄林始一過　처음으로 계림을 한 번 찾았다네.
乾坤今雨露　천지에 오늘 비와 이슬 내렸지만
城郭舊徐羅　성곽은 옛날 서라벌 그대로 일세.
鐘老寒聲咽　오래된 종은 처량하게 울어대고
臺空綠草多　텅 빈 누대엔 푸른 풀 우거졌다.
淳風猶可採　순후한 풍속은 채집할 만하고
閭巷聽謳歌[48]　여항에선 칭송 소리 들리네.

강필효는 스스로 옛것을 좋아하는 취미가 있다고 했다. 경주는 옛 신라의 도읍이었기에 진작 찾아서 답사를 하는 것이 그의 취미에 부합하는 일이었다. 그러나 그는 늦게야 경주를 찾았다. 경주 땅을 찾았을 때 경주는 비와 이슬에 젖어 있었다. 그렇지만 성곽을 바라보니 옛 신라의 자취가 그대로 남아 있었다. '오래된 종'은 아마도 성덕대왕 신종(국보 제29호)인 에밀레종을 가리키는 것이 아닐까 하는데, 그 소리가 목메어 흐느껴 우는 것 같았다. 마치 망국 신라를 조상하는 울음과 같았다고 느꼈던가 보다. 또한 당시 화려했던 신라의 누대는 텅 비어 푸른 풀만 우거진 모습을 바라보며 망국의 정한을 토로했다. 미련에서 아직도 경주에는 순후한 풍속들이 남아있어 오

48 筆寫本.『海隱遺稿』卷1.「東京懷古, 次趙奎應韻」.

늘날에도 되살릴 만한 것이 있고, 골목과 거리에서 당시 원님의 선정善政을 칭찬하는 소리가 들린다고 했다. 이는 목민관으로서 자신의 경주유람을 마련해 준 경산현감 성근묵과 영덕현감 윤홍규를 의식한 발언으로 보인다. 강필효의 회고의 정과 애민정신이 잘 드러난 시이다.

강필효는 57세(1820) 10월, 고성관아로 찾아가 계부季父 강목姜穆(1755~1826)을 만난다. 이때 사촌동생 필로가 고성현감으로 있었다. 강필효는 강목에게 안부 인사를 올린 뒤 한산도閑山島에 배를 띄우고 충렬사忠烈祠를 배알하고 근처의 형승지를 두루 유람한다.[49]

爲訪將軍蹟　장군의 사적을 찾기 위해서
先登制勝高　먼저 제승당 높은 곳에 올랐네.
秋風振島樹　가을바람이 섬 나무들을 흔드니
疑聞響弓刀[50] 활과 칼 소리가 들리는 것 같네.

이 시는 제승당에 올라가 충무공의 벽상시를 차운한 작품이다. 강필효가 임진왜란을 승리로 이끌었던 이순신 장군의 사적을 찾기 위해 제승당으로 올라가, 가을바람에 나뭇잎이 흔들리는 소리를 듣고 임진왜란 당시에 난무하던 활과 칼 소리를 떠올리며 전쟁의 참상을 상상하고 있다.

또 통영에 들어가 세병관洗兵館에 올라가서는 이렇게 노래했다.

太白山中客　태백산 속에서 온 나그네가

---

49 이때 지은 「泛舟閑山島口占」·「登制勝堂, 次忠武公壁上韻」 등의 한시와 『기행록』이 전한다.
50 『海隱遺稿』 卷1. 「登制勝堂, 次忠武公壁上韻」.

南遊大海遵　남으로 큰 바다 따라 유람했네.
轅門三道統　병영문에서 삼도 수군 통솔했고,
部曲萬夫瞋　부대에서는 만부를 부릅뜨게 했네.
山壓島夷讋　산처럼 압도하니 왜놈이 두려워했고,
潮通浙航臻　조수에 통달하여 절강배도 이르게 했지.
書生猶激烈　서생도 오히려 마음이 격렬해져
追憶洗兵塵[51]　충무공 대첩 거두던 날 추억하네.

태백산 아래 거주하는 강필효가 남해를 유람하다가 세병관에 올라갔다. 그때 눈에 들어온 병영문을 보며 임진왜란 당시 세병관에서 수군을 통솔하던 이순신 장군의 모습과 군부대에서 왜적을 방어하던 장병들의 늠름한 모습을 떠올렸다. 경련에서 이순신의 압도적으로 우위를 점한 전략과 전술이 적을 두렵게 만들고, 물의 흐름을 통달했기에 중국의 절강배도 이르게 했다고 하여, 전쟁을 승리로 이끈 이순신의 지혜를 찬양하고 있다. 미련에서 태백산 속에 거주하는 백면서생에 불과한 자신도 오히려 격렬한 감정이 솟구쳐 임진왜란 때 이순신의 영웅적 승리를 추억하고 있다고 했다. '세병洗兵'은 본래 당나라 시인 두보杜甫의 「세병행洗兵行」에 "어찌하면 장사로 하여금 은하수 끌어와서, 갑병을 깨끗이 씻어 영원히 쓰지 않게 할까〔安得壯士挽天河, 淨洗甲兵長不用〕."라는 구절에서 연유한 것이다. 즉 '전쟁을 그치게 한다.'는 뜻이다. 즉 조선에서 왜적을 소탕하여 평화를 가져온다는 말이다. 강필효는 세병관에서 조선의 평화를 위해 영웅적인

51 『海隱遺稿』 卷1. 「南遊登洗兵舘」.

투쟁을 전개한 이순신의 불멸의 업적을 추모하는 것이다.

我昔晋陽日　우리가 옛날 진양에 살았을 때
卜居在鳳巖　봉암산에 터를 잡고 살았었지.
中移漢水北　중간에 한강 북쪽으로 옮겼다가
今住泰山南　지금은 태백산 남쪽에 살고 있지.
落日滄江颿　창강으로 석양이 뉘엿뉘엿 지고
秋風故國驂　고향으로 가을바람 쓸쓸히 분다.
家園變軍壘　강씨의 동산이 군루로 변했으니
感歎寄詩函[52] 느낌과 탄식을 시를 지어 붙이네.

진주를 유람하며 지은 회고시이다. 북장대에 올라 봉암산을 바라보며 진주가 강씨의 본관이 된 유래를 떠올렸다. 선대에서 한양으로 이주해 살다가 중간에 병자호란이 일어나자 6대조인 도은陶隱 강각姜恪(1620~1657)이 경기도 김포군 교하交河에서 백형 잠은潛隱 강흡姜恰과 함께 부모님을 모시고 태백산에 들어와 은거하며 절의를 지켰다. 그는 이른바 숭정처사崇禎處士로 불리며 안동 입향조가 되었다. 경련에서는 빠르게 지는 해와 부는 바람을 통해 세월의 흐름과 변화의 추세를 암시한다. 결구에서는 진주강씨가 세거했던 평화로웠던 동산이 전쟁으로 인해 왜적을 방어하기 위한 군루軍壘로 변한 것을 바라보며 안타까운 심회를 드러내었다.

矗石懷前烈　촉석루에서 선열을 생각하고

52 『海隱遺稿』 卷1. 「遊晋陽, 登北將臺, 望見鳳巖山. 感賦一律」.

長江感舊遊　남강 옛 놀이를 느껴보았네.
寒花尊酒瀝　국화 술통에서 술을 거르는데
落日笛聲愁　해질녘 피리소리 시름겹구나.
詩思尋常小　시적 상상은 언제나 작지만
偏於客路尤　여행길에는 더욱 더 하다네.
微酡歌一曲　술기운 얼근해 한 곡 부르니
滄海月千秋[53]　창해에 뜬 달 천추에 변함없네.

진주 촉석루에 올라서 지은 시이다. 시를 지을 때, 술을 한 잔 뿌리고 슬픈 감정에 휩싸여 솟구치는 울분을 억제하지 못했다고 한다.[54] 촉석루에서 남강을 굽어보며 임란시절 삼장사를 추억했다. 선열을 추모하기 위해 국화주를 거르고 있을 때, 어디선가 피리소리가 들려와 나그네의 시름을 한층 깊게 했다. 강필효 자신이 전문적인 시인이 아니어서 시적 상상력을 발휘하기 쉽지 않았다. 더군다나 여행길에서는 더욱 시가창작이 어려움을 고백했다. 미련에서 국화주로 얼큰해진 기운을 빌려 노래를 부르며 회고의 정회를 정리했다.

憶昔龍蛇歲　옛 임진왜란 때를 회상해 보니
三忠殉此樓　세 충신이 이 누에서 순국했지.
北極丹心折　임금을 향한 단심이 꺾어지고,
南城碧血流　진주 남쪽 성에 푸른 피 흘렀다.
忠憤層霞菀　충분은 겹겹이 노을처럼 쌓이고

53 筆寫本.『海隱遺稿』卷1.「矗石樓口占」.
54『海隱文集』卷3.「海隱別稿 四遊錄後序 壬午」.

閒愁剩鳥浮　괜한 근심 또 물새처럼 떠오른다.
秋風志士感　가을바람에 지사가 느낌이 있어
呼酒下滄洲[55] 술병 들고 물가로 내려간다네.

이 시도 윗 시에 이어 쓴 것인데 이황의 시를 차운한 작품이다. 임진왜란 당시 진주성 전투에서 김천일金千鎰(1537~1593), 황진黃進(1550~1593), 최경회崔慶會(1532~1593) 세 충신이 이 진주성에서 순국한 것을 회상하고, 북받치는 충의의 울분을 토로했다. 1593년 4월 왜군이 서울에서 철수하자 이를 추격, 상주를 거쳐 함안에 이르렀다. 이 때 명·일강화가 추진 중인데도 불구하고 남하한 적군의 주력은 경상도 밀양 부근에 집결, 동래·김해 등지의 군사와 합세해 1차 진주싸움의 패배를 설욕하기 위한 진주성 공격을 서두르고 있었다. 이에 창의사倡義使 김천일이 6월 14일 300명의 의병을 이끌고 입성하자 여기에 다시 관군과 의병이 모여들었고, 그는 합세한 관군·의병의 주장인 도절제都節制가 되어 항전 태세를 갖추었다. 10만에 가까운 적의 대군이 6월 21일부터 29일까지 대공세를 감행하자 아군은 중과부적임에도 분전했으나 끝내 함락되고 말았다. 이에 김천일은 아들 상건象乾과 함께 촉석루에서 남강南江에 몸을 던져 순사하였다. 이 2차 진주성 전투에서 충청병사 황진, 병마절도사 최경회도 함께 순국했다.

'북극北極'은 임란 당시 임금인 선조를 가리키고, '단심절丹心折'은 충신의 죽음을 암시한다. '충분忠憤'은 충의忠義로운 생각으로 인해 생겨

55 筆寫本. 『海隱遺稿』 卷1. 「謹次退陶先生韻」.

난 분憤한 감정이다. 세 충신이 왜적과 싸우다 장렬하게 전사한 현장에서 치솟는 격렬한 분노의 정회이다. '한수閒愁'는 한가로운 근심이나 걱정이라 직역할 수 있다. 여기서 근심의 대상은 또 다른 임진왜란의 발발이 아닐까 한다. 불의에 있을지 모르는 왜적의 침략에 대한 괜한 걱정은 눌러도 눌러도 자꾸 의식의 수면 위로 떠오른다. 마치 물새가 물속에 들어갔다가도 다시 물위로 떠올라 헤엄을 치듯이 서정자아의 심리가 불안하다. 마침내 서정자아는 서늘한 가을바람에 힘입어 '지사志士'의 형상으로 탈바꿈한다. '지사'란 나라를 위해 신명을 바쳐 복무할 수 있는 굳은 의지와 높은 뜻을 가진 선비이다. 순간, 강필효는 진주성 전투에서 순국한 세 충신과 수백 년 시간의 다리를 건너 하나가 된 것이다.

마지막 싯구가 주는 의미가 심장하다. '호주呼酒'란 '술 가져오라!'고 술을 찾는 모습이다. 왜 술을 가져오라고 했을까? 두 가지 이유에서다. 하나는 솟구치는 격렬한 분노를 삭일 길이 없어 술을 마셔 달래고 싶어서다. 또 다른 하나는 술병을 들고 남강으로 내려가 술을 부어 순국한 세 충신의 영혼을 달래기 위해서다. 아마 강필효의 서정자아는 이 두 가지 감정 상태를 동시에 지니고 있었던 것은 아닐까 한다.

지면의 제약으로 경주, 한산도, 통영, 진주 등지에서 창작된 회고시에 한하여 그 특징양상을 살펴보았다. 그 중에서 '진주'가 강필효에게 주는 의미는 각별한 것이었다. 강씨의 본향에 대한 애정과 더불어 임란 때 진주성 전투의 비극적 회고는 매우 인상적이다. 그 밖의 회고시에 대한 분석이 충분하게 이루어지지 못했다. 미진한 부분은 다른 지면을 빌려 보충해 나가기로 한다.

지금까지 강필효 유람시의 세계를 도학연원의 심방, 산수자연의 예찬, 역시회고의 단상으로 나누어 살펴보았다. 도학연원은 자기 사상의 근원을 향한 확인노정이었다. 충남 노성으로 명재 윤증의 학풍을 전수받기 위해 왕래하였고 거주기반인 안동의 영남학풍을 내면화하기 위해 양동의 회재유적과, 청량산의 퇴계유적을 찾아 나섰다. 뿐만 아니라 강필효는 청량산 및 단양 구담봉, 태백산 등지를 유람하며 산수자연의 미학적 아름다움을 발견하고 예찬하였고 영남의 남부권인 경주, 통영, 진주 지역을 답사하며 역사의 현장에서 솟아난 감흥을 시에 담아 전했다.

4. 맺음말

본론에서 논의한 강필효 유람시에 나타난 특징을 요약하면 다음과 같다.

첫째, 그가 주로 교유했던 인물로는 소론계인 윤광소·성정주·성긍주·윤광안·성근묵·성퇴묵 등과 영남 남인계인 이야순·이태순· 이병원·이병운·김희주·조성복 등이 있다.

둘째, 그는 청량산에서는 청송 성수침과 노서 윤선거를 생각하며 시를 짓고, 노성에서는 퇴계 이황을 떠올리며 그의 시에 차운했다. 이처럼 강필효는 당파, 지역, 학통을 초월하여 선현의 학덕을 추모하는 자세를 보여주었다. 이 점에서 그는 순결한 도학자로서의 금도襟度를 잃지 않은 인물로 평가할 만하다. 그는 영남 유현(이황과 이언적)의 본거지인 청량산과 옥산서원 일대를 탐방하면서 호서 유현(성수침·성혼·윤선거·윤증)을 연상하며 시를 지었다. 이 대목 역시 흥미로운 창작방식으로 보인다. 학통(소론)은 호서의 윤증 쪽을 계승하면서도 영남 안동에 거주했던 관계로 현지의 학문전통을 적극적으로 수용하는 열린 자세를 보여주었다. 그 결과 양쪽을 대립이 아닌 소통 가능한 '분파동원分派同源'의 관계로 인식하였다. 이는 강필효 유람시의 가장 큰 특징이며 동시대의 다른 유학자에게서 쉽게 찾아 볼 수 없는 부분이기도 하다.

셋째, 그는 태백산·단양·선사(울진)·옥계(청하) 유람을 통해 산수자연 및 해상의 아름다움을 예찬했다.

넷째, 그는 남해의 한산도·제승당·촉석루·죽도 등의 유람을 통해 임진왜란의 현장에서 이순신을 비롯한 순국선열들을 회상하고, 일본에 대한 적개심과 국가 운명에 대한 지식인의 고민을 드러내었다.

다섯째, 당시 영남의 퇴계학파 출신들의 여행공간이 몇몇 지역으로 한정되는 경향을 보인 데 비해 강필효는 윤증 계열 소론 학통을 계승했기에 유람공간이 호서지방까지 확장되었다. 그러나 경화지식인들의 금강산 유람과 같은 동유東遊 열기는 아쉽게도 그에게서 찾아볼 수 없다.

여섯째, 강필효는 산수 유람을 도학가적 질서의식 아래에 의미지우고 강학의 연장선에서 추구하려 했다. 그에 따라 유람을 또 다른 학문연찬의 방법으로 활용한 측면이 강하다.

그런데 강필효가 유람했던 18세기 말 19세기 초는 홍경래난(1811~1812)에서 보듯이 중세체제가 해체의 길로 접어들어, 삼정三政의 문란으로 민란이 일어날 조짐을 보이던 시기였다. 이러한 상태에서 한 사람의 유교지식인으로서 강필효의 유람이 갖는 한계는 자명하다. 그는 처사로 살면서 도학의 일관된 추구로 지식인의 사회적 책임을 대신하려 했고, 소론 학통을 수호하기 위해 후학을 지도하는 것을 자신의 책무로 삼았다.

강필효는 거주지 법전일대의 산수자연을 배경으로 주자의 무이구곡을 재현하려는 움직임을 보여 여러 편의 구곡가를 창작했다. 이에 대해서는 차후의 연구과제로 남겨둔다.

[저자소개]

김윤조

계명대학교 한문교육과를 졸업하고 성균관대학교 한문학과 석사 및 박사, 한국고전번역원 연구 과정을 졸업했다. 1993년 이후 현재까지 계명대학교 한문교육과 교수를 재직 중이다. 「논어 학이편 연구 - 논어 편찬 과정에 대한 一管見」(『동양한문학』, 2008), 「한국 한시에 있어서 오언절구의 형식적 특징에 대한 검토」(『대동한문학』, 2013) 등의 논문과, 『역주 과정록』(태학사, 1997), 『지수염필』(소명, 2013) 등의 번역서가 있다.

E-mail: yjk638@gw.kmu.ac.kr

권진호

안동대학교 한문학과를 졸업하고 성균관대학교 대학원에서 문학박사학위를 받았다. 현재 한국국학진흥원 연구부 고전국역팀장으로 근무하고 있다. 저서로는 『여헌 장현광의 학문 세계 2-자연과 인간』(공저), 『귤하 최식민과 계남 최숙민의 학문과 사상』(공저), 역서로는 『국역 상변통고(10권)』(공역), 『국역 가례증해(6권)』(공역), 논문으로는 「한강 정구의 정주학 수용양상」, 「영남학파의 주자가례 수용양상」 등이 있다.

E-mail: jhkwon@koreastudy.or.kr

임완혁

성균관대학교 한문교육과를 졸업하고 동대학원에서 한국한문학을 전공했다. 현재 영남대학교 한문교육과 교수로 재직하고 있다. 저서로는 『구연전통과 서사』, 역서로는 『차라리 벙어리로 살리라』 등이 있다.

E-mail: rewanh@hanmail.net

강구율

경북대학교 국어국문학과를 졸업하고 동대학원에서 석사, 박사학위를 받았다. 현재 동양대학교 교양학부의 교수로 재직 중이다. (사)남명학연구원 상임연구원이며, (사)영남퇴계학연구원 연구위원으로 활동하고 있다. 주요 논문으로 「南冥 漢詩에 있어서 智異山의 意味」(2002. 『한국사상과 문화』 16집), 「淸凉山 遊山記에 나타난 嶺南知識人의 自然認識」(2003. 『영남학』 4집), 「凝窩 李源祚의 生涯와 詩世界의 몇 局面」(2006. 『퇴계학과한국문화』 39호), 「適菴 曺伸의 昨非今是의 詩世界 硏究」(2009. 『동양한문학연구』 29집), 「漢詩 吟誦의 時調 吟誦에의 適用 可能性 試探」(2010. 『시조학논총』 33호)이 있고, 공저로는 『대학 글쓰기 기초』(2014)가 있다.

E-mail: bongamm@daum.net

박인호

경북대학교 사학과를 졸업하고 한국학중앙연구원 한국학대학원에서 박사학위를 받았다. 조선시대사와 사학사를 전공하였다. 현재 금오공과대학교 교양교직과정부 교수로 재직하고 있다. 저서로는 『한국사학사대요』, 『조선후기 역사지리학 연구』, 『조선시기 역사가와 역사지리인식』, 『제천지역사연구』 등이 있으며, 공저로는 『21세기 역사학 길잡이』, 『홍망으로 본 세계의 역사』 등이 있다.

E-mail: inhopark@kumoh.ac.kr

임규완

계명대학교 한문교육과를 졸업하고 동대학에서 석사, 영남대학교에서 박사과정을 수료하였다. 한국한문학과 문헌학에 관심이 많으며, 주요 논문으로는 「僑窩 成涉의 생애와 저작, 학문경향」, 「閔百順의 『大東詩選』 연구」 등이 있다.
E-mail : rppdns3@hanmail.net

장호중

안동대학교 한문학과를 졸업하고 동 대학원 한문학과 박사과정을 수료했다. 현재 영주고등학교 교사로 재직 중이다. 논문은 『월천 조목의 현실인식과 시세계』, 「海隱 姜必孝의 九曲詩 研究」 등이 있다.
E-mail: jahojo1@hanmail.net

18세기 영남의 한문학
봉화 지역을 중심으로

2015년 4월 6일 초판1쇄 인쇄
2015년 4월 16일 초판1쇄 발행

지은이 계명대학교 한국학연구원 편
펴낸이 신 일 희
펴낸곳 계명대학교 출판부
(704-701) 대구광역시 달서구 달구벌대로 1095
TEL: (053)580-6233
FAX: (053)580-6235
홈페이지: www.kmupress.com
출판등록: 제347-1998-1호(1970. 9. 1.)

ISBN 978-89-7585-708-9 93810
값 28,000원
*잘못된 책은 교환하여 드립니다.

이 도서의 국립중앙도서관 출판예정도서목록(CIP)은 서지정보유통지원시스템 홈페이지(http://seoji.nl.go.kr)와 국가자료공동목록시스템(http://www.nl.go.kr/kolisnet)에서 이용하실 수 있습니다.(CIP제어번호: CIP2015010085)